KB119187

복지의
원리

복지의 원리

ⓒ 양재진

초판 1쇄 발행 2020년 3월 23일
초판 5쇄 발행 2021년 9월 6일
개정증보판 1쇄 발행 2023년 9월 20일
개정증보판 2쇄 발행 2024년 3월 29일

지은이 양재진
펴낸이 이상훈
인문사회팀 최진우
마케팅 김한성 조재성 박신영 김효진 김애린 오민정

펴낸곳 ㈜한겨레엔 www.hanibook.co.kr
등록 2006년 1월 4일 제313-2006-00003호
주소 서울시 마포구 창전로 70(신수동) 화수목빌딩 5층
전화 02-6383-1602~3 **팩스** 02-6383-1610
대표메일 book@hanien.co.kr

ISBN 979-11-6040-569-9 03330

복지의
원리

양재진 지음

———

대한민국 복지를 한눈에 꿰뚫는 11가지 이야기

한겨레출판

이 저서는 2016년 대한민국 교육부와 한국연구재단의 지원을 받아
수행된 연구임(NRF-2016S1A3A2923475).

*

하늘에 계신 부모님과

동생 재희에게,

죄송함과 사랑을 담아

2020년 《복지의 원리》가 출판된 후 지난 3년 동안 많은 사랑을 받았다. 독자들은 다양했다. 사회복지와 정치·행정 분야 대입 수시 준비생부터 각 부처의 장·차관들까지 책 얘기를 많이 했다. 그럴수록 개정증보판을 내야겠다는 생각이 굳어졌다. 지난 3년 동안 사회보장제도의 변화가 작지 않았기 때문이다. 통계 수치도 업데이트가 필요했다. 그리고 무엇보다 가족정책과 사회서비스에 대한 글이 빠진 채 책을 발간했던 것이 내내 마음을 불편하게 했다.

2022년 겨울방학을 맞이해 책을 다시 들여다보고 수

정·보완을 시작했다. 마침 2021년 기준 대한민국 출산율이 발표되었고, 0.81이라는 숫자에 놀랐다. 2002년 출산율이 1.18을 기록하며 초저출산 국가가 되자 난리가 났던 게 엊그제 같은데, 그보다도 한참 더 떨어졌다. 더 놀라운 것은 자포자기성 체념이었다. 그동안 우리는 수백조 원을 쏟아부으며 할 만큼 했으나 소용없었고, 앞으로도 나아지지 않을 것이라는 생각 말이다. 오히려 좁은 국토에 잘 되었다는 얘기까지 나오고 있다. 그런데 좁은 국토에 적은 인구는 괜찮을지 몰라도, 그 인구의 절반이 노인들뿐이라면 심각한 문제다.

우리보다 저출산과 인구고령화를 일찌감치 경험한 서구 복지국가들이 왜, 그리고 어떻게 가족정책과 사회서비스를 발달시켜 왔는지 살펴봐야 할 이유가 더 분명해졌다. 그래서 8장 〈출산 파업을 막을 수 있을까: 돌봄 노동의 사회화〉를 새로 써서 개정증보판에 넣었다. 과감한 사회정책이 저출산 문제 극복의 단초가 되길 바라면서.

이번 개정증보판 작업에도 많은 이들의 도움이 있었다. 무엇보다 새로 쓴 8장을 꼼꼼히 읽고 건설적인 코멘트를 해 준 박은정 박사(육아정책연구소)와 김영순 교수(서울과기대)에게 깊은 감사를 드린다. 개정증보판 출판을 흔쾌히 받아준 정진항 이사와 열심히 들여다봐 준 김경훈 편집자에게도 고마움을 전한다. 자료를 찾고, 데이터를 업데이트하는 데 수고해 준 조교 장우윤 군에게도 고마운 마음이다. 여기저기서 음으로 양으로 늘 도움을 받고 산다. 이 개정증보판이 보답이 되면 좋겠다.

2023년 9월

연희관 연구실에서

양재진

개정증보판 서문

1986년, 혁명과 변혁의 구호가 난무하는 대학에 입학했
다. 당시의 많은 청년들처럼 한때 사회주의에 경도되기도 했
고, 대한민국이 가야 할 미래로 소비에트 체제를 눈여겨보기도
했다. 그러나 생산력이 형편없이 정체되고 자유가 실종된 전체
주의 사회일 뿐만 아니라, 평등은 허울에 지나지 않으며 공산
당과 국영기업 관리자 그리고 그 자식들의 지독한 계급지배 사
회라는 것을 깨닫는 데 그리 오래 걸리지 않았다. 곧 망하리라
했는데, 1989년에 베를린 장벽과 함께 무너지기 시작했다.

　허전한 마음을 달래준 것은 서구 유럽의 사회민주주의
와 복지국가welfare state였다. 혁명적 사회주의, 즉 공산주의와 처

절하게 싸우면서 수정주의, 개량주의, 심지어 배신자라는 등 수많은 모멸을 받은 사회민주주의. 사민주의자들은 자본주의 시장경제와 자유민주주의라는 두 개의 주춧돌을 버리지 않았다. 이 위에 개인, 자유, 기회 그리고 평등이 조화되는 복지국가를 건설해갔다. 사민주의자들은 원리주의자라기보다는 개혁주의자의 면모가 강했다.

스웨덴의 사민주의자들이 특히 더 그러했다. 공산주의자들과 달리 생산수단의 소유가 꼭 분배문제를 결정한다고 보지 않았다. 러시아혁명의 성공으로 세계 공산주의 운동이 고양되었던 1930년대에도 스웨덴의 사회민주노동당(사민당) 정부는 그 흔한 국유화 조치를 취하지 않았다. 계획경제는 개인의 자유와 선택을 말살할 것이라고 멀리했다. 생산은 자본주의 시장경제에 맡기고, 조세와 사회정책을 통해 근로대중의 처지와 삶을 개선해나갔다. 혁명이 아닌 개혁이었고 그 결과는 복지국가였다.

그런데 멕시코와 페루에도 이집트에 버금가는 피라미드가 있듯이, 스웨덴만 복지국가를 만든 게 아니었다. 19세기 말 보수와 전통주의의 대명사 비스마르크Otto von Bismarck 치하 독일에서도 노동자들의 삶을 개선시키기 위해 사회개혁이 단행되었다. 사회보험이라는 복지국가의 대표상품이 등장한 것이다. 전후 기독교민주당 정부의 독일 재건 과정에서 사회국가Sozial Staat가 국정 기조가 되었다. 경제사회적 약자를 보호하여 이들의 자유를 실질적으로 증진시키고 평등을 제고해나갔다. 한편 영국도 모두를 잘살게 만들 수는 없다고 선을 그었지만, 최소한의 삶의 질만은 노동자뿐만 아니라 모든 시민들에게 보장하겠다는 것을 2차대전의 포염 속에서도 국민에게 약속했다. 바로 '베버리지 보고서Beveridge Report'라는 보편주의 복지국가 비전인데, 처칠Winston Churchill 수상이 지휘하는 보수당과 노동당의 전시연립내각에서였다. 헌신의 차이는 있을지언정, 산업화된 자유민주국가에서 복지국가의 건설은 좌우 구분을 초월한 합의과제였다.

복지국가의 태동과 성장 역사를 접할수록 대단하다는 생각이 들었다. 국가의 사회정책은 눈에 보이지 않는다. 하지만 대규모 토목사업같이, 사회제도라는 사회적 구조물을 쌓는 작업이다. 기초공사가 부실하고 구조역학에 어긋나면 건축물이 무너지듯, 복지국가도 마찬가지다. 복지국가의 이상을 현실 속에서 실현해가기 위해서는 사회공학social engineering과 만나야 한다. 이데올로기와 원리주의, 희망적 사고만으로는 고층의 복지국가를 건설할 수 없다. 1960년대 과속질주의 무게감과 1970~1980년대 인구고령화, 세계화, 저성장 같은 외부 충격이 복지국가의 기저를 뒤흔들기도 했다. 그러나 내진 설계와 리모델링을 거쳐 복지국가는 여전히 장수하고 있다.

복지 분야를 연구하면서 가장 좋은 점은, 이 분야 연구자, 종사자 그리고 학생들이 선한 사람들이라는 것이다. 착하다. 그런데 다소 이상주의적이다. 그리고 몇몇은 사회권 신장을 목표로 사회운동 차원에서 연구 활동을 한다. 그러다보니 사회공학 차원에서 복지국가라는 건축물을 진단하고 보수하고 증축해야 한다는 것을 가끔 잊는 듯하다. 학생들은 복지를 따스한 감정의 차원에서 접근한다. 실천은 그래야 한다. 그러나 사회보장제도의 설계는 냉철한 이성의 눈을 필요로 한다.

필자는 이성의 눈으로 복지와 복지국가의 원리를 이해하기 쉽게 소개하고자 이 책을 썼다. 그리고 한국 복지국가가 걸어가야 할 길에 대해 논하고 있다. 한국에서도 복지국가가 성장하고 있다. 늦게 시작했지만 발전 속도는 빠르다. 비록 유럽의 선진 복지국가 수준은 못 되지만, 개인이 삶 속에서 겪게 되는 여러 위험에 대한 대비를 국가가 나서서 해주고 있다. 한국도 복지국가의 당당한 일원인 것이다. 자본주의 시장경제가 작동하는 원리가 있듯이 복지국가도 작동하는 원리가 있다. 이 원리를 함께 풀어내고 싶었다.

이 책의 집필은 우연치 않게 시작되었다. 필자는 2017년 케임브리지대학 출판부에서 《*The Political Economy of the Small Welfare State in South Korea*(작은 복지국가 한국의 정치경제학)》을 발간하였다. 이 책으로 한국정치학회에서 인재저술상을 수상한 후, 2018년 4월 이 저서를 놓고 이창곤 한겨레경제사회연구원장과 인터뷰한 기사가 〈한겨레〉에 실린 적이 있다. 한겨레출판에서 이 책을 한국어로 번역해서 내놓자는 제의가 들어왔다. 한국의 독자들을 위해서 국문으로 책이 나오면 그보다 좋은 일이 없을 것 같았다. 그러나 케임브리지에서 나온 책은 학술서라 대중에게는 다소 불친절한 책이었다. 그리고 무엇보다 같은 얘기를 언어만 달리해 또다시 한다는 게 필자에게는 '참을 수 없는 지루함'이 될 것이 자명했다. 그래서 대신 전문가는 물론 대중과도 호흡할 수 있는 책을 쓸 테니 출판해달라고 역제의를 했다.

계약서에는 1년 뒤에 원고를 넘겨주는 일정이었는데, 한참 지난 2019년 말이 되어서야 탈고를 했다. 기다림에 지치고 짜증이 났을 텐데도, 흥미롭고 유익한 책이라며 어르고 달래 원고를 받아낸 고우리 편집자께 미안하고 고마운 마음 이루 말할 수 없다. 고우리 편집자는 다소 딱딱한 장, 절 제목과 문장을 대중과 호흡할 수 있게 다듬는 데 뛰어난 역량을 보여주었다. 감사할 뿐이다. 인터뷰를 통해 필자의 연구를 조명하고 이 책의 출판에 씨앗을 뿌린 이창곤 원장께도 이 자리를 빌려 감사를 표한다. 자료를 찾고 표와 그림의 작성을 도와준 제자 이태형, 이문수, 한설아에게도 고마운 마음이다. 꼬마 화백 최아린이 열심히 그림을 그려주었는데, 작품을 표지에 쓰지 못한 것은 끝내 아쉽고 미안하다.

이 책에서 복지국가 역사와 철학은 물론 한국의 주요 사회보장제도 전반을 모두 다루다보니, 필자가 부지불식간에 사실과 다른 이야기를 쓸까봐 걱정이 되었다. 이 걱정을 덜고자 분야별로 열 분의 전문가들께 장별로 검토를 의뢰했다. 감사하게도 다들 원고를 꼼꼼히 보고 잘못을 바로잡아주었다. 가치판단의 영역에서는 수용하기 어려운 코멘트도 있었는데, 필자의 주장을 객관화하고 논리를 보완하는 소중한 기회로 삼았다. 바쁜 와중에도 원고를 읽고 조언을 아끼지 않은 김영순(서울과기대), 신정완(성공회대), 권혁용(고려대), 이용갑(건강보험연구원), 오건호(내가만드는복지국가), 강성호(금융연구원), 이장원(노동연구원), 최영준(연세대), 전병목(조세재정연구원) 그리고 유종성(가천대) 선생님께 깊은 감사의 마음을 전한다.

젊은 날 유럽 사회민주주의와 복지국가에 눈뜨게 해주고, 그 저변에 흐르는 자유주의의 소중함을 늘 일깨워주신 은사 안병영 교수님께도 머리 숙여 감사를 표한다. 미국에서 학위를 마치고 귀국하자마자 창립 멤버로 참여해 지난 20년 동안 함께 연구하고 토론을 벌인 사회정책연구회와 복지국가연구회 선생님들도 생각이 난다. 20년이 지나고 나니 선배 교수님들은 은퇴를 앞두고 있고 동료들의 머리는 희끗희끗하다. 필자의 머리도 희끗해졌으나 이들과의 토론 속에서 그만큼 복지국가와 사회정책에 대한 이해는 깊어졌다. 감사의 마음을 전한다. 작은 복지국가 연구가 한국연구재단의 한국사회과학연구지원사업SSK에 선정되어 연세대에 복지국가연구센터www.welfarestate.re.kr를 설립하고, 국내외 학자들과 복지 분야 연구를 진행할 수 있었다. 10년째 함께 연구에 참여하고 있는 공동 및 전임연구원 선생님들과 제자들에게도 고마운 마음이다.

논문과 달리 책 쓰는 작업은 긴 호흡을 필요로 한다. 안식년을 받아 해외든 지방이든 서울을 떠나 어디 숨어서 집필하지 않고서는 책이 나오기 힘들다. 강의하고 논문 지도하고 회의 다니며 마감이 다가온 논문과 보고서 집필부터 하고 나면, 책 쓸 시간은 하루에 30분도 남지 않았다. 결국 시간을 확보하려고 주말에 학교에 나오기도 하고 '필'이 받는 날은 새벽까지 연구실에 남아 글을 썼다. 늘 아내에게 문자로 오늘 늦겠다며 먼저 자라는 인사를 전했다. 답은 언제나 'ㅇㅇ'. 23년간 한결같이 딴 세계에서 공부하고 글 쓰는 사람을 이해해주어 고마울 뿐이다.

2020년 한겨울에
연희관 연구실에서
양재진

16

복지국가는
왜 생겨났을까
..

20세기
복지국가의 탄생

1

개인은 태어나 아무 문제없이 행복할 때도 있지만, 여러 어려움에 봉착하며 삶을 살아간다. 아프기도 하고, 직장을 잘 다니다가 실업에 빠지기도 하며, 당장 먹고살기 바빠 별다른 준비도 해놓은 것 없이 나이 들어 은퇴하기도 한다. 살길이 막막할 때가 있다. 과거에는 이 모든 어려움을 개인과 가족이 극복해내야 했다. 그러나 이제는 정도의 차이는 있으나 국가가 각종 사회보장제도를 통해 시민들의 삶을 보호해준다. 복지국가 시대가 열린 것이다. 경제협력개발기구Organization for Economic Cooperation and Development(OECD) 기준에 의하면, 2020년 한국 정부가 국민들의 복지를 위해 쓴 돈이 국내총생산gross domestic product(GDP)의 14.4%로 추정된다. 액수로는 279조 3,365억 원을 사회보장에 사용한 것이다. 2020년도 국방예산이 50조 원이니, 복지지출의 규모가 얼마나 큰지 알 수 있다. 이마저도 다른 OECD 국가들이 평균적으로 지출하는 복지비(평균 GDP의 23%)에 비하면 반을 조금 넘는 정도다. 우리도 그렇지만 현대 국가는 사회보장에 엄청난 돈을 쏟아붓는다. 현대 국가를 '복지국가'라고 부르는 이유일 것이다. 복지국가는 어떻게 탄생하게 되었을까?

사회보험과 비스마르크의
'당근' 전략

'복지국가'라는 용어의 탄생부터 알아보자. 복지국가라는 말은 영국 국교회 켄터베리 대주교를 역임한 윌리엄 템플William Temple이 유행시켰다. 2차대전이 한창이던 1942년에 출판한 저서 《기독교인의 시민사회적 책임Christianity and Social Order》에서 템플이 독일을 전쟁국가warfare state라 부르고 이에 대비되는 모습의 전후 영국을 복지국가welfare state라 명명한 것이 시초다.

그런데 최초의 현대 복지국가는 영국이 아니라 바로 전쟁국가라는 오명을 쓴 독일이었다. 독일제국의 철혈재상 비스마르크가 사회보험을 세계 최초로 도입했기 때문이다. 1883년 의료보험, 1884년 산재보험, 1889년에 공적연금을 선도적으로 시행했다. 이후 유럽의 다른 나라들도 앞다투어 독일의 사회보험을 도입했다. 영국도 예외가 아니었다. 2차대전 당시 "우리는 결코 항복하지 않을 것이다we shall never surrender"라는 명연설로 대독 항전을 이끌었던 윈스턴 처칠도 젊은 날 로이드 조지David Lloyd George 내각의 내무장관으로 독일을 방문해 사회보험을 직접 시찰하고 극찬해 마지않았다. 그리고 1911년 의료보험과 실업보험을 영국에 도입했다. 사회보험은 대세였고, 산업화된 유럽 각국은 속속 복지국가로 전환하기 시작했다.

사회보험 도입 이전에도 국가가 복지제공자 역할을 하지 않은 것은 아니다. 영국의 엘리자베스Elizabeth I 여왕 치하, 1601년 구빈법Poor Law이 대표적이다. 이 법에 의해 극빈자들을 고아, 노인, 장애인 같은 도움 받을 이유가 있는 사람과 신체 멀쩡해서 노동이 가능해 보이는 사람으로 양분한 후, 전자의 사람들에게 구빈원poorhouse에서 음식과 잠자리를 제공했다. 신체 건강한 사람은 작업장workhouse에서 노동을 시키고 그 대가로 먹을 것을 제공했다. 노동을 거부하면 교정원house of correction 이라는 사실상의 감옥 같은 곳에 보냈다. 지방행정구역이라 할 수 있는 교구별로 빈민감독관을 임명했고, 구빈세를 거둬서 필요한 재원을 충당했다. 동서양을 막론하고 구휼제도가 있었지만, 1601년 영국의 구빈법만큼 체계적인 구휼제도는 없었다. 오늘날 인권 사상의 측면에서 보면 미흡한 점이 한두 가지가 아니지만, 영국의 구빈법이 저소득층의 최저생활을 보장

하고 자립을 지원하는 현대 공공부조의 모태가 된 것은 분명하다.[1]

그럼에도 많은 학자들은 영국의 구빈법이 아닌 독일의 사회보험 도입을 근대적인 복지국가 탄생의 기점으로 본다. 왜 그럴까? 단순히 사후적인 가난 구제에 머물지 않고, 자본주의 산업사회의 구조적인 사회문제에 가장 합리적인 대안을 제시했기 때문이다. 자본주의 산업사회는 전근대적인 농촌사회와 달랐다. 토지와 유리된 채 도시로 모인 사람들은 자신의 노동력을 팔아서 생활비를 벌어야 했다. 한마디로 농민이 아니라 임금노동자가 된 것이다. 먹고살기 위해서는 어디든지 가서 무슨 일이든 하고 임금을 받아야 한다. 전근대적인 농촌사회에서는 현대 산업사회에서 나타나는 실업이나 은퇴 같은 사회적 위험social risks이 없거나, 있어도 대가족 내에서 해결할 수 있었다. 농촌사회에서는 실업, 정년, 은퇴라는 개념 자체가 없었다. 아기는 대가족 내에서 돌보았다. 노인이 되면 자식이 봉양하고 수발했다. 장애인이 된다고 해도 다른 가족들이, 그리고 지역 공동체에서 굶어 죽게 하지는 않았다. 아파서 며칠 벼농사를 못 지었다는 이유로 수확 후 쌀을 나눌 때 그만큼 제하는 일도 없었다.

그러나 자본주의 산업화와 도시화가 진전될수록 삶이 위태로워졌다. 과거 구빈법이 전제하던 것과 달리 가난은 '게으르기 때문'이 아니었다. 신체 건강하고 근로의욕이 충만해도 경기순환에 따라 실업이 발생했고, 자신이 속한 기업과 산업이 경쟁력을 잃으면 직장을 잃었다. 아프거나 나이가 들면 공장을 떠나야 했고, 그렇게 되면 삶이 막막했다. 카를 마르크스Karl Marx의 영원한 동지였던 프리드리히 엥겔스Friedrich Engels는 저서《영국 노동계급의 상황Die Lage der arbeitenden Klasse in England》(1845)에서 1840년대 영국 노동자의 처지를 다음과 같이 묘사했다.

> 독일의 소농들은 대부분 가난하고 결핍에 시달리지만 우연에 덜 휘둘리고 적어도 안정적인 무언가를 가지고 있다. 프롤레타리아는 두 손밖에 없고, 어제 번 것을 오늘 쓰고… 공황이 닥치고 고용주가 변덕을 부릴 때마다 빵을 빼앗길 여지가 있다. 노예는… 최저 생계를 보장받고, 농노는 적어도 먹고살 땅뙈기를 가지고 있다. 둘 다 최악의 경우에도 생존은 보장받는다. 그러나 프롤레타리아는 의지할 사람이 자신밖에 없는데다… 처지를 개선하기 위해 할 수 있는 모든 일은, 그가 전혀 통제할 수 없는 다양한 가능성의 홍수에 비하면, 대양의 물 한 방울에 지나지 않는다… 저축은 해봐야 소용이 없다. 기껏해야 잠깐 동안 목숨을 부지할 정도밖에 저축할 수 없거니와, 일자리를 잃을 경우 실업이 단기간에 그치지 않기 때문이다.[2]

19세기 산업혁명 시기, 자본주의 사회의 생산력은 전통 사회에서는 상상도 못할 만큼 컸다. 그럼에도 노동자들이 사회적 위험에 빠져 소득활동을 하지 못할 때, 그 참담함이란 노예나 농노만도 못했다. 노동자들은 자본주의 체제에 문제가 있다며 체제 자체를 거부하기 시작했다.

　　마르크스가 태어나고 젊은 시절 활발히 활동한 후발 산업국 독일에서 노동운동과 공산주의 운동이 가장 거셌다. 철강산업 등 중화학공업이 빠르게 성장한 결과 대공장 노동자들이 급격히 팽창했다. 이들을 바탕으로 1863년, 현존하는 가장 오래된 노동계급 정당인 독일사회민주당(사민당)이 창당되었다. 1877년 제국의회 선거에서 50만 표를 얻어 전체 397석 중 12석을 차지하며 의회에 진출했다(우리나라에서 민주노동당이 최초로 국회에 진출한 시기가 2004년, 299석 중 10석이었다).

　　총리인 비스마르크는 다급했다. 당시 독일도 입헌군주제였으나, 영국과 달리 반쪽짜리 민주주의 국가였다. 빌헬름 1세Wilhelm I 치하의 독일에서 의회 선거는 의회 선거일 뿐, 총리와 내각을 임명하는 권한은 여전히 황제에게 있었다. 반면 당시 영국은 지금처럼 의회의 지배 정당이 행정부를 장악, 즉 수상과 내각을 구성하는 의원내각제 민주주의를 구가했다. 민주주의는 약해 보여도 부러지지는 않는다. 영국이 그랬다. 산업혁명을 이끈 국가로 노동계급 형성이나 노동운동이 가장 앞서 발전했지만, 공산주의 운동은 강하지 못했고 혁명의 열기는 체제 내로 흡수되었다. 권위주의 국가인 독일은 달랐다. 겉으로는 강해 보이지만 그만큼 부러질 가능성이 더 컸다.

따라서 비스마르크는 당근과 채찍을 통해 체제를 지키고자 했다. 채찍은 1878년에 제정된 '사회주의탄압법'으로 상징되는 사회주의자들에 대한 대대적 단속이다. 당근은 바로 사회보험 입법이다. 비스마르크는 노동자들을 국가의 품 안으로 포섭하고자 했다. 사회보험료는 3분의 1을 국가가 지불하게 설계했다. 그리고 빌헬름 1세 명의로 의회에 보낸 편지에서 "누구든 나이나 장애 때문에 일을 못하게 된 자는 국가로부터 보호를 청할 정당한 근거를 갖고 있다"라고 천명하기도 했다.[3] 이제 국가가 국민의 삶을 보호해줄 테니, 체제를 바꾼다고 혁명이다 뭐다 하지 말라는 것이었다. 돌아오는 것은 탄압뿐일 테니 말이다.

독일 노동자들과 사민당 지도부는 비스마르크가 던진 당근의 의미를 알기에 고심에 고심을 거듭했다. 결론은 노동자의 보다 나은 삶을 위해 당근을 취하는 것이었다. 그러나 국가에게 포섭당하지 않겠다는 의지를 밝혔다. 사회보험료에 대한 국가보조를 거부한 것이다. 노사정이 3분의 1씩 보험료를 부담하는 것이 아니라, 노사가 2분의 1씩 보험료를 부담했다. 사회보험 가입은 법적으로 강제되었으나, 관리는 국가의 통제를 받지 않는 노사자치를 원칙으로 했다. 비스마르크는 크게 실망했다고 전해진다. 어찌 되었든 사회보험의 도입과 함께

복지국가는 탄생했고, 아직까지도 사회보험은 사회보장제도의 핵심으로 기능하고 있다.[4]

인간의 한계를
관리하라

현재 35개 모든 OECD 국가에 사회보험이 도입되었다. 대부분의 나라가 우리나라처럼 산재보험, 의료보험, 공적연금(연금보험), 실업보험(혹은 고용보험)의 4대 보험을 시행하고 있다. 국민들의 삶 속에 국가가 깊숙이 들어와 있는 셈이다. 물론 사회보험 형식이 아닌 경우도 있다. 영국의 의료보장은 국가가 직접 병원을 소유·운영하는 국영의료보장체제다. 반대로 1980년대 독재자 피노체트Augusto Pinochet가 집권한 칠레처럼 공적연금을 의무가입 사적연금으로 대체한 나라들도 있다. 그러나 이 경우에도 국가는 민간 연금시장에 강한 규제를 통해 개입한다. 1950년대에는 국가의 손길이 4대 보험영역을 넘어서기 시작했다. 공보육 같은 가족정책, 적극적 노동시장 정책 같은 신개념 고용정책이 등장해 서구 산업국가에 퍼져갔다. 과거 같으면 개인이 책임지고 가족이 보살펴야 할 영역에 국가가 들어와 앉아 있는 것이다.

왜 그런가? 21세기에 노동자들이 단결해 자본주의 체제를 무너뜨릴까봐? 노동자 세상을 표방했던 소련을 비롯한 현실사회주의 국가가 모두 붕괴한 이후에도 사회보험은 지속되고 새로운 사회보장제도가 계속 도입되고 있다. 개혁개방을 통해 자본주의 시장경제를 받아들인 중국도 공적연금과 의료보험을 위시한 서구식 사회보장 시스템을 받아들이고 있다. 사회보험의 태동은 자본주의 타도를 외친 공산주의 운동 때문이었는지 모르지만, 공적 사회보장 시스템의 지속은 그 자체의 합리성 때문이다. 만약 시스템 자체가 합리적이지 못하다면, 모든 민주화된 산업국가에서 100년 이상이나 유지되기 어려울 것이다.

사회보장 영역은 개인보다 국가 개입이 합리적이며, '보이지 않는 손'보다 '보이는 손'이 필요한 영역이다. 예를 들어보자. 말도 많고 탈도 많은 국민연금 같은 공적연금을 유지하려는 이유는 무엇일까? 나이 들면 소득활동을 못한다. 누구나 뻔히 내다볼 수 있는 일이다. 그렇다면 국가가 강제로 보험료를 거두지 않더라도 각자 알아서 저축하고 개인연금을 들어 미래를 대비하지 않을까? 일부 저축이 불가능한 가난한 이들만 국가가 구제해주면 되지 않는가? 이렇게 대부분의 사람들이 알아서 미래를 대비하고, 일부만 국가에서 기초생활을 보장해주면 얼마나 좋을까? 그런데 현실의 인간은 대개 근시안적이며 그렇게 합리적이지도 못하다. 우리 국민이 베짱이가 아닌 개미형이라고 할지라도, 대부분의 사람들은 현재의 소비를 더 중시하고, 막연히 지금처럼 소득이 계속 유지되리라 믿는다. 새해 다짐으로 술 줄이고 금연했다가도, 어느새 다시 술 담배 찾게 마련이다. 다이어트를 결심하면서, 오늘까지만 먹고 내일부터 꼭 시작하겠다고 매번 다짐하는 게 우리 인간이다.

비록 소수지만 은퇴를 대비해서 젊은 날부터 허리띠를 마짝 조이고 열심히 미래를 대비하는 개미형 사람이 있다고 치자. 이 개인이 미래를 충분히 대비할 수 있을까? 쉽지 않은 일이다. 미래를 대비하는 데서 부딪히는 첫 번째 문제는 '과연 내가 몇 살까지 살 것인가?'를 알 수 없다는 점이다. 최근 통계청이 발표한 한국인 평균수명인 82.7세까지 살 것으로 보고 저축하면 될까? 넉넉히 10년 정도 추가해서 92세까지 살 것으로 예상하고 준비하면 충분하지 않을까? 그런데 만약 92세가 되어도 건강하면 어찌할 것인가? 이 경우 장수는 축복이 아니라 재앙이 된다.

공적연금은 이 장수의 위험longevity risk을 관리하는 데 개인보다, 그리고 후술할 시장의 사적연금보다 월등하다. 1975년 노벨경제학상을 받은 허버트 사이먼Herbert Simon이 주장했듯이 인간은 기껏해야 제한된 합리성bounded rationality만을 가질 뿐이다. 정보가 완벽하지 못하다. 개인은 자기 수명을 예측하지 못한다. 개인별 수명 예측은 불가능하다. 그러나 공동체 수준에서 통계적으로 평균수명은 예측할 수 있다. A가 82세에 사망할지 B가 82세에 사망할지는 아무도 모른다. 그러나 A와 같은 해 태어난 인구집단의 평균수명이 몇 세가 될지는 과거 경험을 통해 꽤 정확하게 추정할 수 있다. 이를 토대로 연금제도를 설계할 수 있다.

수학에 대수의 법칙law of large numbers이라는 게 있다. 관찰 대상의 수를 늘릴수록 개개의 단위가 가진 고유의 특성은 중화되고, 그 집단에 내재한 본질적인 경향성이 나타나는 현상을 가리킨다. 이러한 경향성은 관찰 기간을 늘릴수록 하나의 법칙성에 도달하게 된다.[5] 대수의 법칙을 활용해 국가는 전체 국민이 가입대상인 연금제도를 만든다. 장기간의 통계치를 바탕으로 평균수명을 예측하고, 이에 의거해 필요한 노후자금을 공동체 차원에서 보험료 형식으로 거두어 모아둔다. 국가는 A가 평균수명 82세를 지나 5년 후인 87세에 사망하더라도 걱정하지 않는다. 누군가는 평균수명 82세에서 5년이 모자란 77세에 세상을 뜰 테니 말이다. 국가는 단명자가 남긴 연금자산을 장수자에게 이전한다. 따라서 공적연금 체제에서 개개인은 장수의 위험을 걱정할 필요가 없고, 국가는 저축액을 필요 이상으로 늘릴 필요가 없다. 한마디로 장수의 위험에 대해 개

인보다 집단 차원에서 훨씬 합리적으로 대응할 수 있다.[6]

대수의 법칙이 작동하는 곳은 연금뿐만이 아니다. 의료보장도 마찬가지다. 건강할 때 저축하고 아플 때 쓰면 되지만, 과연 내가 언제 어떤 병에 걸려 치료비가 얼마나 들지 아무도 예측할 수 없다. 그러나 공동체 차원에서는 당뇨병부터 암까지 발병률을 비교적 정확히 예측할 수 있다. 간암, 유방암, 위암은 물론 혈액암 등 희귀암까지 세부적으로 예측할 수 있다. 각 병에 드는 평균 치료비도 통계적으로 추정할 수가 있다. 따라서 국가는 필요한 만큼 보험료 형식으로 돈을 거두어들인 후, 누굴지는 모르지만 병에 걸린 환자의 치료비용으로 쓰면 된다.

장수의 위험이든 질병의 위험이든 위험에 대비하고자하는 수요가 있다면 자연히 시장경제에서는 공급이 뒤따른다. 자동차보험처럼 말이다. 그런데 연금의 경우 민간시장에서는 장수의 위험을 완벽하게 커버해줄 수 있는 종신형 연금상품이 일반화되기 어렵다. 연금은 30년 이상짜리 장기 상품이다. 예컨대 30여 년 전 연금상품 판매 시 예측하지 못한 의학의 발달(암의 정복 등)로 평균수명이 크게 증가할 경우, 연금회사는 계약대로 연금을 지급하다가 망할 수밖에 없다. 따라서 연금회사는 종신형 상품 판매를 주저한다. 판매한다 해도 리스크를 반영해 확정기간형 상품보다 연금액을 크게 떨어뜨린다. 소비자도 연금액이 낮은 종신형 상품을 선호하지 않는 이유다.

의료보험도 민간시장에서는 제대로 기능하지 못한다. 가입자 개인은 보험료를 낮추기 위해 음주나 흡연 등 생활습관과 질병 이력 및 가족력을 숨기고 계약을 맺는다. 의료보험회사는 손해나는 보험상품을 판매하게 될까봐 늘 우려한다. 그리하여 보험료를 높이고 혜택은 줄인다. 이렇게 되면 가입 유인이 감소한다. 특히 건강에 자신 있는 사람일수록 가입을 회피한다. 따라서 보험사 입장에서 보면, 발병 가능성이 높은 사람만 보험에 가입하게 되는 역선택reverse selection이 발생한다. 이런 밑지는 장사에 나설 보험회사가 있을까? 시장에 맡기면 의료보험 없이 사는 국민이 늘어날 수밖에 없다. 국가가 나서서 모든 국민을 강제로 의료보험에 가입시키는 이유다./7 앞으로 그때그때 이유를 밝히겠지만 실업수당, 육아휴직수당 등 대부분의 복지제도는 국가 개입이 더 효율적이다.

물론 국가가 개입한다고 무조건 효율적인 것은 아니다. 국가가 복지제도의 설계와 운영을 멋대로 하면서 국민 혈세를 거둬 복지라는 이름으로 뿌린다면 포퓰리즘이라고 비판받는다. 장기적으로 경제가 감당 못한다. 인구고령화가 심해지면서 재정안정화 조치가 필요함에도 비인기 정책이기에 이를 회피하다가 재정위기에 봉착하기도 한다. 스웨덴을 비롯해 많은 선진 복지국가에서 1990년대 이후 뒤늦게나마 축소지향적인 복지개혁에 나선 이유다.

그런데 우리나라에 불길한 조짐이 보인다. 연금과 의료

보장을 재정적으로 지속하기 위해 필요한 개혁은 회피하고, 보장성 강화라는 명목으로 뿌리는 돈만 늘고 있다. 당장은 좋을지 모르나 미래가 걱정이다. 시스템 자체가 흔들릴 수 있기 때문이다. 앞으로 각각의 사회보장제도를 논할 때 더 자세히 얘기하고자 한다.

복지국가의 탄생은 정치적이었다. 그러나 100년 이상 장수하는 것은 자체의 합리성 때문이다. 복지국가는 대공황은 물론, 평등을 앞세운 노동자의 나라, 사회주의 국가의 도전도 이겨내고 장수에 장수를 거듭하고 있다. 사회보장 영역은 개인과 시장에 맡기기보다 국가가 개입하는 것이 합리적이기 때문이다. 물론 앞서 지적했듯이, 국가의 개입이 무조건 합리적이지는 않다. 원리적으로는 합리적이더라도 제도를 어떻게 설계하느냐에 따라 합리성은 극대화될 수도 있고 부조리를 낳을 수도 있다.

OECD에서 국가별로 집계한 2020년 GDP 대비 공공사회지출을 보면 스웨덴은 25.9%, 이탈리아는 32.6%이다. 이탈리아의 사회지출 비중이 높으니 더 발달한 복지국가일까? 그렇다고 보는 학자는 없다. 앞으로 기회가 될 때마다 예시로 들겠지만, 스웨덴의 사회보장제도는 매우 합리적으로 설계되어 있다. 탈빈곤은 물론 대다수의 사회복지적 성과에서 월등히 다른 나라를 앞선다. 그리고 스웨덴은 우리나라보다 2배 이상 사회보장에 지출하지만, 복지국가의 재정적 지속가능성이 이 세상에서 가장 높은 나라로 평가받는다.

한국 복지국가의 태동은 산업화가 뒤늦었던 만큼 유럽에 비해 많이 늦었다. 그러나 유럽 복지국가가 노년기에 들어섰다면 한국은 청소년기이기에 성장이 빠르다. 후발주자의 이점을 살려 이탈리아가 아닌 스웨덴같이 합리적인 복지제도를 키워나가는 방향을 앞으로 독자들과 함께 고민해보고자 한다.

국가는 왜

개인에 개입할까‥

복지국가의 철학과 정책

2

복지국가는 자본주의 시장경제에 대항하는 정치체제인가? 아니면 자본주의 체제의 틀 안에서 부작용을 교정하며 체제의 안정을 꾀하는가? 복지국가의 태동과 발전을 노동계급이 자본과 시장에 맞서 투쟁한 결과로 해석하는 사람들은 전자의 입장을 취한다. 에스핑엔더슨G. Esping-Andersen의 1985년 저작 《시장에 대항하는 정치Politics Against Markets》의 제목은 상징적이다. 공공복지가 고도로 발달한 스웨덴 등 북유럽 사회민주주의 국가를 '시장에 대항하는 정치'의 결과로 본 것이다. 반면 클라우스 오페Claus Offe 같은 마르크스주의자들은 후자의 입장이다. 복지국가는 역사적으로 망했어야 할 자본주의 체제를 지탱해주는 도구라는 것이다. 복지가 혁명적 노동자들을 순치시켰기 때문이란다. 또 다른 일단의 사람들은 자본주의 내에 다양한 시장경제체제가 있고, 복지체제가 이에 조응하며 발전하고 있다고 본다. 예컨대 독일 같은 유럽 국가들은 높은 수준의 실업보상제도를 산업별로 갖추고 있는데, 그 이유는 숙련노동자들을 보호하고 이를 통해 고품위의 제품을 생산하고자 하기 때문이라는 설명이다. 반대로 미국이나 한국에서 실업보상 수준이 낮은 이유는, 특정 생산물의 고급 숙련을 요하지 않는 자동화된 대량생산체계가 지배적인 산업적 특성 때문으로 본다. 신자유주의자들은 지나친 복지가 사람을 게으르게 만들고, 복지비용 때문에 경제발전이 지해된다는 제로섬 시각을 취하기도 한다.

필자는 이런 주장들이 모두 일면 진리를 얘기하고 있다고 본다. 시장경제와 복지는 제로섬이나 늘 대항하는 관계는 아니다. 양자는 분명 긴장관계에 있다. 자본주의적 생산양식과 부합하지 않게 복지제도를 설계하면 경제에 큰 부담이 된다. 그러나 대체로 OECD의 선진국들은 사회보장제도가 개인의 복지증진에 기여하면서도 자본주의 시장경제의 작동을 크게 저해하지 않도록 설계하고 있다. 복지국가는 어떤 원칙에 따라 어떤 정책적 수단을 가지고 개인의 복지에 개입하는가?

복지국가,
이기적인 개인들의
합리적 선택

복지국가는 앞서 1장에서 살펴보았듯이, 역사적으로는 노동계급의 성장과 함께 만들어진 정치적 산물이다. 그러나 어떤 체제가 100년 이상 지속되려면 노동계급을 넘어선 국민 대다수가 동조하는 어떤 합리성이 자리 잡고 있어야 할 것이다. 필자는 정치철학자 존 롤스John Rawls가 제기한 정의의 원칙이 복지국가의 운영원리에 반영되어 있다고 생각한다.[1]

무엇이 정의로운 사회의 운영원리일까? 도덕적으로 교화 차원에서 만들어낸 정의가 아니라, 이기적인 개인들이 자발적 계약을 통해 만들어낸 정의의 원칙, 그래서 생명력이 긴 정의 말이다. 롤스는 지속가능한 정의의 원칙을 정하려면 개

개인이 사사로운 이해관계에서 벗어난 상태에서 토론하고 합의에 도달해야 한다고 주장한다. 이를 위해 무지의 장막veil of ignorance에 가려진 상태에서 토론하자고 한다. 무지의 장막에 가려져 있다는 것은 개인들이 다음 세상에서 어떤 집안에 어떤 재능과 결함을 가지고 태어날지를 모르는 상황을 의미한다. 만약 개인들이 자신의 계층, 재능, 성별, 처지 등을 알게 되면 자신의 이해관계에 따라 각기 다른 정의관을 갖게 된다. 각자 자신에게 유리한 사회의 운영원리를 정의롭다고 주장할 것이다. 조선의 양반은 삼강오륜에 입각한 성리학 질서가 정의라고 주장할 테고, 유럽의 왕족은 왕권신수설을 들먹일 것이다. 자본가는 사적소유권의 절대적 가치를, 무산자는 사적소유 철폐와 결과적 평등이 구현되는 사회가 정의롭다 할 것이다.

따라서 이기적 인간이 무지의 장막에 가려 자신의 이해관계를 전혀 모르는 상태를 가정하자. 이들이 모여 앉아 합의에 도달하게 될 사회의 운영원리가 있을까? 있다면 무엇일까? 롤스는 크게 두 가지 원칙에 합의할 것으로 내다보았다.

첫째, 자유의 원칙이다. 자유민주주의가 보장하는 모든 시민권적 자유를 누구나 최대한으로 누릴 수 있어야 한다. 개인의 선택과 자유로운 발전이 보장되어야 한다. 각자에게 주어진 재능과 운이 다 다르다. 롤스는 누가 어떤 재능을 받고 태어날지 모르는 상태에서, 사람들은 자신의 타고난 재능을 발휘해 최대한의 성취를 이룰 수 있는 열린 사회를 만드는 데 합의할 것이라고 봤다. 아인슈타인은 과학자로, 손흥민은 축구 스타로, 스티브 잡스는 기업가로, 기능공은 장인으로 성장할 수 있어야 한다는 것이다. 자유로운 발전이 가능한 이러한 사회에서는 각자가 열심히 뛰고 그만큼 보상을 받는다. 이는 공동체의 경제·사회·문화적인 부富의 증진으로 이어진다.

둘째, 차등의 원칙이다. 롤스는 자유의 원칙에 합의한 개인들이 다음에는 보험을 드는 마음으로 차등의 원칙에 합의할 것으로 보았다. 차등의 원칙이란, 개인의 자유로운 발전이 모여 이룬 유무형의 사회적 부가 불운한 최소수혜자the least advantaged에게 최대한 도움이 되도록 차등적으로 배분되어야 한다는 뜻이다. 차등의 원칙은 위험에 대한 사회보장social security을 의미한다. 사람은 장애를 갖고 태어날 수도 있고, 신체는 건강한데 성실성과 책임감이 떨어질 수도 있다. 한부모가정의 가난한 집에 태어날 수도 있고, 서울이 아닌 도서벽지에 태어날 수도 있다. 그리고 모든 것을 타고났더라도 30대에 갑자기 암에 걸릴 수도 있고, 회사가 파산해 졸지에 실업자가 될 수도 있다. 무지의 장막에 가려 있기에 누가 어떤 불운에 빠질지 아무도 모른다. 이기적인 인간은 보험을 들어놓는 마음으로, 자유의 원칙에 따라 이룩한 사회적 부의 상당부분을 차등의 원칙에 따라 처지가 어려워진 사람에게 배분해주자고 합의할 것이다. 남이 아닌 나도 그런 위험에 빠질 수 있으니 말이다.

차등의 원칙은 적극적인 기회의 평등을 실현하는 데도 적용된다. 가난한 집에서 태어났더라도 교육과 자기발전의 기회를 동등하게 부여받고, 장애를 가졌더라도 직업세계로 나갈 수 있어야 한다. 저소득층 자녀들을 수시전형을 통해 대학에 입학시키고, 장애인 고용을 의무화해야 한다. 나아가 사회경제적 격차 자체를 줄이기 위해 누진세로 부의 지나친 집중과 세습을 막아야 한다고 롤스는 보았다.

자신의 처지와 이해관계를 이미 알고 있다면, 첫 번째 자유의 원칙과 두 번째 차등의 원칙 중에 선호하는 원칙이 생길 것이다. 운 좋게 잘난 사람은 자유의 원칙을, 운이 나빠 불행한 사람은 차등의 원칙을 선호할 것이다. 그러나 무지의 장막에 가려 있는 이기적인 인간은 자유의 원칙과 차등의 원칙 중 하나만 선호하지 않고, 양자 모두를 패키지로 원하는 합리적인 선택을 할 것이다.

자유의 원칙은 자유민주주의 질서 안에서 작동하는 자본주의 시장경제의 원리라 할 수 있다. 차등의 원칙은 복지국가의 원리, 즉 누진과세와 사회보장의 원리이다. 서로가 서로를 배척하지 않는다. 복지국가는 '시장에 대항하는 정치'이기도 하지만 '시장과 함께하는 정치'이기도 하다. 자본주의 시장경제가 가져다주는 높은 생산력과 부는 복지국가의 물적 토대가 되어 위험에 빠진 사람들에게 최대한의 사회보장을 제공한다. 반대로 복지국가의 사회보장과 누진과세는 사회에 안정성을 가져다주고 자유시장경제에 정당성을 부여해준다. 한편 복지국가는 적극적인 기회의 평등을 통해 사회경제적 배경의 차이가 각자의 자유로운 발전을 가로막지 않게 한다. 누구든지 타고난 재능을 발현해 성취를 이루게 되면, 그 개인에게도 좋지만 사회적으로도 부가 그만큼 더 커진다. 자유, 재분배, 적극적 기회의 보장이 선순환을 그리는 사회, 즉 복지국가를 무지의 장막에 가려진 이기적인 개인은 꿈꾼다.

복지국가에서는
'놀고먹는가'

자본주의 시장경제의 전형적인 특징 중 하나는 상품화이다. 노동도 예외는 아니다. 누구나 노동력을 팔아야 먹고살 수 있다. 그런데 복지국가의 실업보험제도나 연금제도 같은 소득보장정책은 탈상품화 효과를 낳는다. 노동력을 팔지 않아도 삶을 영위할 수 있게 해주기 때문이다. 그래서 복지국가의 목표가 탈상품화, 한 걸음 더 나아가 탈노동인 것처럼 여겨지기도 한다. 그러나 현실세계에서 복지국가는 인간다운 노동을 지향할지언정 탈노동을 지향하지는 않는다. 탈노동이 되어서는 사회가 유지될 수 없기 때문이다. 생산은 이어져야 한다. 복지국가는 개인이 어쩔 수 없는 사회적 위험에 빠졌을 때

소득을 보장해주는 것을 1차 목표로 한다. 그리고 되도록 빨리 노동시장에 복귀하고, 노동시장에서 자신의 적성과 능력에 맞게 (상향)이동할 수 있게 도와주려 한다. 탈상품화 못지않게 노동력의 재상품화도 복지국가의 목표인 것이다.

실제로 복지국가의 사회복지정책은 시민들의 노동활동을 전제로 설계되어 있다. 서구 복지국가의 양대 정책목표는 완전고용과 사회보장이다. 고용이 되지 않는 실업상태일 때 사회보장이 개입하는 것이다. 이는 근로연령대인구working age population(20~65세)와 그렇지 않은 연령대를 대상으로 한 소득보장정책의 차이를 통해서 확인해볼 수 있다. 노인이나 아동처럼 근로연령대인구가 아니거나, 근로연령대라 하더라도 장애인처럼 근로능력이 없는 경우에는 소득보장을 받기 위한 근로 조건이 부과되지 않는다. 급여기간에도 제한을 두지 않는다(사회복지에서 말하는 '급여'의 개념에 관해서는 다음 챕터 〈우리는 어떤 복지를 누리고 있는가〉, '급여의 형태에 따라'에서 자세히 다룬다). 연금이나 장애수당은 사망 시까지, 아동수당도 일정 나이가 될 때까지 계속 지급된다(한국은 만 6세, 스웨덴은 16세까지).

그러나 근로연령대인구에 대한 소득보장정책은 조건부이며 단기성을 특징으로 한다. 실업급여의 경우를 보자. 직업훈련을 받거나 구직활동을 한다는 조건으로 실업급여가 지급된다(그래서 우리나라 실업급여의 공식명칭은 구직급여이다). 실업상태가 얼마나 지속되든 실업금여를 받을 수 있는 기간도 정해져 있다. 한국은 최대 270일 동안 받을 수 있다. 복지국가의 대명사 스웨덴 역시 300일까지만 받을 수 있다. 구직활동을 하지 않으면 최대 45일간 급여가 중단되고, 급여 중단이 반복되면 수급권이 박탈된다. 육아휴직급여도 마찬가지다. 한국은 1년, 스웨덴은 부모가 각각 195일씩 총 390일이 한도다. 왜 수급기간에 제한을 두는가? 근로능력이 있으니 기한 내에 노동시장에 복귀하라는 뜻이다.

　　노동시장에서 노동을 통해 소득을 얻지 못하는 빈곤층의 경우, 공공부조의 일환으로 현금이 지급된다. 우리나라의 경우, 국민기초생활보장제도의 생계급여가 이에 해당된다. 이 경우 이른바 열등처우의 원칙principle of less eligibility이 적용된다. 이는 1834년 영국의 신구빈법New Poor Law에 명문화된 원칙으로, 빈민에게 지급하는 급여는 노동시장의 최저임금보다 낮아야 한다는 원칙이다. 근로의욕 저해를 막기 위함이다. 현대 공공부조 제도에 명시화된 조항으로 남아 있지는 않으나, 공공부조의 급여 결정에 녹아들어 있는 정신이다.

　　현대 복지국가는 위험에 빠진 자에 대한 소득보장을 넘어, 노동을 유인하는 정책을 확대하고 있다. 근로장려세제earned income tax credit(EITC)가 대표적이다. 미국에서 시작해 영국, 네덜란드, 한국 등으로 확대되다가 2007년에는 스웨덴도 도입했다. 저소득자가 소득활동을 하면 세금을 떼는 게 아니라 국가에서 보너스를 주는 제도다. 연말정산 때 저소득자는 소득세 낸 것이 얼마 되지 않아 환급받을 소득세가 거의 없다. 그런데 정부에서 이들에게 환급과는 별도로 보너스를 준다. 더 흥미로운 것은 일정액 이하의 저소득 구간에서는 소득이 증가할수록 보너스 액수도 증가한다는 점이다. 우리나라 맞벌이 가정의 경우, 연 500만 원을 벌면 187만 5,000원을 보너스로 주고, 800만 원을 벌면 300만 원을 보너스로 준다(2019년 기준). 소득이 오르면 오를수록 가처분소득(실질소득)이 증가하게 된다. 저소득자의 노동을 유인하도록 설계된 것이다.

근로장려세제가 미국에서 개발되어 스웨덴에까지 전파되었다면, 적극적 노동시장정책active labor market policies(ALMPs)은 스웨덴에서 처음 도입돼 유럽을 넘어 미국에까지 전파된 노동친화적인 사회복지정책의 대표상품이다. 실업급여가 실업자의 소득을 사후에 보장해주는 '소극적' 정책이라면, '적극적' 노동시장정책은 근로자의 직업능력을 키워 실업을 예방하고 실업자를 노동시장에 복귀시키기 위해 고안되었다. 국가가 직업훈련을 시켜주고 취업을 알선해주며, 보조금 지급 등을 통해 고용을 유지하거나 촉진하고, 디딤돌 일자리를 직접 창출하기도 한다. 고용노동부의 취업성공패키지 같은 프로그램을 예로 들 수 있겠다. 여성의 사회활동을 돕는 공보육과 함께 북유럽 복지국가의 특징을 가장 잘 보여주는 대표정책이다. 적극적 노동시장정책은 사양산업의 노동자를 성장산업으로 이동시키고자 고안되었으나, 장기실업자, 이민노동자, 경력단절 여성, 청년 등 사회적 취약계층의 노동시장 진입을 위한 정책 도구로 널리 사용된다.

만약 복지국가가 노동의 탈상품화만을 목표로 한다면 사회의 생산력은 서서히 감소할 수밖에 없다. 그러면 역설적으로 탈상품화에 쓸 재원을 마련하지 못해 복지국가는 쇠락의 길을 걸을 수밖에 없다. 선진 복지국가일수록 노동과 생산 활동을 장려하고 완전고용을 추구한다. 복지국가의 모델로 여겨지는 스웨덴의 고용률(77.5%)이 한국(66.6%)은 물론 OECD 평균(68.4%)을 훌쩍 뛰어넘는 이유다(2017년 기준). 복지국가는 사회적 위험에 대비한다는 의미에서 노동의 탈상품화를 도모할 뿐, 놀고먹는 것을 지향하지 않는다.

우리는 어떤 복지를
누리고 있는가

롤스의 정의의 원칙에 입각해서 보면, 복지국가는 자본
주의 산업사회에서 개인이 감당하기 힘든 위험에 대해 사회
적 보장을 제공하는 국가이다. 역사적으로 보아도 복지국가
는 사회적 위험이라 부르는 산업재해, 실업, 질병, 은퇴 때문
에 발생하는 소득상실 문제에 대처하는 사회안전망을 마련하
는 데서부터 시작됐다. 이후 소득상실은 물론 근로빈곤(워킹
푸어working poor), 장기실업, 가족의 해체 등으로 나타나는 새로
운 사회적 위험에 대해서도 적극적 노동시장정책과 사회서비
스 등으로 대응하고 있다. 경제력이 커지고, 사회구성이 다양
해지고, 사회문제와 위험구조가 복잡해질수록 복지국가의 사

회보장정책 또한 날이 갈수록 늘어나고 있다. 우리나라의 경우만 해도 중앙정부의 사회복지 사업은 360개, 243개 지방자치단체의 사회복지 사업은 총 8만 6,856개로 집계된다. 1개 지방정부당 357개꼴이다.[2]

우리나라에서 은퇴자의 노후소득보장을 위한 정책을 예로 들어보자. 1961년에 퇴직금제도가 법제화되면서 노후소득보장에 국가 개입이 시작되었다. 여기에 1988년 도입된 국민연금이 더해졌다. 2005년에 퇴직연금이 또다시 더해지고, 2008년에는 기초노령연금이 새롭게 도입되었다. 지방정부는 효도수당, 장수수당 등의 이름으로 노인에게 현금을 지급하고 있다. 노인돌봄 분야를 보사. 2008년 중앙정부가 노인장기요양보험을 도입했다. 지방정부 수준에서는 노인돌봄 종합서비스, 독거노인 지원, 저소득 노인 식사배달, 경로당 난방비 지원까지 수십 가지 정책이 제공되고 있다. 이 수많은 사회복지 정책을 어떻게 구분하고 분류하는 게 좋을까?

소득활동과 사회적 위험에 따라

사회복지정책은 기본적으로 소득활동과 관련된 기능에 따라 구분이 가능하다.

첫째, 정상적으로 소득활동을 하다가 사회적 위험에 빠

져 소득이 상실되는 경우다. 산업재해, 실업, 노령, 질병, 출산, 육아, 장애 및 제1소득자(가장)의 사망으로 인한 경우가 이에 해당한다. 이에 대해서 복지국가는 산업재해수당, 실업급여, 연금, 질병수당(우리나라에는 아직 질병수당이 없다), 출산전후휴가급여, 육아휴직급여, 장애수당, 유족연금 등을 제공한다.

둘째, 정상적인 소득활동을 못하는 경우다. 또 소득활동을 해도 소득이 불충분해 이른바 워킹푸어에 빠진 경우다. 국가는 저소득자에게 최소한의 생계를 보장해주기 위해 급여를 지급한다. 대표적인 것이 우리나라의 국민기초생활보장제도 같은 공공부조다. 저소득 노동자에게 국가에서 보너스를 지급해 가처분소득을 올려주는 근로장려세제도 여기에 해당된다 (7장 〈국가는 왜 노동시장에 개입할까〉에서 좀 더 자세히 다루도록 하겠다). 참고로, 최저임금 인상도 워킹푸어 저소득자의 가처분소득을 올려주는 효과를 낸다. 그런데 최저임금의 지급 주체는 정부가 아니라 고용주이므로 최저임금은 사회복지정책으로 분류되지 않는다.

셋째, 노동시장에서 요구하는 취업/직업 역량이나 정보가 부족해 취업을 못하고 소득을 제대로 올리지 못하는 경우다. 국가는 적극적 노동시장정책으로 대응한다. 실직자나 구직자에게 고용서비스를 통해 취업정보와 함께 직업훈련과 평생학습을 제공한다. 고용을 촉진하고 유지하도록 고용주에게 고용보조금을 지급한다. 디딤돌 일자리가 되는 단기간 공공

2 국가는 왜 개인에 개입할까: 복지국가의 철학과 정책

근로public works 일자리 제공, 취약계층의 창업을 지원하는 정책 등이 포함된다.

넷째, 정상적으로 소득활동을 하는데 '사회적으로 인정되는' 지출이 급격히 증가해 실질소득이 줄어들 때다. 질병치료, 출산 및 육아, 장애아를 낳거나 장애를 갖게 된 경우 남보다 지출이 늘 수밖에 없다. 살림이 어려워진다. 이때는 건강보험이나 보건소와 공공병원을 통한 저렴한 의료서비스, 장애인 재활 및 치료, 장애수당, 공보육, 아동수당 등의 사회복지정책을 통해 공동체가 함께 비용을 분담한다. 사회적으로 우연성(질병과 장애)과 필요성(출산과 육아)을 인정할 만한 지출이 증가했기 때문이다. 참고로, 개인의 취향과 선택에 의해 지출이 급격히 증가한다면 파산해도 국가가 개입하지는 않는다. 예컨대 해외여행, 도박, 투자 등으로 인한 지출 증가는 온전히 개인이 감당해야 할 문제다.

덧붙여 공보육이나 요양서비스는 여성의 취업기회도 확대한다. 전통적으로 남자는 밖에 나가 돈 벌고, 여자가 집에서 아이 키우고 치매나 여타 질병을 앓는 노인을 봉양했다. 이제 시대가 바뀌어 여성들도 사회생활을 하고자 한다. 공보육과 노인장기요양서비스는 여성의 일-가정 양립을 돕는다. 또한 공보육은 저소득가정 혹은 낙후지역 아이들에게 중산층 아이들과 똑같이 인지능력과 학습능력을 배양할 기회를 제공한다. 미래의 희망인 이들에게 사회경제적 배경과 상관없이 타고난 잠재력을 키울 수 있는 기회를 주는 것이다. 기회의 평등 관점에서 중시되는 정책이다. 질 좋은 공교육과 직업훈련이 보편적으로 제공되어야 하는 이유이다.

급여의 형태에 따라

사회복지정책을 급여의 형태에 따라 구분할 수도 있다. 현금cash급여와 현물in-kind(물품이나 서비스)급여로 나누는 것이다.

첫째, 현금급여다. 각종 소득보장정책은 현금성 복지정책에 해당한다. 산재보험의 휴업급여(치료기간 중 소득상실에 대한 보상)와 장해급여(노동능력 상실 시 받는 연금), 고용보험의 실업급여, 사회보험 방식 국민연금의 노령연금과 유족연금, 일반조세로 운영되는 기초연금, 질병수당(치료기간 중 소득상실에 대한 보상), 출산/육아휴직급여, 아동/육아수당, 학생수당, 장애수당 혹은 장애연금, 공공부조의 현금급여, 근로장려세제 등이 이에 해당된다.

현금에는 꼬리표가 달려 있지 않다. 모든 수급자가 각자의 선호에 따라 자유롭게 사용할 수 있다. 사회 전체적으로 효용을 극대화할 수 있다는 장점이 있다. 공공부조처럼 빈곤 여부를 따지기 위해 자산조사를 하고 급여를 주는 경우, 대상자 선정 단계에서 낙인효과stigma가 발생하기도 한다. 그러나 현금을 받아 사용하는 것이기에 소비 단계에서는 아무도 그 사실을 알 수가 없다. 대상자만 확정되면 급여는 송금 처리하면 된다. 관료제 비용이 크게 들지 않는 것도 장점이다. 단점은 오남용 가능성이다. 학생수당 받아 유흥비로 쓰고, 아동수당 받아 부모가 옷 사 입어도 추적하고 막을 도리가 없다. 미국에서는 빈민가에 알코올중독과 마약 문제가 끊이지 않는 이유로 현금성 복지의 부작용이 늘 거론된다.

둘째, 현물급여다. 대표적인 현물성 복지정책이 의료서비스다. 이 밖에 보육서비스, 장기요양서비스, 공공부조의 의료급여, 주택급여(임대주택 입주권), 재활서비스 등이 포함된다. 저소득층에게 현금이 아닌 식료품을 직접 제공한다면 현물급여가 된다. 아이 키우라고 분유, 기저귀, 유모차 같은 육아용품을 직접 지원하는 경우도 이에 해당한다.

현물급여의 장점은 정책의 목표효율성target efficiency이 높다는 것이다. 현금으로는 '딴짓'을 할 수 있지만, 현물로는 그럴 수 없다. 만약 2022년 공보육에 들어간 8.2조 원을 부모들에게 직접 현금으로 준다면 어떨까? 어린이집에 보낼 사람은 그냥 어린이집에 보내고, 자기 돈 보태서 놀이학교나 영어유치원에 보내고 싶은 사람은 그렇게 하면 된다. 모두가 다 행복해지지 않을까? 하지만 모든 부모가 현금으로 받은 보육비를 정직하게 유아교육에만 쓸 거라고 장담하기는 어렵다. 그래서 표준화된 보육서비스를 제공하는 것으로 현금을 대신한다.

단점은 현물급여의 장점 때문에 생긴다. 현금과 달리 수혜자의 선택의 폭과 자율성이 크게 제한된다. 그리고 현금 아닌 물품을 지급할 때는 구매하고 전달하는 데 인력과 비용이 든다. 민간 시스템을 활용하지 않고 국가가 직접 전달하려 할 때는 더더욱 그렇다. 공무원을 뽑아 전달을 담당할 관료 조직을 새로 만들어야 한다. 인프라를 구축하는 비용이 막대하다.

그래서 이런저런 이유로 현금과 현물의 장점을 결합한 바우처voucher가 도입되고 점차 확산되는 추세다. 바우처는 현금처럼 쓸 수 있되, 용도가 제한된 일종의 쿠폰이다. 보육바우처는 모든 종류의 보육기관에서 사용 가능하나 술 담배는 살 수 없다. 물론 백화점 상품권이나 지역화폐처럼 할인해 현금으로 유통시키는 암시장 같은 게 생겨나겠지만(이른바 상품권 깡 시장), 그래도 바우처는 목표효율성과 선택의 자유를 어느 정도 조화시킬 수 있다. 이는 제3의 길이다.[3]

재원에 따라

사회복지정책을 그 재원에 따라 구분하기도 한다. 이 경우, 사회보험 사업과 일반재정 사업으로 나뉜다. 사회보험료(혹은 사회보장세)로 운용되는 대표적인 것이 4대 사회보험이라 불리는 연금, 의료, 산재, 실업 보험이다. 대부분의 나라에서 사회지출의 50~70%를 차지한다. 그 밖에 장기요양보험(한국, 일본, 독일)이나 부모보험(스웨덴)도 사회보험료를 재원으로 한다.

일반재정 사업은 사회보험료를 제외한 일반적인 세금(소득세, 법인세, 재산세, 소비세 등)으로 조성된다. 일반재정 사업은 사회보험료를 정기적으로 납부하기 어려운 취약계층을 위한 복지 프로그램(실업부조, 의료급여, 기초연금, 국민기초생활보장제도)과 일반 국민들이 혜택을 보는 보편주의적 사회서비스 및 사회수당으로 다시 나뉜다.

일반재정이 아닌 사회보험료가 재원인 실업급여나 연금 같은 소득보장정책은 대부분 소득비례형이다. 즉 내는 만큼 보상이 온다. 더 내면 더 받는다. 사회보험료도 세금이지만 중산층의 순응도가 상대적으로 높은 이유다. 사회보험료 수입이 없었다면 복지국가가 이만큼 크게 성장하긴 어려웠을 것이다. 보험제도의 특성상 수직적 재분배보다는 수평적 재분배가 이루어진다. 즉 고소득계층에서 저소득계층으로 재분배가 발생하기보다는, 자동차보험처럼 위험에 빠진 사람에게 소득이 이전된다. 건강한 사람에게서 환자에게로, 근로자에게서 실업자에게로, 아이를 낳고 아이를 키우는 사람에게로 소득이 이전된다.

그런데 모든 사람이 사회보험료를 납부할 수 있는 것은 아니다. 형편이 어려워 보험료를 내지 못하면 위험에 빠져도 혜택을 받을 수 없다. 우리는 보통 이런 경우를 가리켜, 사각지대에 빠져있다고 표현한다. 사회보험의 사각지대 문제를 완화하기 위해, 일반재정에서 사각지대를 메우는 '짝꿍' 프로그램을 운영한다. 국민연금의 사각지대에는 기초연금이, 건강보험의 사각지대에는 의료급여가, 그리고 실업보험의 사각지대에는 실업부조(한국에서는 국민취업지원제도라 부름)가 사회보험의 사각지대를 메우는 기능을 하는 것이다. 이런 일반재정프로그램을 범주형 공공부조제도라 부른다. 사회보험으로도, 또 범주형 공공부조로도 사회보장을 못받는 경우에는 사회보장의 최후보루로 (일반형) 공공부조가 작동한다. 한국의 국민기초생활보장제도가 이에 해당한다.

이러한 사각지대에 빠진 취약계층의 사회보장을 위한 재원은 당연히 소득세 같은 일반 세금에서 나온다. 사회보험료는 소득의 많고 적음과 관계없이 정률flat rate로 납부하지만 다른 세금은 기본적으로 누진 구조다. 많이 벌거나, 재산이 많거나, 사치품을 구매하면 세율이 높아진다. 따라서 공공부조는 다른 사회보험보다 수직적 재분배, 즉 고소득자로부터 저소득자에게로의 소득재분배 효과가 크게 난다.

의료보장을 제외한 공보육 같은 대부분의 사회서비스는 일반세금에서 재원이 마련된다. 기초연금, 아동수당, 장애수당 등 준보편적 사회수당도 마찬가지이다. 수급대상은 모든 국민일 수도 있고, 소득이나 자녀수 등을 기준으로 제한하기도 한다. 사회서비스와 사회수당은 누진구조의 일반조세에서 재원이 마련되므로 수직적 재분배 효과가 나타난다. 하지만 소득과 상관없이 상황(즉 아프거나, 아이가 생기거나, 장애가 발생하는 등의 경우)에 따라 해당 서비스와 수당을 받을 수 있다. 따라서 기본적으로 사회보험과 마찬가지로 수평적 재분배 효과가 더 크다.

두 번째 이야기를
마치며

현대 자본주의 복지국가는 역사적 산물이다. 인류는 한때 자본주의 시장경제의 모순과 병폐에 대항하여 자본주의 체제 자체를 거부하고 사회주의 체제라는 새로운 생산·분배 체제를 만들어내기도 했다. 그러나 결과는 실패였다. 자유의 원칙이 작동하지 않는 사회주의 체제에서는 생산과 유무형의 부의 축적이 어려웠다. 차등의 원칙에 따라 분배하려 해도, 분배할 물질적 기반이 조성되지 못했다. 자유민주주의와 자본주의 시장경제의 틀 안에서 태동하고 성장한 복지국가가 오히려 사회주의의 이상을 현실에 구현하고 있다.

그렇다고 복지국가가 사회주의 이념에 따라 만들어진

것은 아니다. 복지국가는 혁명적 사회주의자들로부터 배신자, 수정주의, 개량주의라는 비판을 받으며 커왔다. 복지국가는 거대한 이념적 지도 위에 하향식으로 건설되지 않았다. 어찌 보면 주먹구구식으로 밑에서부터 사회문제를 하나씩 해결해 가면서 성장해왔다. 비슷한 고민을 안고 있는 다른 나라의 대처 방식을 서로 배워가면서, 현재의 복지국가가 형성되었다.

한국 복지국가도 그러하다. 산업화가 낳는 다양한 위험 으로부터 시민을 보호하기 위해, 시민들의 다양해진 복지 욕구에 부응하기 위해, 우리보다 앞서간 선진 복지국가들을 벤치마킹하며 열심히 뒤따라가고 있다. 이제 우리나라도 서구 복지국가들의 사회복지정책을 대부분 갖추었다. 그러나 그 수준과 성격은 다르다. 어떻게 다르고 왜 다를까? 이어지는 3장에서 다루고자 한다.

한국의 복지는
어떤 수준일까‥

'작은, 복지의 나라

3

우리나라는 2018년에 1인당 국민소득gross national income (GNI)이 3만 달러를 넘어섰고 2021년 3만 5,000달러를 기록하고 있다. 스위스의 1인당 국민소득은 9만 달러가 넘고, 노르웨이, 룩셈부르크는 8만 달러가 넘는다. 그에 비하면 3만 달러는 초라해 보인다. 그러나 인구가 많으면서 1인당 국민소득도 높기는 쉽지 않다. 30-50클럽으로 불리는, 즉 인구규모가 5,000만 명이 넘으면서 국민소득 3만 달러를 넘어선 나라는 일본(1992년), 미국(1996년), 영국(2004년), 독일(2004년), 프랑스(2004년) 그리고 이탈리아(2005년) 등 6개국에 불과하다. 이 나라들은 다들 선발 산업국가들로 1, 2차대전의 주역인 세계열강이다.

반면 우리나라는 일본 식민지에 이어 내전까지 경험하고 필리핀의 원조를 받던 최빈국이었다. 1960년대에 와서야 본격적으로 산업화의 닻을 올렸다. 그리고 단 두 세대 만에 세계 일곱 번째로 30-50클럽에 가입했다. 한강의 기적이 맞다.

그런데 늦은 산업화를 감안하더라도 한국 복지국가의 태동과 형성은 서구에 비해 상당히 뒤늦었다. 보통 한 국가의 공공사회지출이 GDP의 3% 혹은 5%를 넘으면 복지국가로 진입했다고 평가한다. 사회보험제도를 선구적으로 실시한 독일은 3%를 1900년에 넘고, 5%는 1915년에 넘어섰다. 유럽 복지국가에 비해 공공복지가 덜 발달했다는 미국 또한 1920년에 3%, 1931년에 5%를 넘어섰다.

한국의 경우는 어떠한가? 한국은 1990년에 공공사회지출이 GDP의 3%를 넘었고, 5%를 넘은 것은 1998년이다. 2021년 한국의 공공사회지출은 GDP 대비 14.4%로 OECD 평균 23.0%의 60% 수준이다. 복지국가는 그냥 되는 게 아니고, 공공복지의 물적 토대인 산업화와 정치적 수요를 낳는 민주주의가 선행되어야 한다. 뒤늦게 1960년대에 산업화를, 그리고 1980년대에 민주화를 이룬 한국에서 서구 복지국가, 그것도 유럽 수준의 복지국가를 바랄 수는 없다.

한국의 산업화와 민주화가 뒤늦었지만 빠른 성장을 보였듯, 한국의 복지 또한 빠른 성장을 하고 있다. 그런데 그 종착역은 유럽의 큰 복지국가만큼은 되기 어려울 것 같다. 영미 자유주의 국가 수준에 머물다가, 고령화가 세계 최고조에 이르면 일본과 유사한 수준의 복지국가가 될 것이다.

왜 그런가? 복지국가를 주조하는 사회경제 조건과 정치 제도가 자유주의 미국이나 일본과 비슷하기 때문이다. 한국의 '작은' 복지국가가 어떻게 형성되었는지 역사를 살펴보면 미래가 보인다. 먼저 한국 복지의 현황을 다른 OECD 국가와 비교한 후 하나씩 되짚어보자.[1]

지금, 우리 복지의
성장 속도는

〈그림 3-1〉은 한국과 다른 OECD 국가의 사회보장 수준을 보여준다. 나라마다 다르나 일반적으로 공공사회지출은 고령화에 큰 영향을 받는다. 연금과 의료보장 지출이 전체 사회지출의 60~70% 정도를 차지하기 때문이다. 1인당 사회보장 수준이 낮아져도 노인인구가 늘면 사회지출 총량은 자동적으로 늘어난다. 따라서 인구구조 같은 고령화 요인을 제외하고 국가 간 비교를 해야 복지국가의 발전도를 정확하게 파악할 수 있다. 따라서 〈그림 3-1〉의 Y축은 인구구조와 상관없이 평균소득을 올리는 40세 노동자 1인의 소득보장 정도를 추산해 표현했다. 즉 20년 동안 근로했을 때를 가정하고, 실업, 장

그림 3-1   소득보장 급여의 관대성과 사회서비스 지출의 국제비교

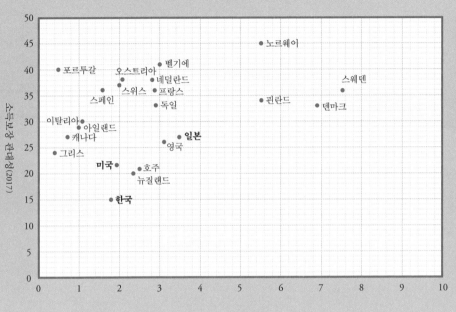

사회서비스 + 적극적 노동시장정책(2017, GDP 대비 %)

자료   소득보장 급여 관대성은 CWED 2(comparative welfare entitlements dataset/ version 2017),
사회서비스와 적극적 노동시장정책의 지출 자료는 OECD 사회지출데이터(SOCX)를
바탕으로 필자가 작성했다.

애, 퇴직 시 받을 수 있는 복지급여를 지수화한 것이다. X축은 소득보장을 제외한 사회서비스의 발전도를 알아보고자 한 것인데, 여기서도 고령화에 영향 받는 의료보장을 제외한 여타 사회서비스와 적극적 노동시장정책에 쓰이는 지출만을 GDP 대비 비율로 나타냈다. Y축에 표현된 한국의 소득보장 급여의 관대성은 다른 OECD 국가와 비교해볼 때 상당히 낮다. 한국과 가장 가까운 급여 관대성 수준을 보이는 나라는 자유주의 국가로 불리는 미국, 뉴질랜드, 호주, 캐나다 그리고 일본 같은 비유럽권 국가들이다. X축을 보면, 한국은 그리스, 이탈리아, 포르투갈 같은 남부유럽 국가에 비해서는 사회서비스와 적극적 노동시장정책에 지원을 더 많이 배분하는 것으로 나타난다. 하지만 전반적으로 상당히 낮은 편이다. 참고로, 오른쪽 상단에는 소득보장 관대성도 높고, 사회서비스와 적극적 노동시장정책이 발달한 북유럽 국가들이 자리 잡고 있다. 사회보장제도가 골고루 잘 발달되어 있다고 볼 수 있겠다. 한국은 그 대척점인 왼쪽 하단에 위치한다.

　　한국은 연금, 의료, 실업, 산재 등 4대 사회보험은 물론 노인장기요양보험, 공보육을 위시해 선진 복지국가들의 사회보장제도를 거의 다 갖추고 있다. 그럼에도 소득보장의 관대성이 낮고, 사회서비스와 적극적 노동시장정책 지출 수준이 낮은 이유는 무엇일까? 먼저 사회서비스의 경우, 저출생으로 인해 공보육 대상자인 아동의 수가 유럽의 복지국가에 비해 적다는 점, 그리고 아직 고령화 수준이 유럽 평균에 비해 낮아 요양서비스 수요가 상대적으로 낮다는 점을 들 수 있다. 또한 실업률이 유럽보다 상대적으로 낮아, 적극적 노동시장정책 지출이 낮은 구조적 원인이 있다.

그러나 이것만으로는 설명이 되지 않는다. 사회서비스와 적극적 노동시장정책을 통해 제공되는 서비스의 수준이 높지 못한 것도 하나의 이유다. 가장 급속한 발전을 보이는 공보육의 경우, 공보육 아동 1인당 교육비 지출액(미화 기준 6,227달러)은 OECD 평균(7,927달러)보다 낮고, 북유럽에 비해서는 2분의 1이나 3분의 1수준에 불과하다(스웨덴 1만 2,833달러, 덴마크 1만 6,341달러).[2] 한국의 직업훈련은 단기 훈련이 대부분이고, 고용서비스 담당 인력도 직원 1인당 구직자수가 605.5명으로 독일 53.4명, 프랑스 95.9명, 영국 53.1명 등에 비해 월등히 많다.[3]

소득보장의 관대성이 낮은 이유는 소득대체율이 다른 유럽의 복지국가보다 낮거니와 급여상한마저 낮기 때문이다. 실업급여의 경우를 보자. 2022년 현재 실업급여의 명목 소득대체율은 60%이다. 재직 시 받은 월급의 60%를 실업급여로 받는다는 뜻이다. 그러나 하루 최대로 받을 수 있는 액수가 6만 6,000원이다. 1일 8시간 근무를 감안해 시급으로 계산하면 8,250원이다. 2022년 최저임금 시급 9,160원보다 1,000원 가까이 낮다. 아무리 월급이 높은 중산층 노동자였어도 실업을 당했을 때 받을 수 있는 돈은 최저임금만 못하다. 이것도 취업이 될 때까지 받을 수 있는 게 아니다. 최대 270일 받을 수 있는데, 이마저도 고용보험 가입기간이 10년 이상이며 50세 이상이거나 장애인이어야 가능한 일이다. 쌍용자동차 사태에서 보듯 '해고는 살인'이라며 대기업 노동자들이 빨간 머리띠를 두르고 목숨 걸고 투쟁에 나서는 이유를 알 만하다. 참고로, 실업급여의 최저임금격인 하한액은 1일 6만 120원이다. 상한액이나 하한액이나 별 차이 없다. 말은 소득대체율 60%지만, 사실상 최저임금 수준의 정액을 주는 것이다.

육아휴직급여의 경우도 비슷하다. 2022년 소득대체율이 무려 80%로 OECD 평균을 웃돌지만, 상한액은 월 150만 원에 불과하다. 월 400만 원 받는 근로자의 경우 320만 원을 받아야 하지만, 실 수령액은 150만 원이다. 소득대체율이 80%라고 해놓았지만, 실질소득대체율은 이보다 한참 떨어진 37.5%에 머문다. 자산 소득이 충분한 사람들 외에는, 가계수입 감소 때문에라도 아이 갖기가 불가능하다. 상대적으로 소득이 높은 남성들이 육아휴직 쓰기 어려운 이유이기도 하다.

국민연금의 경우 6장 〈노후대비, 국민연금으로 충분할까〉에서 자세히 다루겠지만, 목표 소득대체율은 40%이다. 그런데 평균소득자의 실소득대체율은 35%, 평균소득의 2배를 버는 고소득자의 실소득대체율은 22%에 불과하다. 월 소득이 아무리 높아도 553만 원을 기준으로 보험료가 부과되기 때문

이다. 월 700만 원 버는 사람이나 553만 원 버는 사람이나 연금액이 동일하다.[4]

사회보험에 의지할 수 없는 빈곤층을 대상으로 하는 공공부조도 받기가 쉽지 않다. 2022년 1인가구 생계급여는 58.3만 원 정도인데, 중소도시에서 아무런 소득이 없어도 중고가액 58.3만 원짜리 자동차가 있다든가, 9,200만 원하는 주택을 소유하거나, 아니면 집도 차도 아무것도 없는데 930만 원이 들어 있는 저금통장이라도 하나 있으면 수급자가 될 수 없다.[5] 노동시장에서 근로소득이 없는 경우, 재취업할 때까지 믿고 의지할 수 있는 소득보장제도가 없다 해도 과언이 아니다. 공보육 등 사회서비스가 많이 발전했지만, 아직 갈 길이 멀고 말이다.

왜 한국은
'작은' 복지의 나라일까

서구 복지국가는 산업화, 민주화, 노동운동과 좌파정당의 성장, 국가관료제의 성립 등으로부터 영향을 받으며 성장했다. 한국도 장기적으로 보면 그와 같은 거대한 사회 변동과 함께 복지국가로 발전했다고 볼 수 있다. 1960년대 산업화와 함께 사회보험이 도입되었고, 1980년대 민주화와 연이은 노동운동의 활성화로 국민연금 도입, 전국민의료보험 시행 등 사회보장제도가 크게 확장되었다. 상대적으로 진보적인 김대중 정부와 노무현 정부 시기에 사회보험의 법적 적용대상이 전 국민에게까지 확대되고 공보육, 장기요양 같은 사회서비스도 도입되었다. 사회보장제도의 도입과 시행은 한국의 유능한 관료제가 있었기에 제도 설계와 집행이 가능했다. 그러나 앞서 지적했듯이, 사회보장제도의 발전과 성숙은 한국 경제발전 속도나 민주화의 공고화 정도를 따라가지 못하고 있다. 한마디로 한국이 갖고 있는 잠재력에 비해 복지국가의 발전은 더딘 것이다. 이를 어떻게 이론적으로 설명할 수 있을까? 서구 복지국가의 발전이론을 한국적인 상황에서 재해석해보자.

산업화 논리와 수출지향 산업화

서구 복지국가의 태동과 발전을 설명하는 가장 오래된 이론으로 산업화 논리logic of industrialism라는 게 있다. 앞서 2장에서 자세히 논했듯이, 자본주의 시장경제에서 산업화는 전통 농업사회에서 볼 수 없는 각종 사회적 위험을 만들어낸다. 실업, 산업재해, 질병, 은퇴 등으로 노동시장에서 일할 수 없게 되면 생계가 막막하다. 19세기 임금노동자를 지칭하는 프롤레타리아트를 앞세워 자본주의 체제를 뒤엎자는 공산주의 운동이 유럽을 강타한 이유다. 자본주의 국가는 체제 생존을 위해서라도 사회복지정책으로 대처하지 않을 수 없었고, 그 결과가 복지국가의 성장이다. 산업화는 사회적 위험이라는 '병'만 준 게 아니다. '약'도 주었다. 농업사회보다 수천수만 배에 이르는 생산력으로 국가재정이 대폭 확충되어 복지비용을 충당할 수 있게 되었다. 독일에서 19세기 후반에 시작된 사회보험이 전 유럽과 신대륙의 산업국가에 빠르게 전파되었다. 산업화 논리는 경험적으로 증명되었다. 거의 모든 서구 국가에서 산업화가 진전될수록 복지제도가 확충되고 복지지출이 늘어나는 경향을 보였다.

한국도 예외는 아니다. 산업화가 본격적으로 시작된 박정희 시대부터 근대적 사회보장제도라고 할 수 있는 사회보험제도가 도입되었다. 이후 경제력이 커가면서 서구 복지국가의 여러 제도들이 도입되고 복지지출도 증가하고 있다. 그러나 산업화 논리가 암시하는 바와 달리, 산업화 수준이 곧 복지 수준을 뜻하지는 않는다. 현재 산업화 수준이나 GDP 등 경제력에서 유럽 국가에 전혀 뒤지지 않는 한국이 복지정책의 제도화나 공공사회지출 수준에서는 상대적으로 많이 뒤떨어져 있다는 사실을 봐도 그러하다.

한국은 서구 복지국가와 달리 국가주도 산업화를 이루었다. 1960년대 초 군사정변으로 집권한 박정희 정권 때 청와대와 경제기획원이 주도해 경제발전계획을 세우고 본격적으로 산업화를 시작했다. 방법은 독특하게 수출지향 산업화export-oriented industrialization였다. 대만과 싱가포르도 비슷한 전략을 세웠다. 나머지 후진국들은 수입품을 자국 상품으로 대체하는 데 목표를 두고, 국내 시장을 보호하며 산업을 키우는 수입대체 산업화import-substitution industrialization를 채택했다. 아르헨

티나, 브라질 등 남미 국가와 인도를 비롯해 대부분이 그러했다. 국내 상품이 선진국과 경쟁해 수출경쟁력을 가질 수 없다고 본 것이다. 그런데 우리는 세계를 상대로 수출상품을 만들어 팔겠다는 전략을 세웠다. 국내 시장이 워낙 작았기 때문이다.

자본과 기술이 부족했던 산업화 초기, 풍부한 저임금 노동력이 수출품의 가격경쟁력을 지탱해주었다. 1960년대에는 농촌에서 거의 무한대로 노동력이 공급되고 임금 수준이 일정하게 유지되었으므로, 특별한 임금 조정기제가 요구되지 않았다. 다만 중화학공업화가 시작되자 숙련노동자 부족에 따른 임금인상이 발생했다. 그러자 1970년대 초부터 수출경쟁력을 유지하기 위해 국가가 임금인상 억제에 적극적으로 개입하기 시작했다. 노동운동에 대한 억압과 배제가 강화되었다. 이때의 임금인상 억제는 수출대기업에 집중되었다. 따라서 〈표 3-1〉에서 보듯이, 대기업과 중소기업의 임금격차는 시간이 갈수록 줄어드는 기현상을 보였다. 생산직 노동자를 보자. 1973년에 500인 이상 대기업 노동자의 임금을 100으로 할 때, 10~29인 규모의 중소기업 노동자 임금이 66.8이었던 것이 1980년에는 89.8까지 좁혀졌다. 지금과는 정반대 현상이었다. 서유럽의 노동운동이 주도한 동일노동-동일임금에 입각한 연대임금제 solidarity wage가 한국에서는 국가주도로 실현된 것이다.

한편 노동비용 상승을 불러오는 각종 사회보장제도의

표 3-1   기업규모별 관리직과 생산직 노동자들의 임금 추이

	1973	1975	1977	1979	1980
관리직 노동자					
10~29인 기업	-	54.9	66.1	79.8	63.8
30~99인 기업	-	70.0	80.0	83.9	73.8
100~499인 기업	-	87.7	87.1	95.5	84.0
500인 이상 기업	-	100.0	100.0	100.0	100.0
생산직 노동자					
10~29인 기업	66.8	76.0	83.3	84.2	89.8
30~99인 기업	82.0	79.8	87.8	89.2	86.2
100~499인 기업	95.8	88.3	84.4	100.0	97.3
500인 이상 기업	100.0	100.0	100.0	100.0	100.0

자료   David L. Lindauer, "Labor market Behavior in the Republic of Korea: An Analysis of Wages and Their Impact on the Economy", *World Bank Staff Working Papers* no. 641(1984).

도입은 최대한 늦춰졌다. 1974년에 도입하기로 법까지 제정했던 국민연금은 1973년 1차 오일쇼크로 세계경제가 침체되자 무기한 연기되었다. 1977년 의료보험이 도입될 때도, 기업의 부담능력에 발맞추어 단계적으로 시행되었다. 비용부담을 고려해 급여 수준이 낮았음은 물론이다. 빈곤층을 대상으로 한 공공부조의 경우도, 근로연령대인 18세부터 64세까지는 아무리 가난해도 수급자가 될 수 없었다. 이들에게는 스스로 생계를 유지할 수 있도록 공공근로 일자리가 제공되었다.

저임금에 복지급여도 얼마 되지 않던 시절에, 국가는 소득세를 뗄 수가 없었다. 대신에 감세정책으로 근로자의 가처분소득을 올려주고, 기업의 투자의욕을 북돋웠다. 1971년 세제개편을 통해 감세정책을 공식화하고, 1차 오일쇼크로 경제가 어려워지자 1974년 긴급조치 3호를 통해 대대적인 감세에 나섰다. 이런 기조는 1970년대 내내 유지되었다. 〈표 3-2〉에서 보듯이, 소득세의 경우 전 소득계층에서 실효세율이 낮아졌고, 중하위계층은 소득세가 거의 없었으며, 최고소득계층도 5.2%까지 떨어졌다.

서구에서 불경기에 감세를 통해 경기를 진작하는 정책은 1980년대 미국의 레이건Ronald Reagan 대통령과 함께 등장했다. 레이건이 정책방향을 180도 뒤엎기 전, 1970년대 서구는 케인스주의의 시대였다. 불경기에 세금을 올리고, 국가는 이 돈을 한계소비성향(추가로 벌어들인 소득 중 저축되지 않고 소비

표 3-2   소득계층별 소득세 부담(실효세율)의 추이

(단위 : %)

소득계층	1970	1976	1978	1980
하위 0～10%	2.24	0.00	0.00	0.00
～20%	2.06	0.00	0.00	0.06
～30%	2.40	0.19	0.59	0.74
～40%	2.07	0.71	0.84	1.21
～50%	2.17	1.20	1.25	1.56
～60%	5.29	1.73	1.62	1.90
～70%	6.18	2.40	2.07	2.32
～80%	5.71	3.42	2.69	2.89
～90%	7.50	6.07	3.89	3.79
～100%	7.74	7.30	6.29	5.20
평균	3.90	3.11	2.63	2.49

자료   나성린, 〈고도성장기의 조세정책(1970년대)〉, 최광·현진권 엮음, 《한국 조세정책 50년: 제1권 조세정책의 평가》(한국조세연구원, 1997), 198쪽.

되는 금액의 비율)이 높은 저소득층에게 복지급여로 제공해 유효수요를 높였다. 문재인 정부가 추구했던 '소득주도성장'의 시기였던 것이다. 그런데 한국의 박정희 집권기는 레이건보다 10년을 앞서 감세정책을 단행했다. 필자는 이를 두고, 한국의 '레이건 없는 레이거노믹스의 시대'라고 부른다. 감세하면서 복지를 늘리기는 쉽지 않다.

한국은 산업혁명의 낙오자로 식민지배를 받아오다 2차 대전 후 독립한 수많은 가난한 나라 중 하나였다. 그러나 성공적인 산업화로 30-50 선진국클럽에 오른 유일한 국가다. 비결은 수출지향 산업화였다. 가격경쟁력이 중요하던 산업화 초기 단계에서, 노동비용을 낮추기 위해 임금인상과 복지는 억제되었다. 대신 세금은 낮춰 가처분소득을 최대한 높여주고 근로와 투자를 장려했다. 작은 복지국가와 함께 '저부담 조세체계'가 자리 잡았고, 이 유산은 지금까지도 이어지고 있다.

권력자원론

산업화 논리 이후, 서구 복지국가의 발전을 설명하는 이론 중 가장 큰 영향력을 보이는 이론은 권력자원론power-resources model이다. 1980년대 권력자원론자들은 다 같이 민주화되고 산업화된 서구 국가에서 복지제도의 내용과 지출 수준이 나라

별로 큰 차이가 나는 원인을 설명하고자 했다. 1980년대 스웨덴을 위시해 북유럽은 공공사회지출이 GDP의 30%를 넘나드는데, 왜 영미 자유주의 국가는 20%도 안 되는 것일까? 권력자원론은 사회복지정책의 최대 수혜자라 할 수 있는 임금노동자의 정치적 힘이 클수록 복지국가가 발전한다고 본다. 따라서 이 이론은 노조의 조직력, 좌파정당의 힘, 노동 세력이 여타 사회집단(농민, 화이트칼라, 노인 및 여성)과 맺는 정치적 연대의 성사 여부, 그리고 한국의 노사정위원회와 같은 조합주의corporatism의 수준 등에 주목한다.

권력자원론은 민주화로 노동권이 고양된 1987년 이후 한국 복지국가의 성장을 설명하는 데 도움을 준다. 동시에 아직도 유럽의 많은 복지국가와 현격한 차이를 보이는 한국 복지국가의 현재를 이해할 수 있게 해준다. 역사를 되돌아보자. 산업화 시기 권위주의 국가는 노동운동을 오랜 기간 억압했다. 노조와 좌파정당의 정치적 활동을 불허했다. 민주화 이후에도 한국의 노조 조직률은 60%를 넘나드는 북유럽이나 30% 수준의 다른 유럽 국가와 달리, 10%에 머물고 있다. 좌파정당의 정치적 영향력도 미미하다. 노사정위원회가 가동되고 있으나 유명무실하다. 조직노동은 조합주의적 의사결정을 거부하거나 소극적으로 참여하고 있다. 권력자원론에 비추어 본 한국 복지국가는 크게 성장할 수 없다.

그러나 권력자원론이 설명하는 한국의 복지정치는 절반

만 맞다. 한국의 노동은 노조 조직률은 낮지만, 경제의 중추를 이루는 수출대기업과 공공부문은 거의 모두 조직화되어 있다. 2019년 기준으로 300인 이상 대기업은 노조조직율이 88.7%이고 공공부문 조직율은 70.5%다. 유럽 못지 않다. 노동운동의 양식 또한 매우 전투적이다. 이러한 조직화된 노동의 힘이 복지국가 건설에 모아졌다면 한국의 공공복지 수준은 지금보다 높아졌을 것이다. 그러나 그러지 못했다.

한국이 유럽과 다른 이유는 단순히 우리의 노조 조직률이 낮고 좌파정당의 의석이 적어서만은 아니다. 유럽의 노동운동은 전국 혹은 산업별 노동운동 형태를 띤다. 노사 간의 단체협상은 전국 혹은 산업별 수준에서 이루어진다. 이와 달리 한국은 기업별로 단체협상이 이뤄진다. 기업별 노조운동이 주를 이룬다. 따라서 기업의 울타리를 넘어서는 노동시장의 문제, 연대임금제, 빈곤 등 사회적 이슈를 노사 협상테이블에 올리지 못한다. 임금인상이나 기업복지 확충 같은 기업 내부 이슈가 노조 단체협상의 단골 주제다. 그 결과, 민주화 이후에 노조가 조직되어 있고 지불능력이 있는 대규모 사업장의 임금과 기업복지 수준은 지속적으로 향상되었다. 반면 노조가 조직되지 못하고 고용주의 지불능력도 떨어지는 중소기업은 임금과 기업복지 수준이 정체한다. 〈그림 3-2〉와 〈그림 3-3〉에서는 앞서 〈표 3-1〉에서 본 임금격차가 줄어들던 패턴과는 정반대의 경향을, 노동운동이 자유화된 민주화 이후 볼 수 있다.

그림 3-2   기업규모에 따른 임금 수준의 격차 추이

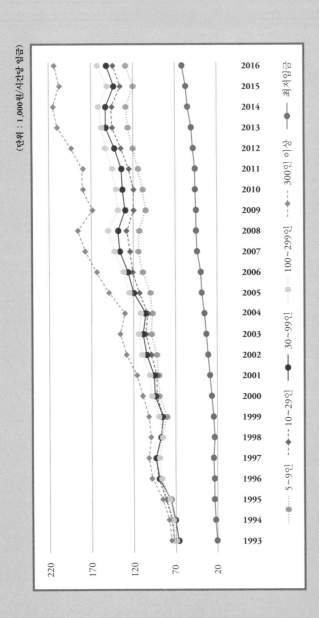

주   기업규모는 노동자 수에 따름.

자료   OECD, Towards Better Social and Employment Security in Korea(2018). p. 36.

그림 3-3   기업규모에 따른 기업복지 수준의 격차 추이

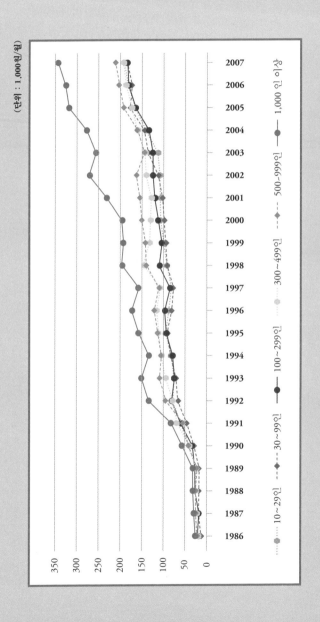

(단위 : 1,000원/월)

주   기업규모는 노동자 수에 따름.
자료   통계청(http://www.kosis.kr).

기업복지도 마찬가지다.

공공부문과 대기업의 조직화된 노동자군은 한국 복지국가 발전의 거대한 잠재적 추동력임에도, 기업의 울타리를 벗어난 공공복지 확대에는 소극적이다. 고용도 안정되어 있고, 임금도 높으며, 기업복지로 자녀 학자금까지 회사에서 지원해준다. 실업급여를 높일 이유도, 반값등록금을 요구할 이유도 없다. 그러면 사회보험료와 세금만 높아질 뿐이다. 한국처럼 주로 기업 테두리 내에서 기업 수준의 단체협상을 벌이는 미국, 일본, 영국, 캐나다 등 자유주의 국가의 공공복지 수준이 유럽의 나라들보다 떨어지는 현상은 단순한 우연의 일치가 아니다.

민주주의와 선거경쟁론

서구 복지국가의 역사를 되돌아보면, 주요 사회복지정책의 입안과 시행이 노동과 좌파정당에 의해서만 주도되었던 것은 아니다. 영국은 노동당 이전에 자유당이, 독일은 전후 기독교민주당이 복지국가를 만들었다. 복지정책은 분배를 핵심으로 하는 정책으로, 다수의 유권자에게 직접적인 혜택을 부여한다. 민주주의 체제하에서 정권을 차지하고자 하는 정치가들은 좌·우 및 보수·진보를 불문하고 복지정책의 입안과 시행에 적극적일 수밖에 없다. 특히 전후 자본주의의 황금기로 재정문제가 없었던 복지국가의 성장기에 그러했다.

우리의 경우도, 김대중 정부가 도입한 국민기초생활보장제도와 의료보험 통합 등 굵직굵직한 복지확대를 노동 세력이나 좌파정당의 활동으로 설명할 수 없다. 그보다는 김대중 대통령과 시민단체(특히 참여연대)의 적극적 연대의 결과로 보는 것이 타당하다. 김대중 정부의 '생산적 복지', 2012년 대선에서 이슈가 된 무상복지 경쟁은 정치민주화와 선거경쟁의 산물이다. 좌우를 막론하고 정치가들은 지지를 동원할 수만 있다면 복지를 표와 교환할 준비가 되어 있다.

그러나 선거민주주의가 정착되었다고 어느 나라나 복지가 주요 선거이슈가 되는 것이 아니다. 정치가들이 공공복지를 제공하고 지지를 동원하거나, 비인기 정책인 복지증세에 나서는 정도는 권력구조와 선거제도에 큰 영향을 받는다. 한국은 소선거구제에 기반한 다수대표제와 대통령제를 채택하고 있다. 유럽 복지국가의 비례대표제나 의원내각제가 아니다. 미국식 권력구조와 선거제도를 갖고 있다. 선거제도와 권력구조가 복지정책에 어떤 차이를 가져올까?

소선거구제는 조그만 지역구에서 1등 당선자를 국회로 보낸다. 지역구 후보자는 전체 국민에 영향을 미치는 사회복지정책을 선거이슈화해서 투표에 의해 보상받을 가능성이 크지 않다. 지역개발 현안이나 지역구 서비스 확충과 관련한 선거공약이 득표에 훨씬 유리하다. 반면 비례대표제는 정당지지율이 중요하다. 정당은 전국을 상대로 지지를 동원해야 한다. 복지 같은 공공정책이 주요 선거공약이 될 확률이 크다.

무상복지 바람이 거세게 불던 2012년 12월부터 2013년 2월 말 〈한겨레〉에서 19대 국회의원을 상대로 실시한 설문조사 결과를 보자.[6] 국회의원들에게 다음 2016년에 있을 20대 총선을 대비해서 "어떤 문제 해결을 위해 더 노력할 것인가?" 하고 1:1 선택지에서 하나씩 선택하라고 물어보았다. 〈표 3-3〉을 보면 결과는 예상대로다. 지역구 의원은 지역 관련 공약을 만드는 데 더 집중하겠다고 하고, 비례대표는 복지 등 공공문제 해결을 위해 노력해야 한다고 답했다.

소선거구제하에서도 정당 지도부나 '거물' 정치인들은 비례대표제하에서처럼 공공복지를 매개로 전국적인 지지율을 높이려는 유인을 갖는다. 그러나 지역구 의원(혹은 출마자)은 지역 현안이 늘 관심이다. 정당 지도부가 강한 정당 규율로 의원들을 이끌고 가지 않는 한 공공복지의 의제화와 입법화는 뒤처지게 된다.

한편 대통령은 전국을 단위로 하는 단일 선거구에서 선출된다. 전국에 널리 퍼져 있는 이해관계를 대변하고 이를 정치적 지지로 동원할 강한 유인을 갖는다. 따라서 공공재 성격이 강한 안보, 경제성장, 공공복지 등을 주요 선거공약으로 삼는다. 2012년 대통령선거에서 박근혜와 문재인 후보가 복지 확대를 내걸고 경쟁하던 식으로 말이다. 대통령제 국가에서 복

표 3-3   선거제도별 국회의원의 정책 선호 비교

		사례 수	지역 관련 공약	복지/ 재분배	지역 관련 공약	중기/ 자영자 대책	지역 관련 공약	교육/ 입시 문제
전체		N	%	%	%	%	%	%
		122	48.4	45.9	46.7	47.5	54.9	39.3
선출 방식별	지역구	91	57.1	35.2	57.1	35.2	63.7	28.6
	비례대표	31	22.6	77.4	16.1	83.9	29.0	71.0

지의 발전은 대통령이 이끈다고 해도 과언이 아니다.

그런데 대통령제에서는 증세에 매우 민감하게 된다. 비인기 정책이지만 증세는 복지확대를 위해 절대적으로 필요한 조건이다. 그러나 비난을 나눠 가질 수 있는 의원내각제의 연립정부와 달리 대통령이 온전히 그 정치적 책임을 감수해야 한다. 대통령 후보도 마찬가지다. 대통령선거는 한 표 차이로도 승패가 갈리고, 1등이 모든 걸 가져가는 승자독식 구조이다. 납세에 민감한 중산층 유권자들을 의식하지 않을 수 없다. 중도의 표 1%만 잃어도 선거에서 1등을 놓쳐 전체를 잃게 될 수 있다. 그에 비하면 비례대표제를 채택한 의원내각제 국가에서는 비인기 정책에 대해 대통령제 국가만큼 민감하지 않다. 지지가 철회된 만큼만 의회 의석을 잃기 때문이다. 10%

지지를 잃으면 그만큼만 의석이 준다. 전부를 잃는 게 아니다.

대통령을 꿈꾸는 큰 정치지도자는 공공복지를 제공할 유인을 갖고 있다. 그러나 증세문제로 발목이 잡힌다. 대통령제의 숙명이다. 보수정당의 박근혜 후보가 '증세 없는 복지'를 내세워 선거에 임했는가 하면, 증세를 내세웠던 문재인 대통령은 대기업과 부자 증세 같은 '핀셋' 증세만을 얘기한다. 한국에서 다수의 유권자가 영향 받는 보편증세는 정치제도 상 섭지 않다. 박정희 시대에 만들어진 저부담 조세체계가 민주화 이후에도 오랜 기간 존속되는 이유다.

국가론

복지국가 설명이론 중 국가론은 잘 정비된 중앙집권화된 국가관료제의 존재 여부 그리고 정책형성 과정에 투입되는 국가관료의 이념과 정책적 선호를 중요하게 본다. 비스마르크 시대 독일이 민주화되고 경제적으로도 더 발달한 영국보다 먼저 사회보험제도를 도입한 이유를 독일의 유능한 관료제에서 찾는다. 미국이 앞선 경제력에도 불구하고 유럽보다 뒤늦게 복지국가 건설에 나선 이유도, 절대왕정의 부재로 인해 중앙집권화된 연방관료제가 존재하지 않았기 때문으로 본다.

그런데 관료제는 단일한 조직체라기보다는 여러 부처가

연계된 연합체와 같다. 관료제 조직을 경제부처와 사회부처로 크게 나누어보면, 이들의 사회정책에 대한 인식과 선호가 다르다. 사회부처는 소득재분배를 통해 사회적 위험과 사회문제를 해결하고자 한다. 따라서 새로운 사회복지정책의 도입과 확대 그리고 복지증세에 대해 우호적이다. 반면 경제부처는 복지보다 경제성장을 우선시한다. 또 '금고지기' 역할을 하는 예산 담당 부처는 과도한 사회지출이 국가재정에 미칠 부정적 영향에 대해 늘 경계한다. 사회적 급부가 근로의욕을 저하시키고, 증세가 투자를 위축시킬까봐 복지확대에 조심스러운 입장이다.

한국은 역사적으로 능력이 우수한 중앙집권화된 관료제의 전통을 갖고 있다. 복지국가가 발달할 수 있는 조건을 갖추고 있는 것이다. 그런데 산업화 시기 한국은 경제기획원과 상공부 같은 경제부처의 위상과 능력을 높이는 데 주력했다. 경제기획원 장관을 부총리급으로 격상시키고, 기획과 예산권을 부여해 여타 사회부처를 통제할 수 있게 했다. 현재 이름을 달리하고 있으나, 경제기획원은 재정경제원(김영삼 정부), 기획예산처(김대중·노무현 정부)를 거쳐 기획재정부(이명박 정부 이후 현재)로 한국 관료제의 정점에 서 있다. 그리고 헌법 57조에 의거, 행정부(사실상 기획재정부)의 사전 동의 없이 국회는 예산 증액을 할 수 없게 되어 있다.

친복지를 지향하는 대통령이 예산권을 쥔 기획재정부

를 강력하게 통제하지 않는 한, 한국의 관료제는 복지 확대의 거부점_{veto point}으로 작용할 가능성이 크다. 사실 상당 기간 그 러했다. 김대중 정부 시기 기획예산처는 국민기초생활보장제 도 도입에 끝까지 반대했다. 대통령이 도입을 명령하자, 시행 령 단계에서 수급 조건을 까다롭게 만들어 예산지출을 최대한 억제했다.[7] 2012년 19대 총선에서는 무상복지 바람이 강하게 불며 여야 할 것 없이 복지확대를 약속했다. 이때도 기획재정 부는 "정치권이 내놓은 복지공약을 이행하려면 앞으로 5년간 220조~340조 원이 소요돼 정부재정이 심각하게 악화할 것" 이라고 밝히고, 정치권의 복지 공약 검증과 대응을 위해 태스 크포스를 구성하기도 했다.[8]

경제부처가 무턱대고 복지확대에 반대하는 것은 아니 다. 2012년 당시에는 중앙정부 일반회계의 복지예산이 92조 6,000억 원인 상황에서, 여야가 총선공약으로 발표한 복지정 책을 모두 이행하려면 연간 67조 원이 추가로 필요했기 때문 이다. 노무현 정부 때는 오히려 기획예산처가 중심이 되어 '비 전2030'이라는 경제사회발전 비전을 제시하기도 했다. 한미 FTA, 규제 완화와 서비스 산업화, 노동시장 유연화 등으로 경 제성장을 도모하면서 동시에 사회보장을 강화해 2030년까지 OECD 평균인 GDP 대비 20% 수준의 공공사회지출을 목표 로 한 비전이었다.[9] 경제관료들은 경제와 선순환 구조를 그 리는 사회지출에는 상대적으로 우호적이다. 최근 일자리 창출 차원에서 공보육과 요양서비스 확대에 적극적인 이유다. 저소득층의 근로 동기를 자극하는 근로장려세제에도 우호적이다. 그러나 어디까지나 재정건전성을 해하지 않는 범위 내에서 그러하다. 경제부처가 강한 나라에서 복지지출을 늘리기는 쉽지 않다.

산업화 논리, 권력자원론, 민주주의와 선거경쟁론, 국가론 등 서구의 경험을 바탕으로 형성된 복지국가 이론들을 통해 한국 복지국가의 어제와 오늘을 설명할 수 있다. 그러나 딱 들어맞지는 않는다. 한국의 제도적 맥락이 서구와 다르기 때문이다. 성공적으로 산업화를 이루었으나, 이는 케인스주의가 아니라 레이거노믹스에 기초한 수출지향 산업화를 통해서였다. 민주주의도 성공적으로 정착시켰지만, 선거제도와 권력구조는 유럽의 큰 복지국가들과 달리 미국식이다. 노동운동도 자유로워졌지만 유럽과 달리 기업별 노조가 지배적이다. 전에 비하면 많이 달라졌다고 해도 관료제에서 경제부처의 위상은 매우 높다.

복지국가는 진공상태에서 만들어지지 않는다. 사회구조나 제도와 밀접하게 연관되어 있다. 유럽과 한국은 행위자들의 선호와 행동에 영향을 미치는 제도에 있어서 차이가 상당히 크다. 한국이 유럽처럼 큰 복지국가로 발전하기는 어렵다고 보는 이유다. 노조의 형태나 정치제도의 유사성 측면에서, 한국은 영미 자유주의 국가나 일본의 모습에 가까이 다가갈 것으로 예상된다.

한국은 왜 의료에

가장 많은 복지비를 쓸까‥

의료보장과 문재인 케어

4

—

우리나라에서 복지비를 가장 많이 쓰는 사회보장 분야는 어딜까? 다른 나라들은 연금이다. 그런데 우리나라는 의료다. 아직 국민연금이 성숙하지 못해 연금 수급자가 제한적이고 급여도 높지 않기 때문이다. 의료보장에 쓰는 돈이 우리나라 전체 사회지출의 40%가량을 차지한다(연금은 25%). 정부는 2021년 건강보험 진료비로만 105.2조 원을 지출했다. 같은 해 국방비 총액이 52.8조 원이니, 의료에 얼마나 큰돈을 쓰는지 알 수 있다. 국방비의 2배에 이르는 어마어마한 돈을 국가가 의료보장에 쓰는 이유는 무엇일까?

의료보험을 시장에
맡기지 않는 이유

앞서 1장에서 언급했듯이, 개개인은 자신의 미래를 예측하지 못한다. 개인 차원에서는 늘 정보 부족을 겪는다. 내가 언제 어떤 병에 걸릴지, 치료비가 얼마나 소요될지 알 수 없다. 과연 소득에서 얼마씩을 모아놓아야 질병에 대비할 수 있을지 알 수 없다. 그러나 국가는 알 수 있다. 공동체 차원에서는 어떤 병으로 얼마만큼의 국민이 병원을 찾고, 그 치료비가 어느 정도가 될지 과거의 통계를 바탕으로 비교적 정확히 추정할 수 있다. 누가 어떤 병에 걸릴지는 알 필요가 없다.

2017년에 건강보험공단에서 지급한 급여비 통계를 보자. 당뇨병에 1조 8,509억 원을 썼다. 고혈압에는 2조 9,213억 원, 만성 신장병에는 1조 8,216억 원을 썼다. 암 환자는 신규로 30만 6,399명이 등록했고, 암 치료에 7조 257억 원을 지출했다. 올해 당뇨병 치료에 1조 8,000억을 썼는데, 갑자기 다음 해에 3조, 4조가 되지는 않을 것이다. 암 치료 비용이 갑자기 2배로 뛰지도 않을 것이다. 지난 10년의 추이와 고령인구의 증가 속도 등을 감안하면 다음 해에 질병별로 환자 수가 얼마나 될지, 진료비 총액이 얼마가 될지 등을 예측할 수 있다.

따라서 공동체 차원에서 소요 예상액만큼 보험료를 거두어놓으면 된다. 누구는 건강하기에 보험료만 내고 병원비를 쓰지 않을 테고, 누구는 자기가 낸 보험료보다 많은 혜택을 볼 것이다. 그러나 누구든 아파도 병원비를 크게 걱정하지 않아도 된다는 보장을 받으니 큰 불만이 없다. 마치 자동차 사고에 대비해 보험료를 낸 후, 사고가 나면 보상을 받고 그렇지 않으면 그것으로 끝인 것과 같다. 사고가 나지 않아서 보상을 못 받았다고 억울해하지 않는다.

그렇다면 자동차보험의 경우처럼 의료보험 가입을 시장에 맡기면 안 될까? 대부분의 사람들은 국가가 강제하지 않더라도 자동차 종합보험에 가입한다. 벤츠 같은 고가 외제차가 즐비한 요즘에는 누가 시키지 않아도 대물사고 배상액을 3억 원 이상 최고로 설정하여 가입한다. 시장에서는 수요가 있는 곳에 공급이 따르기 마련이다. 그런데 자동차보험시장과 달리 의료보험시장에서는 수요가 있는데도 이러한 상품 공급이 충분히 잘 이루어지지 않는다. 왜 그럴까?

시장이 원활하게 작동하려면 쌍방이 보유한 정보에 차이가 없어야 한다. 보유한 정보에 차이가 크다면, 정보를 많이 가진 사람은 거래에서 우위를 점하게 된다. 반면 정보를 못 가진 사람은 손해를 볼까봐 거래에 소극적이게 된다. 결국 거래 자체가 크게 위축된다. 자동차보험처럼 보험회사가 보험 수요자에 대한 정보(차종, 사고경력 등)를 확보할 수 있다면, 개개인의 위험 발생확률에 따라 보험료를 차등 적용해 상품을 판다.

그러나 보험 수요자인 개인의 정보 은폐가 용이한 경우도 있다. 의료보험시장이 그러하다. 좋은 의료보험 상품을 싸게 사고 싶은 고객은, 보험회사가 가입 전에 묻는 여러 질문에 어떻게 답할까? 술은 적당량만 마시고, 담배는 안 피운다고 대답한다. 부모님이 대장암에 걸린 적이 있어도, 당뇨병을 앓고 있어도 건강한 편이라고 답한다. 가족력을 숨기거나 건강상태를 좋게 포장해도 보험회사가 이를 알 방법은 없다. 결국 의료보험회사는 실제로 위험확률이 높은 집단에게 의료보험 상품을 싸게 팔고 적자에 허덕이게 된다. 적자에서 벗어나기 위해 보험료를 인상하는 순간, 병원에 갈 위험이 높은 집단만 남고, 돈이 되는 건강한 집단은 가입을 포기하게 된다. 악순환은 반복된다. 이처럼 정보가 부족한 보험회사는 불리한 거래를 피하려 하기 때문에 상품 공급이 제대로 이루어지지 않는다. 손해 보는 장사를 할 수는 없지 않은가? 그런데 이렇게 되면 벤츠와 페라리가 즐비한 거리에서 무보험으로 차를 몰아야 하는 상황처럼, 언제 어떤 병에 걸릴지 모르는 위험을 안고 불안한 삶을 살게 된다.

따라서 의료보험시장은 국가가 개입하는 것이 합리적이다. 건강한 사람이든 아니든 모두 보험에 가입시키고, 버는 만큼 보험료를 내게 만들며, 아프면 보험금을 지급하는 공적의료보장제도를 갖추는 것이다. 소득재분배 효과도 크다. 혜택은 동일하게 받더라도 소득과 재산이 많은 사람은 보험료를 많이 낸다. 예를 들어 2022년 직장가입자의 경우 월급이 1억 원이 넘으면 건강보험료로 365만 4,000원을 낸다. 회사에서 동일한 액수를 내주니, 총 보험료는 704만 8,000원이 된다. 엄청난 보험료를 내지만, 최저액 월 1만 9,500원을 내는 가입자와 건강보험 혜택은 동일하다. 민간의료보험이라면, 704만 8,000원짜리 보험과 1만 9,500원짜리 보험의 혜택이 동일할 수 없을 것이다. 사회보험이니 가능한 일이다.

국가마다 다른
의료보장제도

이른바 선진국클럽이라고 할 수 있는 OECD에 속한 대부분의 나라들은 공적의료보장 체계를 갖추고 있다. 국가의 개입 방식은 다양하다. 이를 재원의 종류와 의료서비스 공급의 주체 측면에서 나누어보면 〈표 4-1〉과 같이 4개 유형이 나온다. 이중 가장 일반적인 것은 제1유형인 사회보험형social health insurance(SHI)과 제4유형인 국영의료서비스형national health service(NHS)이다.

연금이나 실업급여 같은 현금성 복지는 국가와 수혜자인 국민이 직접 관계를 맺는 2자 관계다. 국가가 수혜자 국민 통장으로 급여를 송금해주면 끝이다. 그러나 의료와 같은 사

표 4-1   의료보장 체계 유형

재원 의료공급 주체	보험료	일반세금
민간 공급 (보험자와 의료기관의 계약)	제1유형(SHI) 한국, 독일, 일본, 대만	제2유형 스페인
국가 공급 (국가의료기관의 직접 공급)	제3유형 이탈리아	제4유형(NHS) 영국, 호주, 스웨덴

회서비스는 서비스 제공자가 국가와 국민 사이에 낀 3자 관계다. 의사, 간호사, 약사 등 의료서비스 제공자들의 서비스 질이 사회서비스의 성패를 좌우한다. 국가가 동일한 돈을 들여도 서비스 공급자가 누구냐에 따라 국민들의 만족도는 천차만별이 된다. 같은 돈을 지불해도 미용사가 누구냐에 따라 헤어컷의 만족도가 크게 달라지듯 말이다. 의료서비스는 가장 전문성이 높고 대체가 불가능한 의사 집단이 담당한다. 이 의료인들이 민간인 신분으로 의료서비스를 제공하고 국가로부터 진료비를 받으면 사회보험형이고, 국가에 고용되어 공무원으로서 의료서비스를 제공하면 국영의료서비스형이 된다.

　　사회보험형은 국민들이 평소에 납부하는 보험료로 운영

되고, 국영의료서비스형은 일반세금으로 운영된다. 보험료나 일반세금이나 강제로 납부해야 한다는 점에서 '그게 그거'라고 할 수 있다. 그러나 보험료는 보통 정률이며 노사가 분담한다는 점에서 일반세금, 특히 누진구조의 소득세와 다르다.

물론 의료보장에 사용되는 일반세금도 그 안에서 유형이 다양하다. 스웨덴은 의료보장을 란드스팅landsting이라 불리는 21개의 광역자치단체(우리나라 교육자치단체처럼 광역의 의료자치단체)에서 담당하며, 주민들에게 지방소득세를 거두어 충당한다. 그런데 소득세라는 이름을 달고 있지만 누진율이 아닌 정률로 소득의 약 8%를 부과한다. 정률이라는 점은 사회보험료와 유사한데, 고용주 분담이 없고 보험료부과 소득상한이 없다는 점이 사회보험료와는 다르다. 반면 영국은 스웨덴과 달리 의료보장만을 위한 특정 세목이 존재하지 않는다. 다양한 형태로 거두어들이는 조세에서 의료보장 비용을 충당한다. 2022년 우리나라의 경우, 직장가입자는 임금의 6.99%를 보험료로 낸다. 지역가입자는 정확한 소득 파악이 어려워, 소득뿐만 아니라 재산도 감안해 보험료를 낸다. 이 밖에 정부가 건강보험 지출의 15%가량을 담배세로 조성되는 건강증진기금과 일반재정에서 지원해주고 있다(2019년 일반재정에서 6조, 건강증진기금에서 1.9조 지원).

국가는 어떤 방식으로
진료비를 지불할까

　　대표적인 공적의료보장의 유형을 사회보험형과 국영의
료서비스형으로 나눴다. 하지만 한 가지 유형으로만 의료보
장이 이루어지는 것은 아니다. 우리의 경우도 민간 의료서비
스 제공자가 지배적인 사회보험형이지만, 의사가 공무원 신분
으로 의료서비스를 제공하는 보건소도 있고, 도립병원과 시립
병원도 있다. 마찬가지로 영국의 병원은 공립이지만, 1차 의
료기관인 의원들은 국가와 계약을 맺는 민간인 신분이다. 2자
관계(국가-국민)인 연금과 달리 3자 관계(국가-의료서비스 제공
자-국민)인 보건의료 영역에서, 국가가 의료인들(의원 수준이든
병원 수준이든)에게 진료비 지불을 어떻게 하느냐가 관건이 된

다. 국영의료서비스형 국가의 경우, 고용된 의사에게 봉급을 주고 병원 유지비를 지급하면 되니 상대적으로 일이 간단하다. 민간의 의원과 병원에 대한 진료비 지불이 문제다.

우리나라의 진료비 지불 방식부터 알아보자. 한국은 일본의 의료보험제도를 본떠서 건강보험제도를 도입했다. 지불 방식도 일본처럼 행위별수가제fee-for-service를 채택하고 있다. 행위별수가제란, 국가가 의료인의 서비스와 약제에 가격(수가)을 미리 정해놓고, 제공된 진료행위와 약제의 숫자만큼을 곱해서 진료비를 산정한 후 사후 지급하는 제도다. 의료인의 진료행위별로 즉 진찰, 검사, 마취, 처치, 수술, 약의 종류별로 모두 가격이 매겨져 있다. 2019년 의료서비스는 총 7,519개 항목으로 나뉘는데, 검사는 1,805개, 마취는 117개, 처치 및 수술은 2,614개 항목 등으로 세분되어 있다. 그리고 7,519개 항목별 필수의료 여부와 그 경중에 따라 가격이 매겨져 있다.[1]

만약 행위별수가제가 건축에 적용된다면 어떻게 될까? 건설사가 건물을 다 지어놓은 후, 매일 매시간 인건비가 얼마고, 이탈리아에서 수입한 고급 대리석을 포함해 자재가 총 얼마라면서 사후에 건축주에게 비용을 청구할 것이다. 의사가 진료행위에 가격을 정하지 못하고 국가가 미리 정해준 가격을 따라야 해서 불만이 있긴 하나, 진료의 자율성이 높고 진료한 만큼 보상받을 수 있으니 의료인이 가장 선호하는 방식이다. 국가는 의료비를 아끼기 위해 수가를 억제한다. 그러나 가격이 통제되는 만큼 의료인들은 진료행위를 늘려 총수입을 증대시키고자 한다. 한마디로 박리다매 구조다. 병원 가면 이런저런 검사도 많이 하고, 고작 감기에도 2~3일 있다가 다시 오라는 얘기를 종종 듣는 이유다. 이렇듯 행위별수가제에서 환자는 충분하다 못해 과도할 정도로 의료서비스를 제공받는다. 이러다 보니 과잉진료와 이로 인한 의료비 증가가 단점이다.

따라서 우리나라에서는 과잉진료를 막고자 포괄수가제bundled payment도 일부 활용된다. 포괄수가제는 실제 전달된 의료서비스의 양과 상관없이, 질병당 사전에 책정된 진료비를 지불하는 방식이다. 표준 건축비 같은 개념이다. 현재 백내장수술(수정체수술), 편도수술, 치질 등 항문수술, 맹장수술 등 7개 질병군을 대상으로 실시되고 있다. 치료에 필요한 모든 의료행위와 약제비용에 대해 포괄수가가 적용된다. 검사를 한 번 하든 열 번 하든, 주사를 두 번 놓든 다섯 번 놓든, 백내장수술은 무조건 얼마 하는 식이다. 의료서비스 양과 상관없이 동일한 진료비를 받게 되니, 의료인들은 일부러 서비스의 양을 늘릴 유인이 없다. 행위별수가제에서 나타나는 과잉진료 문제는 해소된다. 하지만 어차피 받는 돈은 그대로니 과소진료가 우려된다. 의사들이 기피하는 지불 방식이기에 확대 적용에도 난항을 겪고 있다. 2000년 전후에 포괄수가제가 도입되었지만, 아직도 희망하는 병의원에만 적용하는 시범사업에 머물고 있다.

다른 나라는 어떤가? 영국은 우리의 의원급 1차 의료기관에 인두제capitation를 적용하고 있다. 의사는 자기가 책임진 지역의 주민 머릿수에 일정액을 곱해서 국가로부터 보수를 받는다(보통 2,000명 기준). 해당 지역의 주치의 역할을 하면서, 실제로 몇 명의 환자를 보든, 어떤 병을 고쳐주었든 사전에 확정된 금액을 받는 것이다. 지역 주민의 간단한 병을 치료하고, 만성질환 관리 등 건강을 지켜주는 역할을 한다. 또한 아무나 큰 병원에 가서 비싼 진료를 받지 못하도록, 전문의 진료의 필요성 여부를 판단하는 '문지기' 역할도 한다. 주치의의 허락 없이는 큰 병원에 못 간다. 환자 요구에 따라 큰 병원에 갈 수 있게 진단서를 마구 발행하다가는 국가와 재계약을 못 한다. 문지기 역할을 엄격하게 수행하는 이유다.

대만과 독일은 총액계약제global budget를 쓰고 있다. 의료보험조합이 의사/병원단체와 협의를 통해 한 해 예상되는 의료비 총액을 책정한 후, 해당 금액을 사전에 지급하는 방식이다. 건물을 지을 때, 건축면적과 사용하는 자재 등을 감안해 건축비를 미리 정하고 계약을 맺으면, 건설사가 건물을 지어주는 것과 유사하다. 총액계약제하에서 의사/병원단체는 미리 지급받은 진료비를 진료과목별/지역별로 자체 기준에 따라 나누어 준다. 마치 건설사가 하청업체에게 비용을 뚝뚝 떼서 나눠 주듯이 말이다.

우리 눈으로 보면 주먹구구 같은 인두제나 총액계약제 방식은 오랜 역사의 산물이다. 1883년 독일에서 의료보험이

116

도입되기 이전부터, 영국이나 독일의 노동단체들은 자체적으로 질병금고 같은 상호부조 시스템을 만들었다. 그리고 지역의 의사나 병원과 사전에 인두제 방식으로 계약을 맺어 일정액을 지불하고, 자기네 회원들이 찾아가면 염가에 병을 치료받는 전통을 만들었다. 이러한 계약 방식은 의사 개개인에게 불리했다. 질병금고가 기존 의료인과 계약을 거부하고, 언제든지 다른 의사나 병원과 보다 유리한 조건으로 계약할 수 있었기 때문이다. 이 때문에 독일에서는 1920년대부터 마치 노사가 단체협상하듯이, 주 단위로 의사협회와 질병금고가 총액을 계약하고, 그 총액을 의사협회가 자체 배분하는 시스템으로 진화했다.[2]

독일과 대만의 총액계약제나 영국의 1차 의료기관에 적용되는 인두제 모두 실제 의료서비스 공급량과 상관없이 사전에 지불되는 것이기에 과잉진료의 유혹은 발생하지 않는다. 그만큼 의료비 통제 효과가 크나, 과소진료의 문제가 남는다.

한국의 건강보험제도는
어떻게 생겨났을까

　　우리나라의 의료보장제도는 건강보험제도를 골간으로
한다. 건강보험은 1963년 의료보험법의 제정에 연원을 두고
있다. 1961년 5·16군사혁명으로 탄생한 '국가재건최고회의'
의장 박정희는 1962년 시정연설에서 복지국가 건설을 기본정
책으로 공표하고, 7월 28일 내각 수반에게 '사회보장제도 확립'
이라는 지시각서를 보낸다. 이 지시각서에서 박정희는 "①국민
소득을 증가시키고 실업, 질병, 노령 등의 생활위협으로부터
국민을 보호하여 복지국가를 조속히 이룩함은 우리의 궁극적
목표임. ②국민, 기업주, 정부가 함께 참여하여 연대적으로 국
민생활을 보호하는 사회보장제도가 경제개발과 병행하여 추

진되어야 할 것"을 천명하고 "우리나라에 적합한 제도를 연구 발전시켜 종합적인 사회보장제도를 확립하도록 조치할 것"을 지시했다.[3] 이에 따라 1963년 12월 '사회보장에 관한 법'과 함께 우리나라 최초의 사회보험법인 '의료보험법'과 '산업재해보상보험법'이 제정되었다.

그러나 당시 미국뿐만 아니라 필리핀의 원조도 받는 세계 최빈국 중 하나였던 대한민국에서 비용이 수반되는 의료보험제도가 바로 실시되기는 어려웠다. 산재보험만 500인 이상 사업장에 강제적용되고, 의료보험은 임의가입만 허용해 사실상 시행이 유보되었다. 연평균 10% 가까운 고속 경제성장이 한창이던 1977년, 마침내 의료보험제도가 상시근로자 500인 이상 대기업부터 강제적용되었다.[4]

우리나라의 공적의료보장제도는 영국이나 북유럽처럼 국영의료서비스가 아닌, 1963년 의료보험법의 설계대로 사회보험으로 시작되었다. 또 독일과 일본처럼 조합주의 방식을 채택해, 큰 기업은 독자적인 의료보험조합을 만들고, 작은 기업들은 업종별로 모여 의료보험조합을 결성했다. 고용주 입장에서는 의료보험료 납부가 부담이긴 했지만 의료보험을 기업 복지 차원으로 활용할 수 있었기에 큰 저항 없이 받아들였다. 기업별 의료보험은 우수한 노동력을 끌어들이고 근로자의 조직충성도를 높이는 데 한몫했다. 기업 내에 적립되는 의료보험기금은 은행대출금의 담보 역할도 했다. 조합주의는 기업에 유리한 방식이었다.

　정부는 기업의 순응도가 높은 조합주의 방식을 통해 1988년까지 5인 이상 사업체 근로자에게까지 의료보험을 빠르게 적용시킬 수 있었다. 문제는 지불능력이 떨어지는 농어민, 자영자, 그리고 5인 이하 영세사업장의 근로자들이었다. 따라서 1989년 노태우 정부는 시군구 단위 지역별로 의료보험조합을 결성하게 하고, 지역에서 필요한 의료보험료 수입의 50%를 국고보조하여 전국민의료보험 시대를 열었다. 강남구 조합, 함평군 조합 하는 식으로 도시지역에 135개, 농어촌지역에 92개의 조합이 만들어졌다. 기존 직장조합이 145개였고 공무원이 따로 조합을 결성하고 있었기에 총 373개의 의료보험조합이 공존하는 시대가 열린 것이었다.[5]

　조합주의는 의료보험의 도입을 용이하게 했으나, 두 가지 차원에서 문제점이 지적되었다. 첫째, 조합주의는 행정비용이 많이 들었다. 둘째, 부자 조합과 가난한 조합의 양극화 문제였다. 직장조합 특히 대기업조합은 보험료 수입이 많고 지출은 상대적으로 적었다. 반면 노인, 은퇴자, 실직자, 영세사업장 근로자, 자영자들이 많은 지역조합은 보험료 수입이 적고 지출은 상대적으로 많았다. 따라서 직장조합은 보험료율이 낮아도 기금이 쌓여가고, 지역조합은 보험료율이 높아도 늘 적자에 허덕이는 상황이었다. 직장조합은 재정이 풍부하기에 보험급여 확대를 바랐지만, 가난한 조합에서는 급여가 인상되면 적자폭이 더 커질 것이 명약관화했다. 이렇게 되자 정부는 가난한 조합을 의식해 보험급여를 인상할 수가 없었고, 의료보험의 보장성 강화에 소극적일 수밖에 없었다. 문제해결 대안으로 모든 국민을 하나의 의료보험조합에서 통합관리하는 통합주의가 제기되었다. 행정비용 절감은 물론이고, 부자 조합의 기금과 흑자를 가난한 조합의 적자를 메우는 데 쓸 요량이었다.

기업과 기업노조는 당연히 반대했다. 기업별 의료보험조합에 쌓여 있는 기금은 사유재산권이기에 다른 조합의 적자보전에 써서는 안 된다는 논리였다. 이를 의식한 김영삼 정부는 국민의료보험법 제정 시, 기업의료보험조합을 제외한 227개 지역의료보험조합을 하나로 통합하고 여기에 공무원과 교직원 의료보험을 결합시키는 1단계 통합을 단행했다. 뒤이은 김대중 정부는 노조와 기업의 반대에도 불구하고, 1999년 국민건강보험법을 제정해 145개 직장의료보험조합도 통합시켜 단일 보험자인 국민건강보험공단을 출범시켰다. 건강보험 기금 통합에 대한 위헌소송이 제기되었다. 사유재산권 침해가 사유였다. 그러나 2002년 6월 헌법재판관 전원 일치로 합헌 판결이 내려지면서 의료보험 통합은 완성되었다.

통합 이후 '가난한' 조합 문제가 사라지자, 건강보험공단은 꾸준히 보험료와 급여를 인상해 의료보장을 확대해왔다. 그리고 건강보험료 납부가 어려운 저소득자들을 위해서는 의

표 4-2   OECD 국가의 건강 관련 성과 비교

＊ OECD 평균 이상 / ● OECD 평균 / ○ OECD 평균 이하

국가	기대수명 (남) 출생 시		기대수명 (여) 출생 시		잔여여명 65세 시		심혈관 질환 사망률 인구 10만 명당		치매 유병률 인구 1,000 명당	
그리스	78.5	●	83.7	●	19.9	●	82	●	19.6	○
네덜란드	79.9	●	83.2	●	19.8	●	46	＊	16.1	●
노르웨이	80.5	●	84.2	●	20.3	●	72	●	15.1	●
뉴질랜드	79.9	●	83.4	●	20.4	●	129	●	13.5	●
덴마크	78.8	●	82.7	●	19.4	●	60	●	16.4	●
독일	78.3	●	83.1	●	19.5	●	106	●	20.2	○
라트비아	69.7	○	79.5	○	16.6	○	328	○	14.6	●
룩셈부르크	80.0	●	84.7	●	20.4	●	59	●	13.3	●
멕시코	72.3	●	77.7	○	17.7	○	144	●	7.2	＊
미국	76.3	●	81.2	●	19.3	●	113	●	11.6	●
벨기에	78.7	●	83.4	●	19.9	●	54	●	18.0	●
스웨덴	80.4	●	84.1	●	20.2	●	95	●	18.1	●
스위스	80.8	●	85.1	●	20.9	●	78	●	17.2	＊
스페인	80.1	●	85.8	＊	21.0	＊	53	●	19.4	○
슬로바키아	73.1	○	80.2	○	16.9	○	291	○	8.3	＊
슬로베니아	77.8	●	83.9	●	19.5	●	82	●	11.8	●
아이슬란드	81.2	＊	83.8	●	20.4	●	100	●	13.0	●
아일랜드	79.6	●	83.4	●	19.7	●	127	●	11.5	●
에스토니아	73.2	○	82.2	●	18.1	○	211	○	14.7	●
영국	79.2	●	82.8	●	19.7	●	98	●	17.1	●
오스트리아	78.8	●	83.7	●	19.7	●	131	●	18.0	●
이스라엘	80.1	●	84.1	●	20.2	●	64	●	10.5	●
이탈리아	80.3	●	84.9	●	20.6	●	84	●	22.5	○
일본	80.8	●	87.1	＊	21.9	＊	34	＊	23.3	○
체코	75.7	●	81.6	●	17.7	○	237	○	10.4	＊
칠레	76.5	●	81.7	●	18.5	●	64	●	11.7	●
캐나다	79.6	●	83.8	●	20.2	●	93	●	13.0	●
튀르키예	75.3	●	80.7	○	17.8	○	146	●	8.0	＊
포르투갈	78.1	●	84.3	●	19.9	●	55	●	19.9	○
폴란드	73.5	○	81.6	●	17.9	●	98	●	9.9	＊
프랑스	79.2	●	85.5	＊	21.5	＊	39	＊	19.7	○
핀란드	78.7	●	84.4	●	20.1	●	147	●	18.5	●
한국	**79.0**	●	**85.2**	●	**20.3**	●	**38**	＊	**9.6**	＊
헝가리	72.3	○	79.0	○	16.4	○	288	○	10.6	●
호주	80.4	●	84.5	●	20.9	●	85	●	14.2	●
OECD 평균	**77.9**		**83.1**		**19.5**		**112**		**14.8**	

자료   OECD, Health at a Glance 2017, p. 22.

료급여[6]를 확대 제공해 전 국민이 의료보장 혜택을 누리게
했다. 그 결과 〈표 4-2〉에서 보듯이 스웨덴, 영국, 독일을 포
함해 OECD의 그 어떤 복지국가보다도 건강 관련 성과가 가장
우수한 국가가 되었다. 5가지 핵심 지표 중, 평균수명과 65세
의 기대수명은 OECD 평균 이상이고, 심혈관질환 사망률, 치
매 유병률은 OECD 평균보다 훨씬 양호한 성적을 보여주고
있다.

문재인 케어,
그 지속가능성을 위해

　　건강보험제도의 눈부신 성과 이면에는 어두운 그림자도
드리워져 있다. 사전에 진료비가 확정되는 인두제, 총액예산
제, 포괄수가제가 아니고, 사후에 진료행위의 난이도와 수에
따라 진료비(즉 수입)가 정해지는 행위별수가제하에서 한국의
의료인들은 적극적으로 진료에 나선다. 진료 가격이 낮은 수
준으로 통제되니, 박리다매로 서비스의 양을 늘리고자 한다.
건강보험 보장성 강화로 비용부담이 크게 낮아진 시민들 또한
과도할 정도로 의료서비스를 이용한다. 의료인의 과잉진료와
환자의 도덕적 해이가 만나자, 한국은 세계에서 의료서비스를
가장 많이 이용하는 나라가 되었다.

한국은 OECD 국가 중에서 병의원을 찾는 횟수가 압도적으로 1위인 국가다. 〈그림 4-1〉을 보면 2017년 국민 1인당 의사에게 외래 진료(통원 치료)를 받은 횟수는 16.6회에 달해 OECD 평균인 7.1회보다 2.3배 높다. 환자 1인당 입원일수 또한 한국은 18.5일로 OECD 평균 8.2일에 비해 2.3배 높아 일본에 이어 2위를 기록하고 있다.[7] 과잉 의료소비라 할만큼 병원에 자주 가기에 우리의 건강지표가 우수하게 나오는지도 모르겠다. 우리가 연 16.6회 의사에게 외래 진료를 받을 때, 스웨덴 국민은 단 2.8회만 진료를 받는다. 그러면서도 스웨덴은 우리에 버금가는 보건의료 성과를 보여주고 있다. 우리의 의료서비스 공급 체계에 개선이 필요함을 느낀다.

　　물론 의료서비스를 이용하면 본인부담금을 내야 한다. 국가가 필수의료로 인정한 진료항목에 대해서는 건강보험공단에서 정한 수가의 70~80% 비용을 보험처리 해준다(암과 같은 중증치료는 95%까지). 나머지 비용은 본인부담이다. 이와 같은 진료항목을 급여항목이라고 한다. 그러나 1인실 같은 상급병상료나 미용성형 같은 필수의료가 아닌 항목에는 수가가 정해져 있지 않고 보험처리를 해주지도 않는다. 전액 본인부담이다. 이를 비급여항목이라고 한다. 급여항목이라 하더라도 병의원을 자주 이용하면 본인부담금이 쌓이게 되고, 여기에 비급여항목 처치를 많이 받게 되면 본인부담금은 크게 증가한다. 그 결과 한국은 〈그림 4-2〉에서 보듯 OECD 국가 중 가계

그림 4-1 **국민 1인당 외래 진료 횟수(2017년)**

16.6	한국
12.6	일본
10.9	슬로바키아
10.9	헝가리
9.9	독일
9.5	리투아니아
8.9	튀르키예
8.3	네덜란드
8.0	체코
7.7	호주
7.6	폴란드
7.3	스페인
7.1	**OECD 평균(29)**
7.0	벨기에
6.8	캐나다
6.6	슬로베니아
6.5	오스트리아
6.1	라트비아
6.1	프랑스
5.9	에스토니아
5.8	아일랜드
5.7	룩셈부르크
4.5	노르웨이
4.4	핀란드
4.3	스위스
4.3	덴마크
3.8	뉴질랜드
3.6	칠레
2.8	스웨덴
2.8	멕시코

(회)
18.0 16.0 14.0 12.0 10.0 8.0 6.0 4.0 2.0 0.0

자료 보건복지부, OECD 보건통계 2019.

그림 4-2   의료비 본인부담금이 가계소비지출에서 차지하는 비율
(2015년 혹은 최근 연도)

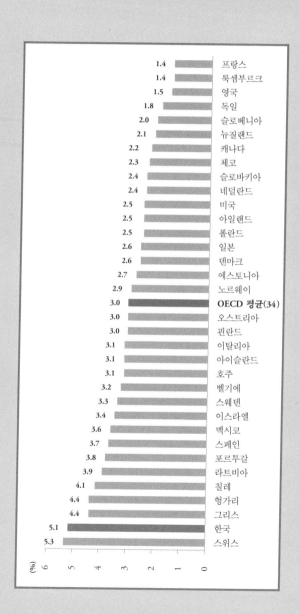

1.4	프랑스
1.4	룩셈부르크
1.5	영국
1.8	독일
2.0	슬로베니아
2.1	뉴질랜드
2.2	캐나다
2.3	체코
2.4	슬로바키아
2.4	네덜란드
2.5	미국
2.5	아일랜드
2.5	폴란드
2.6	일본
2.6	덴마크
2.7	에스토니아
2.9	노르웨이
3.0	**OECD 평균(34)**
3.0	오스트리아
3.0	핀란드
3.1	이탈리아
3.1	아이슬란드
3.1	호주
3.2	벨기에
3.3	스웨덴
3.4	이스라엘
3.6	멕시코
3.7	스페인
3.8	포르투갈
3.9	라트비아
4.1	칠레
4.4	헝가리
4.4	그리스
5.1	한국
5.3	스위스

(%) 6 5 4 3 2 1 0

자료   OECD, Health at a Glance 2017, p. 93.

소비지출에서 차지하는 의료비 본인부담금이 두 번째로 높은 나라다. 의료비 지출이 가계에 큰 부담이 되고 있는 것이다.

국민들의 의료비 경감 대책으로 문재인 정부는 웬만한 비급여항목은 모두 건강보험이 적용되는 급여항목으로 바꾸고, 이 신규 급여항목의 수가를 낮추고자 했다. 이른바 문재인 케어라 불리는 방안이다. 정부 추산으로 2022년까지 30.6조 원이 추가로 투입되는 사업이다. 좀 더 구체적으로 살펴보면, 첫째 비급여항목 해소를 위해 모든 의학적 비급여항목의 급여화(예컨대 초음파 및 MRI 등 3,600개 비급여항목의 급여화), 둘째 의학적 필요와는 무관하지만 국민들에게 부담이 큰 3대 비급여항목(선택진료비, 상급병실료, 간병비)의 해소, 셋째 본인부담금 상한액을 대폭 하향 조정해 이를 초과한 본인부담금을 국가에서 환불하여 개인 의료비 부담을 경감시키는 것이다. 문재인 케어가 계획대로 실행되면 건강보험 보장률(건강보험 환자의 전체 진료비 중 건강보험공단이 부담해주는 급여비)이 2016년 62.6%에서 2022년 70%로 개선될 것으로 정부는 기대했다.[8]

문재인 케어의 핵심은 비급여의 전면 급여화다. 이 급여화에는 예비급여도 포함된다. 병을 진단하고 치료하기 위한 의료지만 비용효과성이 떨어지는 경우에는 일단 예비급여로 전환시킨다. 단 본인부담률이 20%인 정규급여와는 달리 50%, 70%, 90%의 본인부담을 적용한다. 비급여일 때는 의사와 병원이 자율적으로 가격을 책정했지만(물론 의료시장 내 경쟁에 의해 어느 정도 영향을 받겠지만), 예비급여만 돼도 사실상 국가가 급여항목별로 수가를 책정하게 된다. 의사협회가 반발하는 이유다. 수가, 즉 단가는 보통 시장가보다 훨씬 낮은 수준에서 결정되기 때문이다. 따라서 전면적인 급여화가 단행되면 국가 전체 수준에서 의료비 통제 효과가 기대된다. 문재인 케어의 긍정적인 측면이다.

그런데 전면 급여화 정책이 기대한 효과를 발휘하려면, ①정부가 확실하게 급여항목의 수가를 낮추고, ②의료인이 필요 이상의 검사와 치료행위를 못하게 하고, ③국민은 의료서비스를 과도하게 이용하지 못하게 하며, ④새로운 비급여를 개발해 검사와 치료에 활용하는 것을 억제해야 한다. 그런데 문재인 케어에서는 이 부분에 대한 제도 개선과 개혁 의지가 보이지 않는다.

만약 정부가 의료계의 반발을 무마하기 위해 새롭게 편입되는 급여항목의 단가를 시장가에 근접하게 책정하면, 급여화로 인한 의료비 경감 효과는 기대할 수 없다. 대신에 비급여 항목이 급여항목으로 바뀌면서 의료 수요가 커져 국가 전체적으로 의료비 지출이 크게 증가하게 된다. 국민들은 지금보다 더 자주 병원에 가고, 더 오래 입원할 것이다. 게다가 일정 금액을 초과하는 본인부담금을 모두 건강보험에서 되돌려주면, 일정 금액을 넘는 순간 비용부담이 0이 된다. 집에서 밥 먹고 요양하는 것보다 병원에 입원해 있는 게 더 저렴해지면 이른바

'사회적 입원' 등의 부작용을 낳게 된다. 의사와 병원 역시 정부 통제로 낮아진 단가를 보충하는 방법으로 의료행위를 늘려 수입 총액을 증가시키려 할 것이다. 그리고 고가의 최신 의료 기술, 신약의 사용 등으로 새로운 비급여항목을 늘릴 것이다.

요컨대 병의원이 건강보험이 적용되는 급여항목으로만 진료하도록 강제 혹은 유인하는 구조를 만들어내지 못하는 한, 건강보험 보장률은 높아지기가 어렵다. 즉 '건강보험공단 급여 지출÷전체 의료비 지출'이라는 수식에서 '분자'인 건강보험공단 급여지출이 아무리 늘어도, 비급여지출 또한 늘기 때문에 '분모'인 전체 의료비 지출이 늘어나 건강보험 보장률은 늘 제자리걸음이 된다. 지난 노무현 정부 때부터 추진한 건강보험 보장성 강화 정책에 따라 2005년부터 2016년까지 29조 원을 건강보험에 추가로 지출했음에도 건강보험 보장률이 오르지 않은 이유다. 문재인 케어도 비슷한 운명에 처해 있다. 2020년 건강보험 보장률은 65.8%로 역대 최고치이지만, 목표치 70% 달성은 요원하다.

문재인 케어가 환자와 병의원의 도덕적 해이 문제를 적절히 제어하지 못하면, 의료 과용은 지금보다 더해질 것이고 이는 재정적으로 큰 문제를 야기할 것이다. 급속한 고령화를 겪고 있는 우리나라에서 이 문제는 더 크게 증폭될 것이다. 2017년 전체 인구의 13.4%를 차지하는 65세 이상 노인에게 전체 건강보험 지출의 41%가 쓰였다.[9] 앞으로 한국의 노인

인구 비중은 세계에서 가장 빠른 속도로 증가해 2050년에는 40.1%에 달하게 된다. 가만히 둬도 전체 의료비 지출이 급격히 증가할 수밖에 없는 구조다.

본인부담금을 경감시키고 의료 보장성을 강화하는 것은 당연히 가야 할 방향이다. 그러나 소비자와 생산자 양쪽의 도덕적 해이를 막아 과잉소비가 일어나지 않도록 문재인 케어를 보완해야 한다. 어떻게 해야 하는가?

첫째, 앞으로 문재인 케어의 정신에 입각해, 비급여 신의료기술과 신약 중 의학적으로 효과가 있는 필수의료는 전부 급여화하되, 일본과 같이 '혼합진료 금지' 제도를 도입해야 한다. 비급여가 포함된 의료행위로 발생한 모든 의료비에는 건강보험을 적용하지 않아, 필수의료인 급여항목만 가지고 검사하고 처치하게 유도해야 한다.

둘째, 혼합진료가 금지되어 급여항목만 가지고 진료를 하더라도 필수의료의 과잉 문제는 그대로 남거나 더 악화될 가능성이 크다. 현행 지불제도인 행위별수가제를 포괄수가제나 총액예산제 등으로 바꾸어서 과잉진료 문제를 해결해야 한다.

셋째, 3대 비급여, 즉 상급병실, 선택진료, 간병비는 필수의료라 할 수 없으므로, 이를 급여화하는 것은 되돌려야 한다. 당장은 의료비 지출을 감당해낼지 모르나, 향후 고령화로 인해 재정적 압박이 커지면 비필수의료에 대한 급여지출을 최소화하는 방향으로 지출개혁을 해야 할 것이다. 필수의료가 아닌 부분의 의료비는 유럽 복지국가들처럼 민간의료보험에서 담당하게 해야 한다. 민간보험과 공공보험의 분명한 역할 분담이 필요한 시점이다.

　마지막으로, 전면 급여화에 발맞춰 수요자인 국민들의 도덕적 해이를 줄이는 개혁도 병행해야 한다. 감기 등 경증 치료에 건강보험 적용을 배제하거나 본인부담을 대폭 늘리고 영국이나 스웨덴처럼 동네 의원의 문지기 역할을 강화해 작은 병에는 대형 종합병원을 이용하지 못하게 하는 방안이 필요하다. 만약 국민들의 반발로 상급병원의 자유로운 이용을 막지 못한다면, 본인부담금 상한을 낮춰서는 안 된다. 본인부담금만이 의료서비스 남용을 막을 수 있는 유일한 수단이기 때문이다.

한국 복지국가는 늦게 성장했고, 아직도 소득보장 측면에서는 부족한 점이 많다. 그러나 의료보장만큼은 세계적으로 자랑할 만한 성과를 내고 있다. 국방비의 2배, 전체 사회지출의 40%를 사용할 만큼 엄청난 비용이 투입되고 있다. 우리나라 의료보장의 중추인 건강보험제도에 대한 국민들의 사랑과 지지도 그 어떤 다른 사회보장제도보다 높다. 건강보험은 한국 복지국가의 성과와 지속가능성을 결정할 간판 프로그램이다. 그동안은 보장성 강화에 초점을 맞춰왔다. 제도 발전을 위해 필요한 단계였음이 분명하다. 그러나 의료이용률이 과잉이라 할 정도로 이미 세계 최고 수준이다. 다른 OECD 국가에 비해 아직 낮은 고령화율에도 불구하고 의료비 지출이 OECD 평균에 근접하고 있다. 이제 보장성뿐만 아니라 지속가능성도 고민해야 할 단계에 도달했다.

대한민국 의료보장의 역사에서 김대중 정부에서 단행된 의료통합에 버금가는 큰 개혁이 문재인 케어라는 이름으로 진행되었다. 복지운동가들은 유럽 복지국가의 보장률 80%, 즉 전체 의료비에서 공적으로 지급되는 의료비의 비중이 80%가 되게 하는 운동을 펼치고 있다. 문재인 케어는 그 첫 단계다. 그러나 보장률 80%는 공적급여 확대만으로는 불가능하다. 스웨덴 등 유럽의 복지국가들은 보장률 공식의 분모에 해당하는 전체 의료비 지출 자체를 통제하고 있다. 즉 의료서비스의 공급과 수요에 대한 통제를 병행하고 있는 것이다. 보장률 공식의 분자에 해당하는 공적 의료비 지출만을 늘려서 보장률을 높인 게 아니다. 단적인 예가 국영의료서비스 시스템이다. 공공의료기관에서 의료서비스가 제공되기에, 당연히 급여항목으로만 검사하고 치료한다. 과잉진료가 유발되지 않는다. 동네 의원인 1차 의료기관의 문지기 역할도 확실하다. 아무나 상급 종합병원에 가지 못한다. 오히려 과소진료와 긴 대기시간이 늘 문제가 된다. 문재인 케어 같은 의료보장성 강화 정책이 성공하기 위해서는 분모에 대한 개혁, 즉 지출 통제를 위한 개혁도 필요하다. 의료인과 일반 국민 모두에게 인기 없는 개혁이지만, 고령화사회를 앞두고 피할 수 없는 선택이다.

은퇴 후 생활비,
받을 수 있을까..

국민연금

5

2018년 정부가 국민연금제도발전위원회의 국민연금 재정안정화 방안을 발표하자 청와대 신문고 국민청원 게시판에는 국민연금 관련 청원이 900개나 올라왔다. 아예 국민연금을 폐지하자는 청원 글도 상당수였다. 이유는 대부분 기금 고갈 우려로 연금을 못 받을 것 같고, 당장 생활이 쪼들려 보험료 낼 여력이 없어서라고 한다. 반면 한쪽에서는 '국민연금만한 재테크가 없다'며 소득이 없는데도 임의가입 제도를 통해 국민연금에 자발적으로 가입해 보험료를 납부하는 사람도 많다. 특히 여윳돈이 있는 고소득층 전업주부가 그러하다.[1]

이런 모순된 상황은 공적연금제도에 대한 오해에서 비

롯된 부분이 있고, 또 국민연금제도 설계에 문제가 있기 때문이기도 하다. 도대체 왜 정부는 말도 많고 탈도 많은 국민연금을 만들어 붙들고 있는가? 무엇이 문제고 어떻게 해야 할까?

공적연금 vs. 사적연금, 무엇이 유리할까

앞서 1장에서 왜 국가가 국민의 은퇴 이후 생활비 마련 에까지 개입하는지 설명한 바 있다. 요약하면, 인간은 근시안 적이라 노후를 위해 충분한 저축을 하지 않는 경향이 있기 때 문이다. 또 '개미형' 인간일지라도 자신의 수명을 예측할 수가 없기에 얼마만큼 저축해놓아야 할지 모르기 때문이다. 그래서 정부가 강제 저축을 시킨다. 정부는 국민들 개개인의 수명은 모르지만 평균수명은 예측할 수 있기에, 집단 차원에서 필요 한 만큼 거두어놓는다. 이후 단명자가 남긴 연금자산을 장수 자에게 이전하는 식으로 평생 연금을 보장한다. 장수가 축복 이지만 동시에 위험인 세상에서, 종신형 연금의 제공은 국가가 꼭 해야 할 일인 것이다. 이런 이유로 인해 국민들이 국민 연금을 폐지하자고 청와대에 청원을 올려도 정부는 꿈적할 수가 없다. 꼭 해야만 하는 일이기 때문이다.

국민연금 폐지를 청원하는 국민들은 보험료만 내고 나중에 기금이 고갈되면 못 받을까봐 걱정한다. 일각에서는 국민연기금이 고갈되면 다른 세금 거둬서 줄 테니 걱정하지 말라고 한다. 하지만 다른 세금 걷기는 어디 쉬운가? 연금보험료 못 올려서 생긴 기금 고갈인데, 보험료나 세금이나 도긴개긴이니 이유 있는 걱정이다.

만약 국민연금보험료만큼을 개인연금 같은 사적연금에 넣으면 어떨까? 저축이나 개인연금 같은 사적연금은 적어도 원금 손실은 없을 테고 이자도 붙으니, 더 좋지 않을까? 실제로 칠레, 멕시코 등 많은 남미 국가는 1980년대부터 공적연금을 없애고 대신 해당 보험료를 사적연금에 납부하도록 강제했다. 사적연금은 문제가 없을까? 결론부터 말하면, 둘 다 각기 장단점을 갖고 있지만, 공적연금을 잘 만들어놓으면 원리상 사적연금보다 공적연금이 일반 국민에게 훨씬 유리하다.

첫째, 이윤을 추구하는 사적연금은 상대적으로 높은 수수료를 부과하기에 가입자 입장에서는 공적연금이 유리하다. 사적연금은 임금 수준이 높은 수십 개의 민간 금융회사가 경쟁적으로 관리운용한다. 민간 금융회사들은 관리운영비, 홍보비, 수익극대화, 주주들에 대한 이익배당 등을 감안해 수수료율을 책정한다. 이윤을 내야 하는 부담이 없는 공적연금보다 수수료가 높을 수밖에 없다. 44개 민간 금융회사가 경쟁하는 퇴직연금의 경우를 보자. 가입자가 1년간 부담해야 하는 총수수료(운용·자산관리수수료+펀드비용)를 퇴직연금 적립금으로 나누면 평균 0.45%가 나온다.[2] 고용주가 월급의 12분의 1에 해당하는 8.33%씩 퇴직연금보험료로 꼬박꼬박 지불해주는데, 이 연금자산이 1억 원이 되었다고 가정하자. 그러면 매년 1억의 0.45%인 45만 원을 수수료로 내는 것이다. 보험료가 쌓여서 2억이 되면 1년에 90만 원이 된다. 얼핏 큰돈이 아닌 것 같지만, 퇴직연금은 근로기간 내내 쌓여가는 장기상품이다. 30년간 수수료를 합치면 큰돈이 된다. 반면 국민연금에 드는 총비용부담을 계산하면 연 적립금의 0.08%~0.23%에 불과한 것으로 나온다.[3] 매년 수수료 차가 최대 0.37%p 나는 것이다.

30년 복리로 따지면 얼마나 큰 차이가 날까? A와 B가 30년간 매달 30만 원씩을 A는 국민연금에, B는 퇴직연금에 냈다고 치자. 기금투자 수익률이 연 4%로 동일하다고 가정할 때, A의 연금자산은 2억 586만 6,000원, B는 1억 9,242만 2,000원이 되어 A가 B보다 7%인 1,344만 원이 많아지게 된다. 35년 납부하게 되면, 격차는 8.4%까지 벌어진다. 그나마 퇴직연금의 수수료는 다른 사적연금 상품에 비해 낮은 편이다. 개인연금, 그것도 주식 비중이 높은 상품들은 연 수수료가 1%를 넘는 경우가 수두룩하다. 요즘 같은 저금리·저수익 시대에, 수수료는 수십 년 납부 후 연금자산의 크기를 결정하는 주요한 요인이 된다.

둘째, 사적연금은 공적연금에 비해 장수의 위험에 취약하다. 장수가 축복이 되려면, 연금은 연금답게 죽을 때까지 받는 종신형이어야 한다. 공적연금은 100% 종신형인 반면, 사적연금에서는 종신형 연금상품은 활성화되지 않는다. 민간 연금보험회사에서 종신형 상품을 판매하긴 한다. 그런데 집단 차원의 평균수명 예측도 의학발전 등으로 빗나갈 수가 있다. 따라서 민간 연금회사는 리스크 관리 차원에서 할인율을 높게 적용한다. 따라서 종신형 상품 연금액은 연금자산을 10년 20년 등 일정기간 동안 나눠 주는 확정기간형 상품보다 많이 낮다. 이렇다보니, 종신형 가입자가 많지 않다. 그만큼 장수의 위험에 노출되는 사람들이 많이 생겨난다.

물론 공적연금을 운영하는 국가도 예상치 못한 수명 증가로 인해 적자가 커질 위험을 안고 있다. 이때 국가는 법을 바꾸든지 해서 사후적으로 보험료 인상이나 급여 삭감 등을 통해 변화한 환경에 적응할 수 있다. 물론 정권이 휘청일 만큼 정치적으로 어려움을 겪겠지만 말이다. 그러나 민간 연금회사는 이런 비상조치를 강구할 수 없다. 과거 가입자와 맺은 계약을 준수해야만 하기 때문이다. 민간시장에서 종신형 연금은 회사 입장에서나 가입자 입장에서나 그리 환영할 만한 상품이 아닌 것이다.

셋째, 사적연금은 공적연금에 비해 인플레이션에도 취약하다. 사적연금은 자신이 평생 모은 연금자산을 연금 수급기간으로 나눠 받는 구조다. 인플레이션이 와도 이를 연금액에 반영해주지 않는다. 그런데 근로세대가 납부하는 보험료 수입으로 은퇴자가 연금을 받는 공적연금에서는 물가상승률에 따라 연금액을 올려줄 수 있다. 이 마법은 인플레이션이 오면 실질소득이 정체되더라도 어느 정도 시차를 두고 명목소득이 오르기 때문에 가능하다(월급이 최소한 물가만큼은 오를 거라는 뜻이다). 인플레이션이 반영되어 소득이 오르게 되면, 덩달아 국가의 보험료 수입도 오르게 되어 있다. 옛날에 천 원 하던 짜장면이 지금 만 원이 되면, 국가의 보험료 수입도 덩달아 10배 늘어난다는 뜻이다. 증가한 보험료 수입만큼 연금액을 올려줄수 있다. 물론 IMF 경제위기 때처럼 인플레이션만 일어나고월급은 깎이는 최악의 경우도 있을 수 있다. 그러나 그건 아주예외적인 상황이다. 일반적으로 공적연금은 사적연금보다 인플레이션 문제에 대응력이 높다. 큰 장점이 아닐 수 없다.

우리도 원리상 사적연금보다 우월한 공적연금을 가지고 있다. 바로 말도 많고 탈도 많은 국민연금이다. 국민연금은 1988년 직장인을 대상으로 실시되었다. 1995년에는 농어촌거주자, 1999년에는 도시지역 자영자에게 적용되어 전국민연금 시대를 열었다.

우리나라 국민연금제도는 전통적인 비스마르크형 공적

연금이다. 급여 방식은 확정급여, 재정 방식은 부과 방식, 관리 방식은 공적관리를 택하고 있기 때문이다(이에 관해서는 자세히 후술하겠다). 사적연금의 급여 방식이 확정기여, 재정 방식이 완전적립, 관리 방식이 사적관리인 것과 정확히 대치된다. 물론 공적연금이 전통적인 비스마르크형만 있는 것은 아니다. 스웨덴은 1999년에 비스마르크형에서 이탈해 명목확정기여notional defined contribution(NDC) 방식 연금제도의 새 시대를 열었다. 확정급여 대신 사적연금의 원리인 확정기여를 받아들이되 부과 방식과 공적관리를 그대로 유지한 하이브리드형이라고 할 수 있다.

앞으로 각각의 개념에 대해 좀 더 자세히 알아보자. 그래야 우리가 채택한 비스마르크형 공적연금제도의 장점과 취약성을 깊이 이해할 수 있다. 하나씩 설명해보자.

고령화시대,
연금 제대로
받을 수 있을까

연금제도 설계 시 가장 중요한 고려사항은 '어떻게 연금 지급액을 결정할 것이냐'이다. 확정급여defined benefit(DB) 방식과 확정기여defined contribution(DC) 방식으로 구분된다. 대부분의 전통적인 공적연금은 확정급여 방식을 채택하고 있다. 확정급여 방식은 말 그대로 먼저 '급여를 확정'한 후, 이에 의거에 보험료율을 정하는 방식을 일컫는다. 한국을 예로 들어보자. 정부는 국민들이 국민연금에 40년 동안 보험료를 내면, 납부기간 월평균소득의 40%를 연금으로 사망 시까지 지급하겠다고 약속하고 있다(이를 소득대체율 40% 보장이라고 한다). 정부는 소득대체율 40% 약속을 지키기 위해 필요한 비용을 산정하고, 이에 따라 보험료율을 결정한다.

　　그런데 연금은 최소한 납부기간 40년에 수령기간 30년을 상정하고 만들어야 하는 초장기 프로그램이다. 수십 년 후 연금지급액 추정도 쉽지 않거니와 사전에 필요한 보험료를 산정하기는 더더욱 쉽지 않다. 재정소요의 변화를 봐가며 보험료율을 조정해가야 하므로, 국민연금법에는 5년마다 국민연금재정의 건전성을 평가해 필요한 개혁을 단행하도록 명시하고 있다. 국민연금법에 따라 2018년 제4차 국민연금재정추계위원회가 만들어졌다. 재정건전성 평가를 해보니, 국민연금기금 고갈 시점이 2013년 추계 때보다 3년 앞당겨진 2057년으로 나왔다. 따라서 위원회에서는 현재 소득대비 9%의 보험료율을 13.5%로 10년에 걸쳐 서서히 인상하자는 대안을 제시했다.[4] 이렇듯 우리나라 국민연금은 급여(소득대체율)를 먼저 정한 후, 이에 맞추어 보험료율을 산정하는 확정급여 방식이다.

　　그에 반해 확정기여 방식은 미리 얼마를 줄 것인지 약속하지 않는다. 미리 확정된 것은 보험료율 혹은 보험료액일 뿐이다. 연금액은 가입자가 납부한 기여금과 이자(혹은 투자수익률)를 더한 연금자산 총액과 연금개시 시점의 잔여여명에 따라 결정된다. 우리나라의 개인연금이나 퇴직연금이 확정기여 방식이다. 퇴직연금의 경우, 고용주는 근로기준법에 따라 12개월 근무에 한 달 월급, 즉 매월 임금의 8.33%씩을 개인별 퇴직연금 계좌에 납부해준다. 국민연금처럼 '소득대체율 몇

% 보장'과 같은 약속은 없다. 퇴직연금액은 그동안 원금에 이자가 붙어 형성된 자신의 연금자산을 10년(120개월) 혹은 20년(240개월) 하는 식으로 일정기간 동안 나누어 퇴직 시점부터 지급받는다(이를 확정기간형이라 부른다). 아니면 앞서 지적했듯이 연금액이 많이 떨어지겠지만, 자신의 연금자산을 동일 연령대 인구집단의 평균 잔여여명으로 나눠서 죽을 때까지 지급받는 종신형도 가능은 하다. 확정기간형이든 종신형이든 확정기여 방식 연금제도에서는 기본적으로 납부기간 동안 이자가 얼마 붙어서 내 연금자산이 얼마가 되었는지가 중요하다. 즉 홍길동과 홍길순이 같은 액수의 보험료를 같은 기간 납부했어도, 받는 연금액은 국민연금과 달리 각자 가입한 퇴직연금 상품의 수익률에 따라 달라지는 것이다.

국민 개개인의 입장에서는 미래에 받는 연금액이 예측 가능하고 사망 시까지 받을 수 있는 확정급여 방식의 공적연금이 노후소득 안정성 측면에서 단연 유리하다. 그러나 요즘과 같은 고령화시대에, 국가는 재정 파탄의 위험에 처할 수 있다. 예상보다 오래 살고 숫자도 많아진 노인들에게 과거 젊었을 때 약속한 연금액을 사망 시까지 주자니 답이 안 나온다. 예를 들면 연금을 월 100만 원씩 20년 주면 될 줄 알고 보험료를 거두어왔는데, 막상 100만 원씩 30년을 주어야 하는 상황이 되었기 때문이다. 물론 주기적으로 재정추계를 해서 필요할 때마다 보험료를 올릴 수만 있다면 정부의 시름은 덜할 수 있다.

그러나 정치적으로 보험료율을 올리는 일이 쉽지 않다. 계속해서 보험료를 올릴 수 있는 것도 아니다. 보험료율이 지나치게 높아지면, 기업은 고용비용이 증가하기에 고용을 줄일 것이고, 근로자도 가처분소득이 줄어들어 소비가 위축된다. 경제활동이 위축되면 국가도 문제다. 보험료 부과대상의 소득 자체가 줄어들기 때문이다. 그러면 정부는 연금에 지출할 수 있는 보험료 수입이 줄어들어 또다시 보험료를 올려야 하고, 이는 다시 경제활동을 위축시켜 악순환에 빠진다. 따라서 스웨덴은 공적연금 보험료율이 소득의 18.5%, 독일은 22%를 넘지 못하게 법으로 못을 박아놓았다. 이렇게 되면 보험료 수입이 제한될 수밖에 없는데, 약속한 연금은 어떻게 지불하나? 다른 세금을 올리거나 공채를 발행해 충당해야 한다. 그러나 이 또한 경제활동에 부정적인 영향을 주는 것은 매한가지다.

따라서 스웨덴과 독일, 프랑스 등은 평균수명이 늘어나는 만큼 연금액을 자동으로 삭감하는 고육지책을 쓰고 있다. 이러한 정책을 '자동안정화 장치'라고 부른다. 1999년에 확정급여에서 확정기여로 급여 방식을 전면 전환한 스웨덴은 사적연금처럼 개인이 확보한 연금자산(분자)을 잔여여명(분모)으로 나눠 지급한다. 평균수명이 증가하면 은퇴 후 잔여여명, 즉 분모가 증가한다. 분자인 연금자산은 그대로이니 자동으로 연금액이 삭감된다.[5] 독일은 2004년 개혁을 통해, 연금액을 결정하는 산식에 '지속성계수'라는 것을 집어넣었다. '평균수명 증가'와 '근로인구 감소'만큼, 연금액이 자동으로 삭감되게 만들었다.[16] 연금액이 삭감되면 노인들은 어떻게 하란 말인가? 연금 수급개시 연령을 뒤로 미루어 급여기간을 단축하고, 대신 급여액을 올리는 방법으로 대처하는 수밖에 없다. 그래서 스웨덴을 비롯한 선진 복지국가들은 정년을 연장하고, 건강이 허락하는 만큼 파트타임이라도 일할 수 있는 여건을 만들기 위해 노력하고 있다.

　　과거 인구가 늘고 경제가 성장하는 환경에서, 확정급여 방식의 공적연금은 신이 내린 선물과 같았다. 늘어나는 보험료 수입으로 약속한 연금액을 지급하고도 여유가 있었기 때문이다. 2차대전 이후, 각국 정부들은 정치적으로 인기 있는 연금액 인상을 단행했다. 그러나 1970년대부터 저성장과 고령화에 따라 전혀 다른 환경이 형성되었다. 이제는 보험료를 인상할 뿐 아니라 연금 급여도 깎고 있다. 그리고 자동안정화 장치를 삽입함으로써 정치적 반발을 초래하는 법 개정 없이도 급여가 자동삭감되게 해놓고 있다.

　　복지국가의 대명사인 스웨덴이 1999년부터 확정급여 방식을 포기하고 확정기여 방식을 채택해, 수명증가에 따른 추가적 재정부담을 국가가 아닌 개인이 떠안게 한 것은 시사하는 바가 크다. 각자가 낸 보험료와 그 이자로 형성된 연금자산만 노후세대를 위해 쓰는 것인데, 그 이상은 근로세대에게 너무 큰 부담이라고 본 것이다. 그 큰 부담이 경제활동을 짓누르게 되면, 이는 연금생활자에게 또 다른 불행이 될 수 있기 때문이다. 경제가 원활하게 돌아가지 않으면, 연금 외에 의료, 요양 등 사회보장비용을 근로세대로부터 염출하지 못한다. 공공서비스의 양과 질이 저하될 것도 뻔하다.

스웨덴처럼 고령화의 책임을 개인에게 떠넘긴다면, 국가와 민간 연금회사가 뭐가 다른가? 스웨덴은 국가가 강제로 저축을 시키고, 장수의 위험에 대비해 종신형 연금을 유지하며, 연금액을 인플레이션에 연동해주고 있다. 스웨덴에서 공적연금은 재정적 지속가능성을 확보하면서도, 여전히 사적연금보다 노후소득보장에 유리한 제도로 남아 있다.

적게 내고 많이 받는 연금, 유지될 수 있을까

연금제도 설계 시 고려해야 할 두 번째 핵심 사항은 '연금 급여지출을 어떻게 충당할 것이냐' 즉 재원조달 방식이다. 부과 방식pay-as-you-go(PAYG)과 적립funding 방식으로 대별된다. 부과 방식은 그해에 필요한 연금지출을 그해 보험료(혹은 세금)로 '부과'해 충당한다는 뜻이다. 보험료 부과대상은 근로자들이고, 연금 수급자는 은퇴한 노인들이기에 세대 간 소득이전을 전제로 한다. 반면 적립 방식은 가입자별로 개인계좌(연금통장)를 만들고 여기에 자기 보험료를 쌓아둔다. 이를 연금회사가 금융시장에서 투자해 이자를 발생시키면서 원리금을 불려주는 방식이다(물론 투자수익이 마이너스로 돌아서면 원리금

손실이 발생할 수도 있다). 우리나라 개인연금이나 확정기여형 퇴직연금을 생각하면 된다. 연금지출에 소요되는 비용을 후세대 보험료에 의존하지 않고, 가입자 스스로 해결하는 방식이다. 재정의 흐름으로 보면, 부과 방식은 유량flow 방식, 적립 방식은 저량stock 방식이 된다.

그렇다면 우리나라 국민연금의 재원조달 방식은 무엇일까? 부과 방식인가 적립 방식인가? 이도 저도 아니라며 수정적립 방식이라고 부르기도 한다. 그러나 우리나라의 경우는 원리상 부과 방식이 정답이다. 연기금이 쌓이는 것으로 봐서는 적립 방식처럼 보이지만 이는 일시적인 착시현상이다. 국민연금이 시작된 1988년 당시 은퇴자들은 국민연금 가입자가 아니기에 연금을 받지 못했다. 직장인들 또한 은퇴 전이니 연금을 받지 못하고 보험료만 수십 년 냈다. 따라서 공적연금 초기 수십 년 동안은 연기금이 쌓인다. 보험료 수입만 들어오고 연금지출은 거의 발생하지 않기 때문이다.[7]

〈그림 5-1〉을 보자. 2018년 국민연금기금 적립금은 638.5조 원에 달한다. 보건복지부 국민연금재정추계위원회에 따르면, 이 적립금은 2041년 최대 1,778조 원까지 지속적으로 불어난다. 그러나 1999년 전국민연금시대를 연 이래 42년 동안 쌓여만 가던 연기금은 2042년부터 급격히 줄어들기 시작한다. 불과 15년 후인 2057년에는 기금이 모두 고갈되고, 이것도 모자라 당해 년에만 124조 원의 적자를 기록할 것으로

그림 5-1   국민연금기금 적립금 추이

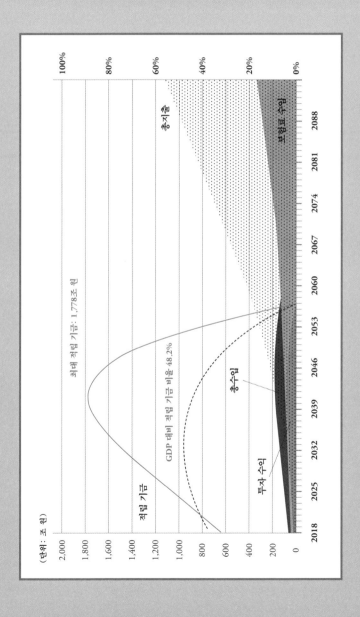

자료   제4차 국민연금재정추계위원회 공청회 발표자료.

예상된다. 국민연금은 이때부터 명실공히 부과 방식으로 전환되어야 한다. 기금이 다 사라지고 없으니, 그해그해 필요한 연금지출 비용을 모두 보험료를 인상해 충당하는 수밖에 없다. 만약 보험료를 필요한 만큼 인상하지 못하면, 2088년에는 수입 337조, 지출 1,120조로 한 해 적자만 783조 원에 달할 것으로 예상된다.

보험료를 끊임없이 거둬들이는데 어떻게 그 많은 적립금이 15년 만에 다 사라지는가? 그리고 매년 엄청난 적자가 나는가? 이유는 두 가지다. 첫째, 현재의 국민연금이 저부담-고급여 체계이기 때문이다. 서구 선진국들은 평균 20%선의 보험료에 40% 소득대체율로 공적연금을 운영하고 있다. 우리는 9% 보험료에 40% 소득대체율이다. 약속받은 연금에 비해 보험료를 너무 적게 낸다. 수입에 비해 지출이 많으니 앞으로 적자가 날 수밖에 없다. 인구고령화 문제가 없어도, 가입자들이 은퇴해서 연금을 받기 시작하면 적자가 날 수밖에 없는 구조다.

잠시 보험료 총납부액과 총연금수급액을 현재가치로 환산한 수익비를 소득수준별로 살펴보자. 우리나라 국민연금에는 소득재분배 기능이 들어 있다. 국민연금의 소득대체율이 40%라고 하는 것은 평균소득자의 경우에 그러하다는 뜻이다. 평균소득 이상 고소득자의 소득대체율은 낮아지고 저소득자의 소득대체율은 높아진다. 그래서 〈표 5-1〉에서 보다시피,

표 5-1   국민연금 소득수준별 수익비

	100만 원	227만 원 (평균소득)	300만 원	449만 원 (상한액)
노령연금 (20년 수령 시)	3.0	1.8	1.6	1.4
노령연금＋유족연금 (20년 수령 시)	3.6	2.2	1.9	1.6
노령연금＋유족연금 (25년 수령 시)	4.2	2.6	2.3	1.9

자료   2018년 국정감사 시 국민연금관리공단 제출 자료. 정의당 윤소하 의원 보도자료 "국민연금 평균수익비 기존 1.8배 아니라 2.6배"(2018년 10월 11일자).

수익비(즉 보험료 납부 총액 대비 연금수급 총액)가 저소득자일수록 높아지고 고소득일수록 낮아진다. 고소득자가 받아야 할 연금 중 일부가 저소득자에게로 재분배되기 때문이다. 따라서 월평균 100만 원을 버는 저소득자는 수익비가 무려 3.0에서 최대 4.2까지 예상된다. 보험료로 총 1,000만 원을 납부했다면, 연금으로 총 4,200만 원까지 받게 된다는 뜻이다. 반면 고소득자는 수익비가 1.4에서 1.9에 그친다.

그런데 이상하다. 소득재분배 기능이 작동하는데, 어떻

5 은퇴 후 생활비, 받을 수 있을까: 국민연금

게 평균소득 이상자의 수익비가 1을 넘을 수 있을까? 소득재분배는 제로섬이다. 저소득자가 더 받는 만큼 고소득자는 덜 받아야 정상이고, 그렇다면 고소득자의 수익비는 1 미만이 되어야 한다. 그런데 모든 연금가입자가 소득불문하고 수익비가 1을 넘는다. 이런 마법은 어디서 나오는 것일까?

이 마법은 우리 국민연금이 확정급여 방식에 세대 간 소득이전 방식인 부과 방식을 채택하고 있기 때문에 가능하다. 미래 근로세대에게 높은 보험료를 부과해 현세대 은퇴자들에게 약속한 연금을 지급하게 되기 때문이다. 현세대의 보험료는 9%이다. 이는 소득대체율이 낮은 고소득자에게 약속된 연금액을 충당하기에도 모자란다. 수익비가 모두 1을 넘는 이유다. 앞으로 기금마저 고갈되고 나면 2060년에 후세대는 소득 대비 29.3%를 보험료로 내야 국가는 이 돈을 가지고 노인들에게 약속된 연금을 지급할 수 있다.[8] 늘어나는 노인인구 때문이기도 하지만, 현세대 가입자들에게 유리하게 만들어진 저부담-고급여 체계가 재정문제를 악화시키고 있다.

적자가 예상되는 두 번째 이유는 보험료를 부담해줄 생산인구는 줄고, 연금을 받는 노령인구는 늘어나기 때문이다. 65세 이상 노인인구는 2015년 기준 654만 명에서 2049년에 1,882만 명까지 늘어난다. 베이비부머의 은퇴 때문이다. 여기에 저출생이 겹쳐 생산연령인구(15~64세 인구)가 줄어들어, 노인부양비가 크게 상승한다. 2015년에 생산연령인구 100명당 노인이 17.5명이던 것이 2036년에 50명이 되고, 2065년에는 88.6명이 된다. 다시 말하면, 지금은 5~6명의 생산연령인구가 1명의 노인을 책임지면 되지만, 2036년에는 2명이 노인 1명을, 2065년에는 거의 1:1로 노인의 연금과 의료 등 삶을 책임져야 한다./9

수명이 길어져 생기는 재정문제는 수급개시 연령을 뒤로 미루는 식으로 대처하고, 생산인구 감소는 이민자를 받아들이고 과감한 출산장려정책을 통해 문제를 완화시켜야 한다. 그리고 무엇보다 현재의 부당한 저부담-고급여 체계에서 빨리 벗어나야 한다. 부과 방식이 후세대의 소득을 빨아들이는 빨대 역할을 하게 두어서는 안 된다. 지금부터라도 저부담-고급여 체계에서 혜택을 보는 세대의 보험료를 올려 수입을 늘리고 기금을 확충해 놓아야 한다. 그래야 향후 이들이 연금을 받을 때 연금지출 비용을 기금에서 어느 정도 충당할 수 있게 된다. 그러면 후세대에게 무지막지하게 보험료를 강요하지 않아도 된다.

문제는 저부담에서 벗어나기 위해 보험료율을 높이는 것도, 반대로 고급여를 적정급여로 낮추어 예상연금액을 떨어뜨리는 것도 모두 국민들이 싫어하는 일이라는 점이다. 솔직히 오래 살아 연금 받는 기간이 늘어나기에 매월 받는 연금액이 깎이거나 보험료가 올라도 사실 총액 기준으로 손해는 없다. 그러나 이런 개혁은 정치적으로 어렵다. 후세대들은 박수

칠 일인지 모르지만, 그들은 아직 태어나지도 않아 투표권이 없다. 투표권을 가진 현세대 가입자들은 저부담-고급여 체계의 수혜자들이다. 정치인들은 투표권자의 눈치를 본다. 후세대를 대표할 그 누구도 청와대와 국회에 없다. 역사적 소명의식을 가진 정치인들이 있다면 이야기는 달라질 것이다. 스웨덴이나 독일처럼 말이다. 그러나 우리 정치는 그런 수준이 못된다.

지금 재정안정화 조치를 취하지 않으면, 2088년이 되면 후세대들은 소득 대비 37.7%를 연금보험료로 내야 한다(이는 출산율 1.05를 가정한 수치인데, 현재 출산율은 이보다 낮아져 1 미만이다!). 현재 6%대인 건강보험료율 또한 고령화와 함께 지금의 몇 배로 오를 것이 예상된다. 여기에 고용보험료, 소득세, 부가세, 재산세 등을 내고 나면 생활비는 남지 않을 것이다. 그래서 앞서 지적했듯이, 스웨덴은 소득의 18.5%, 독일은 22% 수준에서 연금보험료율을 법으로 동결하고, 연금액을 자동삭감하는 고육지책을 택했다. 대신 인생 이모작이 가능하게 노인 일자리를 늘리고 정년을 연장하는 정책을 병행하고 있다. 그리고 공적연금 급여가 서서히 줄어드는 만큼 부족해지는 노후소득을 개인연금 등 적립 방식의 사적연금으로 보완하고 있다. '확정기여+적립 방식'에서는 세대 간 소득이전이 발생하지 않기 때문이다. 스웨덴은 소득의 18.5%를 연금보험료로 거두어들이고 이중 16%는 공적연금에, 나머지 2.5%는 적립식 사적연금인 '프레미엄연금'에 넣어준다. 독일도 2002년부터 '리스터연금'이라는 적립식 사적연금제도를 도입해 정액 보조금을 주어 가입을 독려하고 있다.[10]

　　우리의 경우는 퇴직연금이 있다. 이름만 연금일 뿐 대부분 일시금으로 받아가서 실제로는 연금 역할을 못하지만, 원리상 급여 방식은 확정기여, 재정 방식은 적립형인 전형적인 사적연금이다. 퇴직연금의 존재는 국민연금의 재정안정화 개혁을 가능하게 해줄 수 있다. 국민연금에 선진국들처럼 자동안정화 장치를 달아 연금액수를 자동으로 삭감되게 하고, 모자란 연금액을 퇴직연금을 통해 보완할 수 있기 때문이다. 퇴직연금을 못 받는 자영자들에게는 독일의 리스터연금처럼 보조금을 주어 개인연금 가입을 활성화시킬 수도 있다. 퇴직연금과 개인연금이 법적 강제와 세제 혜택을 통해 성장하는 만큼, 스웨덴처럼 수수료율을 인하하고, 독일처럼 최소한의 원금 보전장치를 마련하는 등 사적연금의 단점을 최소화해야 할 필요도 있다. 이 부분은 다음 6장에서 자세히 논하려 한다.

우리나라는 국민연금을
잘 관리하고 있을까

연금제도 설계 시 고려해야 할 세 번째 사항은 연금제도의 관리로, 공적관리와 사적관리로 나눠볼 수 있다. 공적관리는 국가 혹은 국가의 위임을 받은 공공기관이 독점적으로 관리하는 것이다. 이 경우 연기금의 투자수익률을 극대화하기보다는 안정적 운영에 주력하는 경향을 보인다. 반면 사적관리는 복수의 민간 연금회사나 다른 금융기관이 연기금을 관리하는 것이다. 공적관리에 비해 투자수익을 높이기 위해 서로 경쟁한다. 사적관리라 하지만 금융기관 맘대로 운용하는 것은 아니다. 연금상품과 연기금의 관리운용도 다른 금융상품과 마찬가지로 정부의 규제를 받는다. 더욱이 노후소득의 안정성 제고를 위해 규제의 폭과 강도는 다른 금융상품보다 강한 것이 일반적이다.

급여 방식-재정 방식-관리 방식으로 나누어보면, 보통 국민연금 같은 공적연금은 '확정급여-부과-공적관리' 패키지로 구성된다. 반대로 사적연금은 '확정기여-적립-사적관리'로 구성된다. 확정기여 방식이라도 공적관리면 공적연금으로 분류된다. 스웨덴이 그러하다. 결국 공적연금이냐 사적연금이냐는 급여 방식이나 재정 방식으로 결정되는 게 아니라, 관리의 주체가 누구냐로 결정된다. 그런데 관리의 주체가 뭐 그리 중요할까? 사적관리라 할지라도 어차피 국가의 규제를 받는 거 아닌가? 연금에서 관리 방식, 즉 공적관리가 중요한 이유는, 국가가 공권력을 바탕으로 공동체 내 사회적 계약social contract을 유지시키기 때문이다.

사회적 계약의 핵심은 단명자로부터 장수자에게로 연금자산을 이전하는 것이다. 사실 사적연금의 종신형 상품도 단명자의 연금자산을 장수자에게 이전시키는 보험의 원리를 따른다. 그러나 앞서 지적했듯이, 민간 연금시장에서 종신형은 발달하기 어렵다. 나머지 확정기간형 상품들은 단명자가 남긴 연금자산을 모두 유족에게 승계시킨다. 따라서 현실적으로 장수의 위험에 대한 대응은 공적연금의 몫이다.

단명자의 연금자산을 장수자에게 이전하는 것을 사유재산권의 제약이라고 여길지 모른다. 그러나 서로 누가 일찍 죽고 누가 오래 살지 모르는 상황에서 내가 남긴 연금지신을 내 자식이 아니라 오래 사는 동년배 시민에게 주는 게 서로를 돕는 일이다. 이는 2장에서 말했듯, 무지의 장막에 가려 있는 개인들이 내릴 수 있는 합리적인 결정이다. 국가가 이를 공적연금을 통해 실현시킨다.

국민연금도 종신형 연금을 지급한다. 단명자와 그 가족은 억울할지 모르나, 단명자가 남긴 연금자산이 장수자에게 이전된다. 단, 유족연금이라는 제도가 있어서, 배우자가 생존해 있으면 가입기간에 따라 최대 60%의 연금이 지급된다. 이 유족연금의 존재는 연금재정을 약화시킨다. 단명자로부터 장수자에게로 이선되어야 할 연금자산이 일부 누출되기 때문이다. 따라서 스웨덴은 1999년 연금개혁 때 유족연금을 폐지했다. 대신에 유족이 저소득자이거나 미성년자이면 연금재정이 아닌 국고에서 따로 최저생계비를 지급한다. 연금재정의 지속가능성을 높이기 위해서다.

우리의 경우는 이에 역행하고 있다. 2018년 12월 보건복지부는 유족연금 외에 사망일시금까지 지급하겠다고 발표했다. 가입자가 사망했는데 유족연금 대상자가 없으면, 가입기간 평균소득 월액의 4배(9% 보험료로 환산하면 약 4년치 보험료)를 장례비 명목으로 4촌 이내 방계혈족에게까지 지급하겠다는 것이다. 보험의 원리상 있을 수 없는 일이다. 자동차보험료를 납부했는데 사고가 나지 않았으면 보상금을 못 받아 억

울할 테니, 조금이라도 일시금을 주겠다는 발상과 동일하다. 자동차 사고가 난 사람이 받는 보상금은 자동차 사고가 나지 않은 사람들이 낸 보험료로 충당된다. 이게 보험의 원리다. 자동차 사고가 나지 않은 사람에게까지 일시금을 주기 시작하면, 자동차보험료는 올라가야 한다. 유족연금에 사망일시금까지 지급하면 연금보험료를 올려야 한다. 그러나 보험료 인상은 정치적 이유 때문에 시도도 못하고 있다. 결국 후세대가 뒷감당을 다 해야 한다.

앞서 지적했듯이, 국민 개개인에는 원리상 사적관리보다 공적관리가 유리하다. 그러나 공적관리가 포퓰리즘에 입각해 정치 논리에 휘둘리면 사적관리보다 못한 결과를 낳을 수 있다. 제때 보험료는 올리지 않고 보험급여만 올리거나 각종 크레딧을 남발하면 그렇게 된다. 스웨덴을 비롯해 많은 선진 복지국가들이 출산크레딧 제도를 운영하고 있다. 우리나라도 아이 숫자에 따라 최소 6개월에서 최대 50개월까지 연금보험료를 납부한 것으로 카운트해주는 출산크레딧 제공한다. 군복무자에게는 6개월짜리 군복무크레딧을 제공한다. 문제는 한국 정부는 크레딧을 부여하면서 해당자의 보험료를 납부해주지 않는다는 점이다. 스웨덴, 영국, 독일 등 선진 복지국가에서는 크레딧 부여와 동시에 그만큼의 보험료를 현 정부가 수혜자 이름으로 현금 납부해준다. 그래야 후세대 정부의 부담이 없어지기 때문이다. 우리나라처럼 크레딧만 부여하는 것

은, 선심은 현 정부가 쓰고 뒷감당은 후세대 정부가 하라는 것
과 다름없다.

　　2014년 보험연구원에서 실시한 보험소비자 설문조사
결과를 보면, 스스로 노후준비를 '잘하고 있다'고 긍정적으로
평가한 응답은 10.2%에 불과했다. 반면 '잘못하고 있다'고 부
정적으로 평가한 응답은 42.5%에 달했다. 노후 걱정을 하면
서도 실제로 우선순위는 현재의 소비에 놓여 있는 경우가 대
부분이다. 가입이 강제되는 국민연금이 필요한 이유다. 특히
저소득자인 경우는 보험료를 납부할 여력이 없다. 정부는 이
들의 국민연금 가입을 유도하기 위해 '두루누리 사회보험료
지원사업'을 통해 10인 미만 영세사업체의 근로자에게 보조
금을 지급하고 있다.

국민연금에는 2018년 기준 우리나라 18~59세 인구 3,256만 명 가운데 2,186만 명이 가입되어 있다. 가입률이 67%에 불과해 보이지만, 분모에 해당하는 3,256만 명에는 전업주부나 학생, 군인이나 미취업 구직자가 상당수 포함되어 있다. 소득자만 따지면 80% 가까이 국민연금에 가입되어 있다. 노후소득보장의 중추가 아닐 수 없다. 일각에서는 '용돈 연금'이라고 비아냥대기도 하지만, 40년 가입에 40%의 소득대체율을 약속하고 있는 국민연금은 다른 나라에 비해 급여가 낮지 않다. 월 100만 원 벌던 사람에게 매달 40만 원씩 연금을 죽을 때까지 주겠다는 약속이기 때문이다. 주요국의 목표 소득대체율을 보자. 독일은 45년 가입기준 38.2%, 스웨덴은 40년 가입기준 36.6%, OECD 35개국 평균은 40.6%이다. 오히려 한국은 보험료율이 매우 낮아, 현 가입자들에게는 수익률이 꿈같이 좋은 연금이다. 고용주 부담분을 제외하고 근로자가 납부해야 하는 보험료율만 보면, 한국이 4.5%로, 독일 9.35%, 스웨덴 7%, 일본 8.9%, 프랑스 7.25%보다 많이 낮다.[11] 게다가 덤으로 고용주가 전액 부담하는 보험료율 8.33%짜리 퇴직연금을 받는다. 그에 비해 스웨덴은 보험료율 2.5%짜리, 독일은 4%짜리 사적연금을 운용하는 데 머물고 있다. 제도적인 틀로만 보았을 때, 한국의 노후소득보장 수준은 복지선진국보다 낫다고 할 수 있다.

　　문제는 이 제도들이 현실에서 제대로 작동하지 않는다

는 데 있다. 소득대체율이 40%이고 수익률도 좋다지만, 실제 급여는 이에 훨씬 못 미친다(다음 장에서 자세히 논한다). 게다가 국민연금의 재정적 지속가능성에 빨간불이 켜져 있다. 이 대로 가면 대한민국의 미래세대는 불쌍하다. 고령화로 인한 추가 비용, 저부담-고급여로 발생하는 적자보전 비용, 유족연금과 사망일시금 비용, 각종 크레딧으로 인해 늘어난 추가 비용을 모두 떠안아야 한다. 퇴직연금도 이름만 연금일 뿐, 대부분 은퇴 전에 중간정산으로 축내고 있거나, 은퇴 시에도 연금이 아닌 일시금 형태로 수령하고 있다. 비용은 비용대로 쓰면서 노후소득보장 효과는 보지 못하고 있다. 그렇다면 이 문제를 어떻게 해결해야 할까? 퇴직연금을 주제로 다음 6장에서 살펴보기로 하자.

노후대비,
국민연금으로 충분할까..

퇴직연금

6

5장에서 설명했듯, '잘 만든' 공적연금은 사적연금보다 우월하다. 장수 위험에 대비해 사망 시까지 지급되고, 인플레이션이 와도 이를 연금액에 반영해주기 때문이다. 그러나 공적연금은 후세대로부터 소득이전을 전제로 하기에 생산인구 대비 노인인구가 증가하는 시대에는 지속되기 어렵다. 그래서 모든 선진 복지국가들이 1980년대부터 서서히 공적연금의 규모를 줄이고, 사적연금의 역할을 강화해왔다. 그렇다고 공적연금의 중추적인 역할을 버린 것은 아니다. 여전히 공적연금은 노후소득보장의 핵심이다. 단지 평균수명의 증가로 인해 추가로 필요해진 노후소득을 국가가 다 책임질 수 없으니, 개

6 노후대비, 국민연금으로 충분할까: 퇴직연금

인이 저축을 통해 마련하게끔 유인하고 있는 것이다. 스웨덴은 소득의 2.5%를 강제로 거둬 프레미엄연금이라 명명된 사적연금에 투자하도록 의무화하고 있다. 독일은 모든 국민에게 정액 보조금을 주며 리스터연금이라는 사적연금의 가입을 독려하고 있다.

우리에게도 그런 사적연금이 있다. 바로 퇴직연금이다. 근로기준법에 따라 직장인이면 누구나 퇴직금이나 퇴직연금의 혜택을 받게 되어 있다. 그 규모도 다른 나라에 비해 무척 크다. 퇴직연금의 경우, 급여 전체의 8.33%가 보험료로 납부된다. 9%짜리 국민연금과 별 차이가 없다. 2021년 한 해 사용자가 납입해 준 퇴직연금 보험료만 49.9조 원이다. 국민연금 보험료 수입 51.3조 원의 97.3%에 달하는 막대한 규모다. 보험료를 고용주가 전액 부담하기 때문에 일반 국민 입장에서는 더 반가운 제도다. 퇴직연금만 잘 작동해도 노후소득보장에 큰 문제가 없을 것이다. 그런데 수익률이 형편없다. 5년간 연평균 수익률이 1.96%에 불과하다(2017~2021년). 국민연금의 5년간 연평균 수익률인 7.90%(2017~2021년)이나 연평균 장기 누적수익률 6.76%(1988~2021년)에 한참 못 미친다.[1] 게다가 퇴직연금은 대부분 중간정산해서 가져가고, 은퇴 시에도 일시금으로 받아 간다. 이름만 연금일 뿐, 노후소득보장 기능을 못하고 있다. 왜 그럴까? 국민연금에 버금가는 퇴직연금의 정상화 방안은 없을까?

퇴직금 vs. 퇴직연금,
무엇이 유리할까

퇴직연금의 뿌리는 1953년에 제정된 근로기준법에서 찾을 수 있다. 퇴직자의 소득보장을 위해 2년 이상 근속자에게 1년에 한 달치 월급을 퇴직금으로 지급하도록 했다. 그런데 강제규정은 아니었다. 1961년 12월 박정희 군사정부하에서 근로기준법을 개정해 30인 이상 사업장의 퇴직금 지급을 의무화하고, 1년 이상 근속자에게 퇴직금을 지급하도록 대상자를 확대했다. 1975년에 적용대상을 16인 이상 사업장으로 확대하고, 민주화 이후 1987년에 10인 이상 사업장, 1989년에 5인 이상 사업장으로 확대했다. 1996년에는 재직 중이라도 주택 구입이나 의료비 등 목돈이 들어갈 때 퇴직금을 미리 당겨

받을 수 있는 중간정산제가 도입되어 오늘에 이르고 있다.

직장을 그만둘 때, 목돈을 받을 수 있는 퇴직금제도는 고용보험이나 국민연금처럼 근대적인 소득보장제도가 없던 시기에 근로자들이 기댈 수 있는 유일한 버팀목이었다. 중간에 회사를 그만두면 실업급여 역할을, 나이 들어 은퇴하면 연금과 같은 기능을 했다. 그런데 바로 이 점 때문에 근대적인 사회보험제도의 도입과 확대에 장애가 되기도 했다.

1988년 국민연금이 도입되었을 당시, 노사 간의 핵심 쟁점 중 하나가 퇴직금의 존치 여부였다. 경영계는 퇴직금에 대한 부담을 기업이 그대로 지면서 연금보험료도 내는 것은 이중부담이리며 강하게 반대했다. 노동계는 퇴직금을 후불임금으로 규정하고 사회보장과는 관계가 없다고 보아 두 개의 제도 모두 병립해야 한다고 주장했다. 정부는 경영계의 주장이 합리적이라고 보았다. 보험료율 3%에서 시작된 국민연금의 보험료율이 향후 인상될 때, 기업의 퇴직금 부담을 경감시키는 '퇴직금전환금제'를 도입했다. 그 내용은 1993년부터 국민연금 보험료율을 6%로 인상할 때, 고용주 2%, 근로자 2%, 전환금 2%로 나누어 분담하는 것이었다. 그리고 1998년 이후 연금보험료가 9%로 인상되면 고용주 3%, 노동자 3%, 전환금 3%로 분담하도록 결정되었다.

여기서 전환금이란 직원 은퇴에 대비해 기업이 적립하는 퇴직준비금 중 일부를 국민연금보험료로 전환하여 납부하는 금액을 뜻한다. 전환금이 커지면 커질수록 나중에 퇴직금이 그만큼 줄게 된다. 국민연금이 퇴직금을 서서히 흡수하도록 설계된 것이다. 실제로 퇴직금전환금제도는 김영삼 정부하에서 1993년 1월 1일부터 보험료율이 6%로 인상되면서 시행에 들어갔다. 이 원리대로라면, 국민연금 보험료율이 12%로 인상되면 고용주, 근로자, 전환금 각 4%씩 분담하고, 국민연금 보험료율이 15%로 인상되면, 각 5%씩 분담하면 될 일이었다.

그런데 김대중 정부가 들어서고, 국민연금 도시지역자영자 확대를 위한 1998년 국민연금법 개정 시, 퇴직금전환금제는 노동계의 요구로 국회 입법과정에서 폐지되었다. 당장 퇴직금이 줄어드는 것을 노동자들이 싫어했기 때문이다. 9% 보험료는 노사가 각각 4.5%씩 부담하는 방식으로 바뀌었다. 퇴직금전환금제도의 폐지는 퇴직금과 국민연금의 병행 존치를 의미한다. 경영계는 이중부담이라며 이후 국민연금보험료 인상에 강하게 저항하고 있다. 국민연금보험료 인상은 경영계의 적극적 반대, 노동계의 묵인하에 20년 이상 동결되고 있다. 2007년 국민연금의 재정안정화 조치가 보험료 인상이 아닌 급여삭감으로 나타난 이유이기도 하다.

동일한 분쟁이 1995년 고용보험 도입 때도 발생했다. 경영계는 고용보험의 도입이 해고에 대한 저항을 완화시키는 효과가 있을 것으로 보고, 소극적이나마 도입에 찬성한다는 입장이었다. 그러나 비용의 이중부담 문제를 피하기 위해 퇴

6 노후대비, 국민연금으로 충분할까: 퇴직연금

직금 일부를 고용보험료로 전환해야 한다고 주장했다. 노동계는 당연히 국민연금 때와 마찬가지로, 퇴직금은 이연임금, 즉 지급이 미뤄진 임금일 뿐으로 논의의 대상이 아니라는 입장이었다. 국민연금 도입 당시에는 퇴직금전환금제를 통해 고용주의 요구를 수용하며 문제해결을 도모했지만, 이번에는 상반된 주장이 끝까지 팽팽하게 맞섰다.

결국 타협의 결과로 비용부담이 없는 조그마한 규모의 고용보험이 만들어졌다. 고용보험의 실업급여 적용대상을 줄이고, 급여 수준을 낮추며, 지급기간을 축소한 것이다. 한국노총은 애초에 5인 이상 사업장부터, 전국노동조합협의회(민주노총의 전신)는 모든 근로자를 대상으로 실시하자 했으나, 결국에는 30인 이상 사업장으로 타협을 보았다. 노동계는 소득대체율도 60%에서 최대 80%에, 지급기간도 최대 300일까지를 요구했다가, 결국 소득대체율 50%, 최소 10년 이상 보험료를 납부해야 최대 210일을 받는 것으로 타협했다. 그 결과, 실업급여 지급을 위한 고용보험의 보험료율은 임금의 0.6%로, 노사가 각각 0.3%씩 납부하는 '부담 없는' 제도가 되었다./2 이 상태로 1997년 IMF 경제위기를 맞이했다. 대량실업에 고용보험은 무용지물이었다. 회사가 망하니 퇴직금도 받을 도리가 없었다.

서구 복지국가처럼 국민연금과 고용보험이라는 현대화된 사회보험이 도입되었지만, 다른 나라에 없는 법으로 강제되는 퇴직금은 살아남았다. 그 대가는 서구와 달리 비용부담이 적은 '가벼운' 사회보험이다. 유럽의 많은 복지국가에서 소득의 20%가량을 공적연금 보험료로 낼 때, 우리는 9%를 낸다. 실업보험은 미국만 해도 연방정부에 0.6%를, 주정부에 최대 2.71%(매사추세츠 주 기준)를 납부하는데, 우리는 현재 1.8%만 낸다. 비용부담이 적은 만큼 보험급여가 높을 수 없다. 그나마 국민연금의 소득대체율은 국제기준에 어느 정도 부합한다. 그러나 저부담-중급여 덕분에 앞서 5장에서 살펴보았듯이 심각한 수지불균형 문제를 안고 있다.

노동계의 투쟁 끝에 불사조처럼 살아남은 퇴직금은 제역할을 하는 걸까? 그렇지 않다는 것이 1997년 IMF 경제위기 때 수많은 기업이 도산하면서 만천하에 드러났다. 다니던 회사가 망하면 퇴직금을 받을 방법이 없었다. 이에 1998년 김대중 정부는 임금채권보장법을 제정해, 회사 파산으로 노동자가 임금과 퇴직금을 받지 못할 때 국가가 사업주를 대신해 미지급 임금과 퇴직금을 지불해주는 체당금替當金 제도를 도입했다. 그러나 최대 3개월분 임금과 3년치 퇴직금에 한하고 그나마 상한액이 낮아 큰 도움이 되지 못했다(2022년 현재도 최대 1,000만 원).

퇴직연금으로
노후소득이
보장될 수 있을까

퇴직금제도의 취약성이 드러나자 근본적인 해결책이 모색되었다. 금융회사가 운용하는 사외적립형 퇴직연금제도 도입이 대안으로 떠오른 것이다. IMF 외환위기 때 세계은행도 퇴직금을 서구식 퇴직연금으로 전환할 것을 주문했다. 세계은행이 퇴직연금 도입을 주장한 이유는 퇴직금의 사외적립을 위해서만은 아니었다. 재정적 지속가능성에 문제가 있는 저부담-고급여 체계의 국민연금을 과감히 축소하고, 빈자리를 퇴직연금으로 메우라는 뜻이었다.[13] 그리고 2002년 대통령선거에서 이회창 후보와 노무현 후보 모두 퇴직연금제도 도입을 공약으로 내걸었다. 노무현 정부가 추진한 퇴직연금제도 도입에 야당이 반대하지 않은 이유다. 마침내 2005년에 '근로자퇴직급여 보장법'이 제정되었다. 이에 따라 노사가 합의하에 퇴직금제도를 유지하든지, 확정급여형 혹은 확정기여형 퇴직연금제도를 도입해야 한다.

애초에 정부가 추진했던 방안은 100% 사외적립의 확정기여형 퇴직연금제도였다. 확정기여형은 고용주가 연간 임금총액의 12분의 1(월임금의 8.33%)을 매달 근로자의 개인계좌에 보험료로 납부해주는 방식이다(분기별, 반기별 혹은 연납도 가능). 근로자는 이 돈으로 연금상품을 선택하고, 재량껏 연금자산을 운용한다. 회사는 보험료를 납부해주는 것으로 근로기준법상 의무를 다한다. 그러나 확정기여형은 투자에 위험이 따르고, 저금리 시대에 이자나 수익률이 높지 않을 가능성이 크다. 따라서 공공부문과 민간 대기업 정규직이 주축인 노조가 원한 것은 확정급여형 퇴직연금이었다.

확정급여형 퇴직연금은 과거 퇴직금의 계산 방법을 그대로 따른다. 월급이 가장 높은 퇴직 전 3개월의 월 평균 임금을 근속연수로 곱하여 자신의 연금자산을 확정한다. 호봉인상분까지 감안하면 대기업과 공공부문의 급여 인상률은 보통 금융시장의 이자율을 크게 웃돈다. 확정급여형의 수익률이 확정기여형보다 높을 것으로 예상되는 이유다. 호봉이 최고까지 오른 장기근속자에게는 확정기여형보다 확정급여형이 유리하다. 확정급여형을 채택한 민간 기업은 최소 예상퇴직금의

90%를 사외적립해야 한다(2021년부터는 100%). 퇴직자의 연금자산 확정액보다 적립액과 그 운용수익이 낮으면, 회사에서 나머지를 채워서 지급해준다.

그동안 장부기록에 의존했던 퇴직금제도를 퇴직충당금 사외적립을 원칙으로 하는 퇴직연금으로 전환시킬 수 있게 되었다. 노사합의로 기존의 퇴직금제도를 유지해도 된다. 그러나 지불능력이 있는 기업은, 퇴직충당금을 사외적립하면 비용처리가 가능했기에, 퇴직연금으로 전환하기 시작했다.

앞서 살펴보았듯이, 근속연수로 임금 수준을 결정하는 연공급 체계의 공공부문과 민간 대기업은 보통 확정급여형을 도입한다. 퇴직연금시장에서 '큰손'들이 선택하는 확정급여형의 누적적립금은 2021년 말 171.5조 원으로 확정기여형 77.6조 원을 압도한다.

퇴직연금은 국민연금과 달리 통상임금 전체가 보험료 부과대상이다. 따라서 2022년 월 급여가 570만 원 가량이 넘는 중산층 근로자는 퇴직연금보험료 납부액이 국민연금보다 많다. 게다가 퇴직연금은 소득재분배 기능이 없는 순수 소득비례연금이다. 국민연금에 비해 중산층 가입자를 만족시킬 수 있는 제도이다. 중산층 이상 은퇴자의 소득보장에 크게 기여할 것으로 예상된다.

단계적으로 확대되어오던 퇴직연금 적용사업장이 2010년 12월부터 1인 이상 사업장까지 확장되었다. 국민연금에 버금가는 보편주의 형태를 띠게 된 것이다. 그러나 사각지대 규모가 국민연금에 비해서 매우 크다. 2020년 퇴직연금 가입 근로자는 약 665만 명으로 전체 가입대상자의 52.4%에 불과하다. 사업장 기준으로 보면, 300인 이상 대기업은 90.8%의 도입률을 자랑하지만, 5인 미만 영세사업장은 10.6%에 불과하다. 전체 사업장의 가입률은 27.2%에 머물고 있다.[4]

게다가 사적연금의 성격상 종신형 연금이 발달하지 않고, 연금회사와 상품에 따라 수익률 차이가 크다. 또 금융시장이 하락기에 있는 경우, 대부분 원금손실마저 감수해야 한다. 2021년 퇴직연금의 연간수익률(총비용 차감 후)은 2.00%에 불과하다. 금융시장이 안정세를 보였던 2017~2021년 사이 5년간 퇴직연금의 평균수익률도 1.94%로, 국민연금의 7.63%에 크게 뒤진다.[5] 그런데도 수익률에 상관없이 연금회사에 높은 운용관리수수료와 자산관리수수료를 지불해야 한다. 앞서 5장에서도 언급했듯이, 2018년 퇴직연금의 총비용부담률(총적립금 대비 운영관리수수료와 자산관리수수료의 비율)은 0.4~0.49%로, 국민연금의 0.08~0.23%에 비해 현저히 높다.[6] 연금은 최소 30년을 내다보는 장기상품이다. 수수료의 마이너스 복리효과는 상당하다. 퇴직연금은 수수료가 높은 만큼 보험료 납부액 대비 노후소득보장 효과성은 크게 떨어질 것으로 예상된다.

퇴직연금은
국민연금을 보완한다

정부는 퇴직금을 퇴직연금으로 전환하면서, 퇴직금의 실업급여 기능은 최대한 억제시켰다. 중도에 회사를 이직할 때 일시금으로 타면 최대 28.6%까지 세금을 내야 한다. 반대로 개인형퇴직연금individual retirement pension(IRP) 계좌에 퇴직금을 넣어두었다가 55세 이후 연금으로 수령하면, 퇴직소득세를 30% 줄일 수 있게 세제혜택을 준다. 연금으로 활용하길 기대하기 때문이다. 왜 그런가? 국민연금만 가지고는 기대하는 만큼의 노후소득을 확보할 수 없기 때문이다. 특히 평균소득 이상을 버는 중산층 가입자에게 국민연금 급여는 부족할 수밖에 없다.

〈표 6-1〉의 소득수준별 공적연금과 사적연금의 소득 대체율 국제비교를 보자. 소득대체율이란 은퇴 전 평균소득의 몇 %를 연금으로 받는지를 나타낸 것이다. 월 평균 100만 원 소득자의 소득대체율이 40%라면 은퇴 후 연금으로 40만 원을 받게 된다. 표에서 한국의 평균소득자는 공적연금을 통해 소득대체율 39.3%짜리 연금을 받는 것으로 나온다. 그런데 평균소득의 1.5배인 경우는 28.7%로 뚝 떨어진다. 두 가지 원인이 있는데, 첫째, 앞서 5장에서 살펴보았듯이 국민연금에 내재된 재분배 기능 때문이다. 국민연금은 평균소득 이상자에게서 저소득자에게로 연금소득이 이전되게 설계되었다. 이 때문에 저소득층(평균소득의 0.5)의 소득대체율은 58.5%로 높아지고, 고소득층의 소득대체율은 40% 이하로 떨어진다. 둘째, 여기에 보험료부과소득상한제도가 더해진다. 2022년 기준 월소득과 상관없이 553만 원까지만 보험료가 부과된다. 따라서 월 1,000만 원을 벌어도 월 553만 원 소득자와 동일한 보험료를 내고 동일한 연금액을 받는다. 고소득자는 자신의 실제 소득 대비 얼마 안 되는 연금을 받게 되는 것이다. 중간소득 이상자의 소득대체율이 떨어지는 이유다.

퇴직연금이 연금으로서 역할을 잘하면, 〈표 6-1〉에서 보듯, 스웨덴이나 네덜란드처럼 중산층 은퇴자의 낮은 공적연금 소득대체율을 의무가입의 법정 사적연금이 보완해줄 수가 있다. 캐나다처럼 자발적 기업연금을 통해서도 부족한 공적연

표 6-1   소득수준별 공적/사적연금의 소득대체율 국제비교

국가	공적연금			법정 사적연금 (확정급여+확정기여)			공적연금 + 법정 사적연금			임의 사적연금 (확정급여+확정기여)			전체		
	0.5	1	1.5	0.5	1	1.5	0.5	1	1.5	0.5	1	1.5	0.5	1	1.5
그리스	67.4	53.7	49.2	-	-	-	67.4	53.7	49.2	-	-	-	67.4	53.7	49.2
네덜란드	57.4	28.7	19.1	40.7	68.2	77.3	98.1	96.9	96.5	-	-	-	98.1	96.9	96.5
노르웨이	58.8	39.2	30.2	4.8	5.9	6.3	63.6	45.1	36.5	-	-	-	63.6	45.1	36.5
뉴질랜드	80.0	40.0	26.7	-	-	-	80.0	40.0	26.7	18.8	18.8	18.8	98.8	58.8	45.4
덴마크	45.9	14.8	9.9	77.6	71.6	69.6	123.4	86.4	79.5	-	-	-	123.4	86.4	79.5
독일	38.2	38.2	38.2	-	-	-	38.2	38.2	38.2	12.7	12.7	12.7	50.9	50.9	50.9
룩셈부르크	89.5	76.7	72.5	-	-	-	89.5	76.7	72.5	-	-	-	89.5	76.7	72.5
멕시코	12.2	4.0	2.7	22.4	22.4	22.4	34.7	26.4	25.1	-	-	-	34.7	26.4	25.1
미국	48.3	38.3	31.7	-	-	-	48.3	38.3	31.7	33.0	33.0	33.0	81.3	71.3	64.7
벨기에	47.7	46.7	36.4	-	-	-	47.7	46.7	36.4	14.2	14.2	11.1	61.8	60.8	47.5
스웨덴	36.6	36.6	27.6	19.2	19.2	36.9	55.8	55.8	64.5	-	-	-	55.8	55.8	64.5
스위스	36.7	24.2	16.5	19.2	17.9	12.0	56.0	42.1	28.5	-	-	-	56.0	42.1	28.5
스페인	72.3	72.3	72.3	-	-	-	72.3	72.3	72.3	-	-	-	72.3	72.3	72.3
아이슬란드	11.8	3.2	2.1	65.8	65.8	65.8	77.6	69.0	67.9	-	-	-	77.6	69.0	67.9
아일랜드	68.2	34.1	22.7	-	-	-	68.2	34.1	22.7	38.0	38.0	38.0	106.2	72.1	60.7

영국	44.8	52.2	74.3	30.0	30.0	30.0	14.8	22.1	44.3	-	-	-	14.8	22.1	44.3
오스트리아	78.4	78.4	78.4	-	-	-	78.4	78.4	78.4	-	-	-	78.4	78.4	78.4
이탈리아	83.1	83.1	83.1	-	-	-	83.1	83.1	83.1	-	-	-	83.1	83.1	83.1
일본	53.3	57.7	71.0	23.1	23.1	23.1	30.2	34.6	47.8	-	-	-	30.2	34.6	47.8
칠레	33.6	33.5	39.1	-	-	-	33.6	33.5	39.1	33.6	33.5	33.4	0.0	0.0	5.8
캐나다	72.6	75.2	82.9	44.2	34.2	34.2	28.5	41.0	54.1	-	-	-	28.5	41.0	54.1
포르투갈	72.6	74.0	75.5	-	-	-	72.6	74.0	75.5	-	-	-	72.6	74.0	75.5
폴란드	31.6	31.6	31.6	-	-	-	31.6	31.6	31.6	-	-	-	31.6	31.6	31.6
프랑스	54.8	60.5	60.5	-	-	-	54.8	60.5	60.5	-	-	-	54.8	60.5	60.5
핀란드	56.6	56.6	56.6	-	-	-	56.6	56.6	56.6	-	-	-	56.6	56.6	56.6
한국	**28.7**	**39.3**	**58.5**	**-**	**-**	**-**	**28.7**	**39.3**	**58.5**	**-**	**-**	**-**	**28.7**	**39.3**	**58.5**
헝가리	58.7	58.7	58.7	-	-	-	58.7	58.7	58.7	-	-	-	58.7	58.7	58.7
호주	32.1	32.2	82.8	-	-	-	32.1	32.2	82.8	32.1	32.1	32.1	0.0	0.1	50.7
OECD 평균	**54.4**	**58.7**	**70.3**	**-**	**-**	**-**	**48.4**	**52.9**	**64.6**	**-**	**-**	**-**	**36.0**	**40.6**	**52.6**
유럽연합(28)	**57.8**	**61.7**	**73.0**	**-**	**-**	**-**	**54.5**	**58.3**	**69.9**	**-**	**-**	**-**	**42.2**	**45.9**	**54.9**

주　평균소득을 1로 표기했다.

자료　OECD, Pensions at a Glance 2017, p. 103.

금의 소득대체율을 보완할 수 있다. 한국의 퇴직연금도 국민연금의 낮은 급여를 보충해줄 수 있는 훌륭한 제도이긴 하다. 그런데 표에 나타난 한국 항목의 빈자리가 말해주듯, 퇴직연금은 아직 OECD로부터 연금으로서 인정받지 못하고 있다. 한국의 퇴직연금은 법정/임의 사적연금 어디에도 집계되지 않는다.

이유는 퇴직연금이 퇴직금처럼 운영되기 때문이다. 2021년 퇴직급여 지출액은 총 9조 3,426억 원이다. 이중 계좌 기준으로 95.7%, 수령액 기준으로는 65.7%가 연금이 아닌 일시금으로 수령됐다. 2021년 말 퇴직연금 적립금은 295.6조 원이고, 같은 해 고용주가 납입해 주는 보험료만 49.9조 원에 달한다.[7] 국민연금의 2021년 보험료 수입 51.3조 원에 육박한다. 퇴직연금 가입자는 국민연금의 4분의 1 정도다. 그럼에도 가입자 대비 보험료 수입이 상대적으로 큰 이유는 임금 수준이 높은 대기업과 공기업의 임직원들이 퇴직연금에 대거 가입되어 있고, 국민연금과 달리 상한 제한 없이 1억이든 10억이든 모든 통상급여의 8.33%가 온전히 보험료로 납부되기 때문이다.

국민연금보험료 수입의 70%가 넘는 퇴직연금 보험료가 애초 정책목표대로 모두 연금화된다면 중산층 이상 국민들의 노후소득보장에 크게 기여할 것이다. 재정안정화 때문에 낮아질 수밖에 없는 국민연금 소득대체율을 많이 보완해줄 수 있을 것이다. 그러나 지금은 그렇지 못하다. 물론 퇴직금을 일시금으로 받아 가는 나름의 이유가 있을 것이다. 대출 상환, 자녀 결혼 등 저마다 사정이 있을 것이다. 그러나 100세 시대에는 당장의 소비보다 미래의 노후소득원을 갖춰놓는 게 중요하다. 그래서 대부분의 선진 복지국가에서는 기업연금이라 할지라도 일시금 수령을 엄격히 제한하거나(스위스), 아예 연금으로만 받게 하고 있다(네덜란드). 우리나라의 퇴직연금이 이름대로 연금으로서 잘 작동되면, 국민연금만으로는 부족한 노후소득을 늘리는 데 큰 도움을 줄 것이다.

퇴직연금이
정말 '연금'이 되려면

퇴직연금이 연금으로 기능하려면 어떻게 해야 할까? 한마디로, 퇴직연금이 준공적연금화되어야 한다. 퇴직금의 퇴직연금 전환을 의무화하고, 일시금 수령을 대폭 제한할 필요가 있다. 앞서 지적했듯이 2020년 적용대상 근로자(1년 이상 재직자) 중 퇴직연금 가입자는 52.4%에 불과하다(나머지는 퇴직금 대상자). 1년 이상 재직 근로자 대부분이 이미 국민연금에 가입되어 있는 것과 대비되는 수치다. 퇴직연금이 의무화되면, 가입 근로자가 국민연금 수준으로 2배 늘면서 사각지대가 대폭 축소된다.

퇴직금을 퇴직연금으로 의무전환시킨다고 해서, 근로자

가 부담해야 할 보험료가 새로 발생하는 것도 아니다. 근로기준법과 근로자퇴직급여보장법에 따라 보험료를 고용주가 전액 부담하게 되어 있기 때문이다. 고용주는 퇴직자가 없어도 정기적으로 보험료를 납부해줘야 하니 새로운 부담이라고 느낄지도 모르겠다. 그러나 어차피 퇴직금으로 지불해야 하는 비용이다. 목돈으로 한꺼번에 나가느니, 그때그때 비용처리하는 것이 고용주 입장에서도 나쁘지 않다.

퇴직연금의 의무화 내지 준공적연금화 방안으로 다음과 같이 몇 가지를 생각해볼 수 있다.[8] 첫째, 김영삼 정부에서 시행되었던 퇴직금전환금제의 부활이다. 현행 9%의 국민연금 보험료율을 유럽 수준인 17.33%까지 올리고, 인상분을 퇴직(연)금으로 충당하는 것이다(즉 고용주 부담분 4.5%+근로자 부담분 4.5%+퇴직금전환금 8.33%=17.33%). 퇴직금과 퇴직연금이 국민연금으로 흡수되어버리는 안이다. 국민연금의 재정적 불균형을 시정해야 하므로, 보험료율이 오르는 만큼 비례해 국민연금 급여를 인상할 수는 없다. 2007년 국민연금의 재정안정화 조치에 의해 현재 소득대체율이 매년 0.5%p씩 낮아져 2028년까지 40%로 서서히 떨어지게 되어 있다. 이를 멈추고 소득대체율 45%를 유지하게 하는 것이 현실적이다. 이 방안은 국민연금의 직장가입자와 고용주에게 새로운 추가부담 없이, 국민연금의 재정적 지속가능성을 높이면서도 목표 소득대체율을 현행 40%에서 45%로 높이는 방안이 된다. 지역가입자의 경우에는 현행처럼 9%를 의무보험료율로 두고, 인상분 8.33%는 임의 납부를 허용하며, 독일 리스터연금처럼 정액 보조금을 지급해 임의 납부를 유인하는 방안이 필요할 것이다.

하지만 이 퇴직(연)금의 국민연금 흡수 방안은 인구고령화에 취약한 세대 간 소득이전 방식의 공적연금을 지금보다 크게 키우는 것이기에 국제적인 개혁 흐름과 배치되는 문제가 있다. 100% 소득비례형인 퇴직연금이 가입자 간 소득재분배를 야기하는 국민연금으로 전환되므로 노조와 중산층의 반발 또한 클 것이다. 퇴직연금사업을 모두 접어야 하는 금융산업계의 반대도 불가피하다. 연금의 공공성을 높일 수 있는 방안이나, 정치적으로 실행가능성이 높지 못하다.

둘째, 스웨덴의 프레미엄연금처럼, 퇴직연금을 의무가입 사적연금으로 만드는 것이다(가칭 제2국민연금안). 국민연금공단이 사업장가입자의 국민연금보험료(9%)를 징수할 때, 제2국민연금의 보험료(8.33%)를 함께 원천징수하는 안이다. 국민연금공단이 퇴직연금 가입자를 관리하고 보험료도 걷고 연금도 주지만, 자산운용은 가입자가 지정한 민간 금융회사에 맡긴다(미지정 시는 스웨덴처럼 국민연금공단이 자산관리). 퇴직연기금은 국민연기금과 분리해서 관리한다.

퇴직연금 가입자와 국민연금의 직장가입자는 중복된다. 국민연금공단이 퇴직연금보험료를 함께 거두면, 징수 및 가입자 관리비용(즉 운용관리수수료)이 현행보다 대폭 절감될 것이다. 그만큼 가입자의 연금자산은 증가하게 된다. 퇴직연금의 일시금 지급은 폐지하고 전액 연금화한다. 100% 소득비례형이고 민간 금융시장의 역할이 남게 되므로, 퇴직금전환금제보다 정치적 실행가능성은 높을 것이다. 그러나 여전히 금융업계와 금융노조의 반대, 그리고 일시금 폐지에 대한 반발이 예상된다.

셋째, 민간 퇴직연금의 의무화이다. 2014년에 이미 정부는 퇴직금을 폐지하고 퇴직연금제도 가입을 의무화하는 계획을 발표한 바 있다. 이와 함께 중간정산과 일시금 지급 요건을 대폭 강화해 연금 수령을 유도할 계획이다. 그러나 이 안은 영세 중소기업과 노조의 반대 때문에 시행이 계속 미뤄지고 있다. 퇴직연금의 공적연금화가 아닌 민간 퇴직연금 의무화는 금융업계에서 가장 반기는 일이다. 그러나 민간 퇴직연금의 의무화는 퇴직연금시장만 확대하고, 실망스러운 투자수익률이나 높은 수수료율 문제는 그대로 남게 될 가능성이 크다. 퇴직금의 연금화는 옳은 방향이나, 가입자의 혜택 증가로 이어지지 못할 것 같아 걱정이다.

넷째, 국민연금공단이 퇴직연금사업에 참여하는 퍼블릭 옵션public option 안이다. 민간 퇴직연금 의무화가 시행되어 시장이 대폭 확대되는 경우에는, 국민연금공단을 퇴직연금사업에 참여시켜야 한다. 국민연금공단이라는 막강한 경쟁자를 두어 다른 경쟁자들의 잠재력을 끌어올리는 일종의 메기효과를

6 노후대비, 국민연금으로 충분할까: 퇴직연금

기대하는 것이다. 국민연금공단이 기금운용 수익률도 높고 관리수수료도 무척 저렴하기에, 46개 민간 퇴직연금사업사가 바짝 긴장하지 않을 수 없을 것이다. 민간 퇴직연금 사업자는 수수료 인하와 수익률 제고 등에 나설 수밖에 없다. 전반적으로 퇴직연금 가입자의 실익이 증대될 것이 기대된다.

지금도 공공 퇴직연금사업자가 없는 것은 아니다. 근로복지공단이 퇴직연금사업에 참여하고 있다. 그러나 민간 사업자들이 기피하는 30인 미만 소규모 사업장만을 대상으로, 적자를 감수하며 사업을 펼치고 있다.[9] 국민연금공단이 퇴직연금시장에 진출하는 경우, 근로복지공단과 달리 사업장 규모에 제한을 두지 않아 민간 사업자와 직접적인 경쟁을 유도해야 한다.

앞서 지적했듯이, 국민연금은 퇴직연금보다 단기 및 중장기 수익률이 모두 높고, 국민연금 가입자와 퇴직연금 가입자가 중복되기에 운용관리수수료도 대폭 낮출 수 있다. 퇴직연금은 가입기간이 최소 30년에 달하는 장기 금융상품이다. 높은 수익률과 낮은 수수료의 복리효과까지 감안하면, 국민연금공단이 운용하는 퇴직연금 상품 가입자의 은퇴 시 연금자산이 타 민간 사업자의 그것보다 훨씬 클 것으로 예상된다. 퍼블릭 옵션 안이 4개의 대안 중 실행가능성이 가장 높으면서도 노후소득보장의 강화라는 성과가 기대되는 현실적인 안이라고 생각한다.

사회보장 수준을 높이려면 복지증세가 불가피하다. 그런데 그보다 앞서 고민해야 할 일은 가용자원을 최대한 효율적으로 사용하는 것이다. 한 해 보험료로 퇴직연금시장에 흘러 들어가는 50조 원 가량의 돈을 노후소득보장의 재원으로 활용하면 어떨까? 퇴직연금 보험료 수입은 매년 증가일로다. 이름뿐인 퇴직연금을 진짜 연금으로 만들면, 노후 불안이 상당히 해소될 수 있다. 퇴직연금이 제자리를 잡으면 국민연금의 부담이 줄어든다. 국민연금의 소득대체율을 인상하자는 목소리가 크지만, 필요 보험료도 제대로 올리지 못하면서 소득대체율만 올릴 수는 없다. 국민연금의 소득대체율 인상 욕구를 퇴직연금이 흡수하길 바란다. 그렇게 되면 국민연금은 재정안정화에 방점을 찍고 개혁에 나설 수 있다.

혹자는 퇴직연금의 정상화가 가져올 이중화 문제도 걱정한다. 퇴직(연)금의 적용대상자가 아닌 도시지역 자영자, 농어민, 시간제·단기 근로자들은 어떻게 하느냐는 것이다. 그러나 퇴직연금의 정상화가 퇴직(연)금 비적용자의 편익을 빼앗지 않는다. 제로섬이 아니다. 퇴직연금 적용대상자의 노후소득을 국고 투입 없이 기존의 비용을 가지고 증진시킬 수 있다면, 처지가 어려운 동료 시민들을 위해 사용할 수 있는 자원에 여유가 생긴다. 서로가 다 좋아지는 길이다.

이런 관점에서 한 가지 생각해볼 수 있는 것이 자영자 등 누구나 가입할 수 있는 개인형퇴직연금에 정액 보조금을 지급해 가입을 유인하는 것이다. 현재는 세제혜택을 주어 가입을 유도하고 있다. 그러나 연말정산을 하고 나면 40%가량의 소득자가 소득세를 한 푼도 내지 않는다. 낼 세금이 많아야 세제혜택이 힘을 발휘한다. 사실상 면세자인 저소득층에게 세제혜택은 아무런 유인이 되지 못한다. 독일 리스터연금의 경우처럼 정액의 보조금을 지급하자. 그러면 저소득층일수록 소득 대비 보조금의 비율이 커져 그만큼 가입 유인효과가 커진다. 소득 파악이 어려운 상황에서는 정률 보조금보다 정액 보조금이 행정적으로 실행가능성도 높다.[10] 보조금 지급은 당장 재정부담을 야기한다. 그러나 저소득층의 강제 저축을 최

194

대한 유인해낼 수 있다면, 미래 정부의 부담을 크게 덜 수 있다. 현세대가 미래세대를 위해 해줄 수 있는 몇 안 되는 일 중 하나가 아닐까 한다.

국가는 왜
노동시장에 개입할까 ‥

‘상품’이 된
노동력과 노동시장정책

7

노동시장은 인간의 노동력이 상품으로 거래되는 시장이다. 사람들은 자신의 노동력을 팔기 위해 구직활동을 벌이고, 기업은 이윤을 얻고자 구직자를 고용해 생산 및 판매 활동을 한다. 노동력에 대한 수요와 공급이 만나는 지점에서 노동력의 가격인 임금과 근로조건이 결정된다. 노동시장은 상품시장이나 주식시장과 마찬가지로 수요와 공급에 따라 가격이 결정되는 시장의 한 형태인 것이다. 그런데 노동시장은 다른 시장과 비교해볼 때, 외부로부터 정치적 간섭을 매우 많이 받는다.

문재인 정부 초기 2년 동안 30% 넘게 올려버린 최저임금과 주52시간으로 묶어 버린 노동시간이 그 예다. 시장에서 임금(가격)과 노동시간이 노사 간에 자유롭게 결정되는 것이 아니라, 국가가 개입해 계약의 한도를 정해 버린다. 기업이 비정규직 노동자를 정규직으로 전환시키면, 임금 보조라며 세금을 주저 없이 투입한다. 고용률을 올리겠다며 공무원 신규채용을 확대하고, '공공근로'라는 이름으로 단기 일자리를 만들기도 한다. 노동력을 못 판 상태, 즉 실업에 빠지면 실업급여를 주고, 노동력이 시장에서 잘 팔릴 수 있게 취업역량을 가꾸라고 세금으로 훈련도 시켜준다. 아이 낳으면 일하지 않아도 급여를 주라고 하고, 아이의 아빠도 유급으로 휴가를 주라고 강제하기도 한다. 그리고 노동자들이 노동조합을 결성해 임금과 근로조건을 고용주와 교섭하도록 권리를 부여한다. 노동시장이라고 '시장'자가 붙어 있으나, 결코 시장 같지 않다. 국가가 이보다 더 깊숙이 개입하는 시장은 없다.

왜 그런가? 노동시장은 다른 시장과 달리 인간의 노동력이 상품으로 거래되기 때문이다. 노동력을 팔고 사는 것이지만, 사람과 노동력을 분리할 수 없다. 게다가 사람은 노동을 통해 먹고살고, 자아를 실현한다. 시장의 보이지 않는 손에만 맡길 수 없는 '귀한' 상품이 거래되는 곳이 노동시장인 것이다. 이러한 노동시장에 대한 국가 개입을 노동시장정책이라고 통칭할 수 있다. 노동시장정책 또한 복지국가의 발전과 함께 변화해왔다. 동시에 날이 갈수록 복지국가의 중요한 기둥으로 자리 잡고 있다. 노동시장정책의 원리와 발전을 역사적

으로 살펴보자. 그리고 한국 노동시장정책의 미래는 어떠해야
할지 함께 고민해보자.

인간의 노동력이라는
'귀한' 상품을 다루는 법

노동시장은 자본주의의 형성과 함께 등장했다. 아니, 노동력이 상품으로 거래되는 것 그 자체가 자본주의의 본질이라고 해도 과언이 아니다. 자본주의 생산의 등장과 동학을 가장 먼저 날카롭게 분석한 마르크스는 1867년에 출간한 《자본론 *Das Kapital*》 1권에서 생산수단의 소유자(자본가)와 노동력의 소유자(노동자) 간의 자유로운 거래가 실현될 때, 자본주의적 생산과 축적이 시작된다고 보았다.

[자본주의 생산체제로의] 전환은 두 종류의 아주 상반된 상품의 소유자가 서로 대면하여 계약을 맺을 때 비로

소 성립한다. 한쪽은 바로 자본money, 생산수단, 그리고 생계수단의 소유자로서, 다른 사람의 노동력을 구입하여 [생산하고] 자기 소유물의 가치를 증가시키려 혼신의 힘을 다하는 사람이다. 다른 한쪽은 자신의 노동력labor-power을 파는 자유노동자free workers로서 노동의 판매자가 되는 사람이다. 그런데 자유노동자라 함은, 노예나 농노처럼 스스로가 생산수단의 일부도 아니고, 자소작농self-employed peasant-proprietors처럼 [농토라는] 생산수단도 갖고 있지 않아, 그 어떤 생산수단으로부터도 분리되어 있는 자유로운 사람을 의미한다. 이렇게 [노동력의] 상품시장이 두 계급으로 양극화가 될 때, 자본주의적 생산의 근본적인 조건이 갖춰지는 것이다.[/1]

마르크스가 상정한 자본주의적 노동시장은 길드나 도제 시스템 등 과거의 관습과 제도로부터 완전히 해방된 자유경쟁 시장이었다. 모든 노동자들이 아무런 제약 없이 자유롭게 이동하고, 자본가는 필요에 따라 고용과 해고를 할 수 있었다. 이런 자유경쟁 노동시장에서는 노동시장정책이 존재할 리 만무하다. 만약 노동시장정책이 있다면 그것은 자유경쟁을 유지하기 위해 노동자들의 단결을 막는 것이었다. 당시 최고 선진국 영국에서도 1875년에 세계 최초로 노동조합법이 제정되기 전에는, 노동자들이 집단으로 임금이나 근로조건을 협상하면

시장질서를 어지럽힌다는 이유로 처벌을 받았다.

그런데 현대 노동시장은 마르크스가 활동하던 당시와 달리 국가가 노동시장에 직·간접적으로 깊숙이 개입하고 있다. 결코 자유로운 시장이 아니다. 서론에서 언급했듯이 노동시장에서 사고 팔리는 게 인간의 노동력이라는 특수성 때문이다.

산업화 초기, 노동력은 아무 제한 없이 자유롭게 사고 팔렸다. 심지어 어린아이의 노동력까지. 19세기 초 산업화 시대 빈민굴을 배경으로 한 찰스 디킨스Charles Dickens의 소설《올리버 트위스트*The Adventures of Oliver Twist*》를 보면, 어린아이의 노동은 일상적이다. 임금이 낮기도 하지만, 어려서 쓸모 있는 부분이 있기 때문이다. 갬필드라는 굴뚝 청소부는 고아원에 사는 올리버를 3파운드 10실링을 주고 견습생으로 데려가려 하는데, 몸이 작아 굴뚝 깊숙이 들어가서 청소를 해낼 수 있기 때문이다. 이뿐만이 아니다. 증기력으로 움직이는 직조기계가 도입되자 아동 노동이 급증했다. 실을 다루는 데는 남자의 완력보다 가늘고 유연한 손가락을 가진 어린아이가 유리했기 때문이다.

산업혁명 초기, 학교도 못 가고 열악한 근로환경에서 저임금에 혹사당하는 아동 문제는 자유노동시장에 맡겨둘 일이 아니었다. 1833년 공장법Factory Act의 제정으로 9세 미만 아동의 고용이 금지되었다. 13세 미만 아동의 노동시간은 1일 8시간으로 제한되었다. 1844년 공장법에 의해 여성과 18세 미만 연소자도 보호받기 시작했다. 이들의 노동시간이 하루 12시간을 넘지 못하게 된 것이다. 아동과 연소자가 일하는 작업장 주변의 증기기관에는 보호 펜스를 설치하는 등 산업안전에 관한 규정도 생겼다. 영국의 공장법은 다른 후발 산업국까지 확산되었다. 인간의 노동력이라는 상품은 규제와 보호를 받는 특수한 상품으로 인정받게 된 것이다.

영국이 1833년 공장법을 통해 선도적으로 노동자를 보호해나가기 시작했다면, 독일은 1884년 산업재해보험을 최초로 도입해 노동시장정책의 새로운 장을 열었다.[2] 산재는 노동자들에게 큰 타격이었다. 고장 난 상품은 버리면 되지만, 노동력이라는 상품은 쓸모없어졌다고 버릴 수 없다. 노동력은 본인과 가족의 생계수단이다. 산재는 일시적인 노동력 상실에 머물지 않는다. 평생 노동시장에서 퇴출될 위험도 있다.

노동자는 자신의 노동력을 일정 시간 동안 고용주에게 판 것이기에, 산재보험 도입 전에도 민법에 따라 업무 수행 중 발생한 사고는 고용주가 책임져야 했다. 사고처리 비용뿐만 아니라, 노동력을 상실한 경우 향후 생계에 대한 보상까지 책임져야 했다. 그러나 현실은 노동자에게 불리했다. 고용주가 책임을 순순히 인정하지 않았다. 민사소송으로 가야 했다. 산재 노동자는 자신의 과실이 아니고 고용주에게 책임이 있다는 점을 소송의 원고로서 입증해야 했다. 쉽지 않은 일이었다.

1871년 독일은 고용주책임법Employer Liability Act을 제정해

고용주의 책임 범위를 넓혔다. 동료 노동자의 잘못으로 사고가 나도 고용주가 보상책임을 지게 했다. 과실 유무가 불확실하더라도 사고 피해가 발생했다면 고용주가 책임을 지는 '무과실책임주의' 원칙이 적용된 것이다. 그러나 여전히 산재 노동자에게 현실은 막막했다. 민사소송으로 가게 되면 소송비용은 물론이거니와 오랜 재판 기간을 버틸 수 있는 재정적 여력이 없었기 때문이다.

1884년 비스마르크는 산재보험을 도입해 산재보상의 고용주 책임을 명확히 하고, 산재 노동자를 실질적으로 보호했다. 산재보험의 비용(보험료)을 고용주가 전액 부담하게 했다. 산재가 발생하면 노동자는 기존의 소득에 비례해 보상을 받으며 의료 및 재활 치료를 받게 되었다. 산재로 근로능력이 상실되면 연금을 수령해 생계를 보장받았다. 민사소송을 할 필요가 없어진 것이다. 영국의 공장법처럼 독일의 산재보험도 다른 산업국가로 널리 확산되었다.

소극적 노동시장정책 vs.
적극적 노동시장정책

　자유경쟁 노동시장에서는 이론적으로 실업이 발생하지 않는다. 노동시장이 완전경쟁 상태에 있다면 노동력의 수요와 공급은 균형을 찾아갈 것이기 때문이다. 공급이 넘치면 '땡처리'를 통해서라도 균형을 찾아가는 게 시장이다. 그러나 노동시장에서는 땡처리가 불가능하다. '임금'이라는 가격도 수요와 공급에 영향을 받긴 한다. 하지만 땡처리가 가능할 정도로 탄력적이지는 못하다. 임금은 사람값으로, 생계가 달려 있기 때문이다. 아무리 임금이 낮아져도, 먹고살고 일하러 나올 수 있을 정도, 즉 노동력의 재생산이 가능한 수준에서 하한가가 형성된다. 게다가 정치가 개입해 최저임금 수준을 높인다.

　　　　　　7 국가는 왜 노동시장에 개입할까: '상품'이 된 노동력과 노동시장정책

공산품 가격은 동일한 상품이면 어느 나라를 가나 꽤 비슷하다. 그러나 사람값은 다르다. 2022년 베트남의 대도시인 하노이와 호치민의 법정 월 최저임금은 우리나라 돈으로 약 26만 원이다. 우리나라는 약 8배에 이르는 201만 원이다. 최저임금 받으며 하는 일의 가치가 8배 가까이 차이가 날까? 그렇지 않다. 시장이 아닌 정치가 개입해 최저 수준의 임금을 결정하기에 나라마다 사람값이 크게 다른 것이다. 따라서 상품시장과 달리 노동시장에서는 노동력의 수요와 공급에 불균형이 자주 생긴다. 실업은 불가피하다.

한편 실업은 개인의 의지와 관계없이 해고 등에 의해 비자발적으로 발생하는 경우가 많다. 조선업 구조조정 사례에서 보듯, 경기순환과 산업 부침 때문에 특정 산업에 실업이 집중되기도 한다. 1997년 IMF 경제위기나 2008년 글로벌 금융위기 그리고 최근 코로나로 국가경제 전체가 침체에 빠져 대량실업이 발생하기도 한다. 즉 실업은 개인의 의지와 상관없이 언제 어떻게 닥칠지 모르는 사회적 위험이라고 할 수 있다. 따라서 합리적인 개인은 자동차보험 가입하듯이 실업보험에 가입할 유인을 갖게 된다.

그러나 실업은 자동차 사고와 달리 위험발생 확률이 상호 독립적이지 못하다. 같은 회사 동료의 차가 사고날 확률과 내 차가 사고날 확률은 서로 독립적이다. 홍길동의 차가 사고 났다고 홍길순의 차가 사고날 가능성이 높아지지 않는다. 그런데 동료가 실업에 빠질 확률과 내가 같은 처지가 될 확률은 연동되어 있다. 같은 회사, 동종 산업, 국내 경기의 부침에 따라 실업의 위험은 같이 움직인다. 이런 경우 보험회사는 선뜻 실업보험 상품을 내놓지 못한다. IMF 경제위기 때처럼 실업의 위험이 분산되지 않고 한꺼번에 몰려오면 보험회사는 손해를 보기 때문이다. 심한 경우 망하기도 한다. 갑자기 10년치 자동차 사고가 한 해에 집중적으로 발생하게 되면, 보험회사가 견뎌낼 수 있겠는가?

게다가 피보험자의 도덕적 해이 문제도 크다. 실업이 외부 요인에 의해 비자발적으로 주어졌을지라도, 실업자는 자발적으로 재취업 여부를 결정할 수 있다. 재취업 기회가 있음에도 이왕 나오는 보험금이 있기에 실업자가 계속 집에 틀어박혀서 실업상태를 유지하면 보험회사는 어찌할 도리가 없다. 계속 보험금을 지급하는 수밖에. 이러한 이유로 실업의 위험에 대비한 보험상품은 민간시장에서는 출시되지 않는다.

따라서 국가가 나서서 실업보험을 도입해, 사회적 위험에 노출된 근로자들을 소득상실로부터 보호한다. 실업급여 수급 시 주기적으로 구직활동을 증명하게 하여 도덕적 해이를 최소화시키면서 말이다. 그런데 역사적으로 실업보험의 도입은 순탄치 못했다. 어느 나라나 산재·의료·연금·실업의 4대 보험 중 가장 늦게 도입된 사회보험이 바로 실업보험이다. 실업급여가 노동자의 협상력을 높여주기 때문에 노동력 구매자인 자본가들이 반발했던 것이다. 노동자가 실업 중인데도 생계가 막막하지 않다면, 다소 '배짱'을 부리면서 보다 만족할 만한 일자리를 찾아 탐색에 탐색을 더할 것이다. 실업보상은 노동력을 사고파는 데 엄청난 간섭 요인이 되는 것이다. 그러나 1929년 대공황과 극심한 대량실업이 일어나자, 이로 인한 빈곤의 문제를 더 이상 방치할 수 없게 되었다. 대부분의 산업 국가에서 실업보상 제도가 도입되었다.

노동시장에서 임금에 영향을 미치는 간섭을 국가만 하는 것은 아니다. 노동조합도 임금과 근로조건에 큰 영향을 미친다. 유럽의 많은 복지국가에서는 임금협상이 기업의 울타리를 넘어 동일 산업별로 노사 대표 사이에 이루어진다. 스웨덴의 경우는 한 걸음 더 나아갔었다. 스웨덴의 민주노총 격인 노동조합총연맹Labor Organization(LO)은 1952년부터 노동계급 내 단결을 위해 동일(가치)노동-동일임금을 표방한 연대임금제를 원칙으로 하고, 이를 관철하기 위해 국가 수준에서 스웨덴사용자단체Svenska Arbetsgivareforenigen(SAF)와 임금협상을 벌이기 시작했다. LO는 근로자 간 임금격차를 줄이기 위해 임금의 중향평준화를 도모했다. 직종과 직무가 다르면 합리적 수준의 임금 차이는 인정했다. 하지만 같은 일을 하는데 기업규모나 노동자 지위에 따라 임금격차가 생기는 것은 막고자 했다. 노동귀족의 발생 그리고 연관된 노노갈등을 막기 위한 전략이었다. 스웨덴사용자단체 측도 기업별 임금협상은 기업 간 임금

인상 경쟁을 유발할 수 있다며, 국가 수준의 중앙교섭에 적극적이었다.

연대임금제가 시행되기 전에는 같은 일을 하더라도 생산성이 높아 이윤율이 높은 기업은 높은 임금을 주고, 그렇지 못한 기업은 낮은 임금을 주었다. 그러나 국가 수준의 중앙교섭에서 임금인상이 결정되면서 임금 격차를 줄이기 위해 고임금 직장의 임금인상률은 낮추고, 저임금 직장의 임금인상률은 높였다. 생산성이 높은 대기업이나 성장산업에서는 임금인상률 억제로 인해 초과이윤이 대규모로 발생했다(〈그림 7-1〉의 B와 b 차이만큼). 반대로 생산성이 낮은 중소기업과 사양산업에서는 감당하기 어려운 임금비용 압박이 누적되었다. 생산성을 높이지 못하면 조기 구조조정이나 파산을 피할 수 없었다. 이때 실업자들이 대량으로 쏟아져 나오게 되는데, LO는 초과이윤을 활용해 이들을 대규모 투자를 단행하는 대기업과 성장산업 쪽으로 이동시키는 새로운 노동시장정책을 고안했다. 실업자들에게 후한 실업급여를 지원함과 동시에 전직훈련, 재직훈련, 개인별 맞춤 고용서비스, 고용보조금, 공공근로, 창업지원, 재취업 시 이사비 지원 등을 사민당 정부에 건의했고, 시행에 들어갔다. 실업자에게 실업급여만 주는 게 아니라 노동력의 상향이동을 도모한 것이다. 결과적으로 스웨덴의 경제는 고도화되었고 대기업이 크게 성장했다. 노동자들은 보다 좋은 일자리로 옮겨갔다.

그림 7-1   스웨덴 연대임금제와 적극적 노동시장정책의 원리

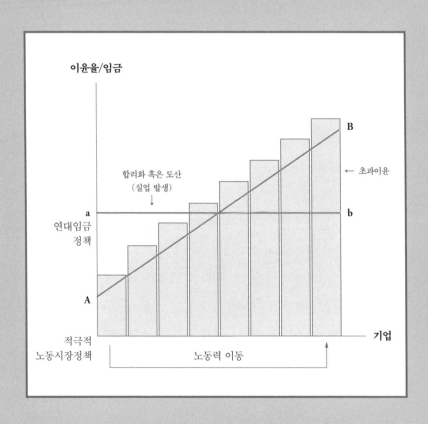

자료   미야모토 타로, 《복지국가 전략: 스웨덴 모델의 정치경제학》, 임성근 옮김(논형, 2004).

실업자에 대한 사후적인 실업급여 지급 조치를 '소극적' 노동시장정책이라 하고, 상향 재취업을 돕는 조치들은 '적극적' 노동시장정책이라 부른다. 적극적 노동시장정책은 스웨덴 복지의 상징이 되었다. 적극적 노동시장정책은 다른 북유럽 국가에도 전파되었고, 이제는 OECD에서 권고하는 노동시장정책의 표준이 되었다. 전통적으로 근로자의 소득보장을 강조했던 독일도 장기실업자의 노동시장 복귀를 촉진하기 위해 2000년대 초반 하르츠개혁Hartz Reform을 단행해 실업급여를 축소하고 적극적 노동시장정책을 강화했다. 그 밖에 많은 유럽 국가들이 장기실업자, 이민노동자, 경력단절여성, 청년 등의 직업능력을 배양해 취업가능성을 높이고, 실업자를 노동시장에 복귀시키고자 노력하고 있다. 적극적 노동시장정책은 이제 유럽을 넘어 미국과 한국에까지 전파되었다. 노동친화적인 사회복지정책의 대표상품이 된 것이다.

대한민국,
양극단의 노동시장

　　우리나라에서 노동력이 상품화되는 자본주의적 노동시장은 1912년 일제가 자신의 민법, 상법, 민사소송법 등 23개의 법률을 조선에 그대로 적용시키는 '조선민사령'을 시행하면서 등장했다. 일본과 동일한 경제활동이 식민지조선에서도 가능해지면서 근대적인 자본주의 시장경제와 노동시장이 형성되기 시작한 것이다. 물론 조선 말기인 18~19세기에도 상업을 통해 일정한 자본을 축적한 상인들이 농업·수공업·광업 부문에서 영리사업을 전개했고, 농업의 머슴, 광업의 용인傭人 및 수공업의 모작배募作輩 등이 금전적 보상을 얻기 위해 고용되어 일했다는 역사적 기록을 찾아볼 수 있다. 그런데 이들은 임금을 유일한 생활 원천으로 삼지 않았을 뿐 아니라 일정한 장소에서 집단적·지속적으로 일하지도 않았다. 근대적 임금노동자들로 구성되는 노동시장체제가 확립된 것으로는 볼 수 없다.[3]

1930년대 후반이 되자 공업생산액이 농업생산액을 앞지르게 되었고, 이와 더불어 근대적 공업노동자의 수가 빠르게 증가했다. 그러나 1938년만 해도 전체 인구 중에서 농업종사인구가 73.6%(1,666만 명)를 차지했고, 해방 후 1950년대까지도 대부분 자영농인 농업종사인구가 전체 노동인구의 3분의 2를 차지했다. 근대적 노동시장의 형성은 더뎠다.

그럼에도 1953년에 한국판 공장법이라고 할 수 있는 근로기준법이 제정되었다. 근로시간을 1일 8시간, 1주일에 48시간으로 제한했다(당사자 간 합의하에 60시간까지 근로 가능). 유급휴가, 재해보상, 해고 및 퇴직금 등에 대한 규정도 두었다. 1960년대 본격적인 산업화로 노동인구가 급격히 늘어났다. 1964년에는 산재보험도 도입되었다.

그러나 1970년 11월 13일 전태일이 "근로기준법을 준수하라"고 외치며 분신자살한 사건이 발생했다. 이 사건에서 알 수 있듯이, 법 규정과 달리 실제 현장에서 인간의 노동에 대한 보호는 미흡했다. 1970년대 한국노동자복지협의회에서 발행한 소식지《민주노동》에 수록된 국제상사 노동자의 수기를 살펴보자. 국제상사는 신발 제조로 재벌 반열에 오른 기업이다.

국제상사는 작업시간이 아침 7시 50분부터 저녁 6시 30분까지인데 이것은 형식상의 시간일 뿐이며 책임 작업량이라 하여 목표달성을 못하면 아침 조출과 연장근무가 허다하다. 철야만도 일주일에 2~5번 정도를 해야 하는데 가을에서 봄에 이르는 시기에는 월간 15회 이상의 철야를 강행하는 형편이다. 관리자들의 온갖 폭언도 가관이다. 하루에도 집합이 2~6번 정도 있는데 그럴 때마다 욕설과 잔소리를 들어야 한다./4

이렇듯 산업화 시기에는 근로기준법이 있어도 노동보호가 작동하지 않는 노동시장이 있는가 하면, 다른 한편으로 국가공무원법, 지방공무원법, 교육공무원법 등이 적용되는 안정적인 공공부문 노동시장도 존재했다. 1987년 민주화와 함께 노동3권, 즉 단결권·단체교섭권·단체행동권이 보장되었다. 근로기준법도 작동하기 시작했다. 1995년에는 고용보험제도가 도입되어 실업보상과 적극적 노동시장정책도 체계적으로 실시되었다. 그러나 노동시장은 점차 양분되기 시작했다. 고용안정성, 높은 임금, 우수한 근로조건을 보장받는 1차 노동시장. 그리고 불안한 고용관계, 낮은 임금에 시다리며 사회적 보호로부터 배제된 2차 노동시장. 공공부문과 대기업이 전자라면, 후자는 대다수 중소규모 사업장과 자영업자들로 구성된다.

어느 나라나 정도의 차이가 있으나 노동시장 내 분절이 존재한다. 노동력의 상품가치에 따라서만, 즉 직무능력에 따라서만 채용 여부, 임금, 근로조건이 결정되는 것은 아니다. 기업규모, 정규직/비정규직, 남녀, 내국인/외국인, 나이 등에 따라 동일한 직무능력을 갖고 있어도 임금, 근로조건, 복지혜택 등이 달라진다. 이는 동일(가치)노동-동일임금의 원칙에 어긋나는 일이다. 따라서 노동시장 내 차별을 금지하는 법과 단체협상 등을 통해 노동시장 내 분절을 해소하는 게 노동시장정책의 목표다. 노동시장 내 분절이 해소된다 해도, 노동력에 대한 수요와 공급에 따라 노동시장 내 양극화가 일어나기도 한다. 게다가 4차산업혁명이 진행되면서 고학력 전문인력과 단순노무인력의 임금격차는 크게 벌어지고 있다. 이런저런 요인으로 스웨덴을 포함해 어느 나라나 1차 노동시장과 2차 노동시장 사이의 간극이 점차 벌어지는 양극화 현상이 나타나고 있다.

노동시장 내 양극화가 진행되어도 평생교육, 직업훈련, 직업경험 축적 등을 통해 2차 노동시장의 노동자가 1차 노동시장에 진입할 수 있는 길이 크게 열려 있다면 노동시장은 건강하다. 그런데 1차와 2차 노동시장 사이에 이동이 원활하지 않다면, 즉 노동시장의 이중화labor market dualization가 진행된다면, 노동시장의 분절 이상으로 사회문제가 야기된다. 새로운 계급사회가 출현하는 것이기 때문이다. 안타깝게도 한국의 노동시

표 7-1　OECD 16개국의 비정규직에서 정규직 이동

(단위: %)

복지체제	국가	1년 후 종사상 지위			3년 후 종사상 지위		
		정규직	임시직	비고용	정규직	임시직	비고용
사민주의	덴마크	35.2	46.2	18.6	61.3	20.5	18.2
	핀란드	31.2	45.6	23.2	44.7	30.0	25.3
	사민주의 평균	33.20	45.90	20.90	53.00	25.25	21.75
보수주의	독일	46.6	38.5	14.9	60.0	23.5	16.4
	네덜란드	49.1	40.9	10.0	69.9	17.6	12.5
	오스트리아	55.9	35.3	8.8	67.5	22.6	9.9
	벨기에	45.0	49.3	5.6	71.4	23.2	5.4
	프랑스	18.1	52.1	29.9	45.3	30.6	24.1
	룩셈부르크	58.7	27.9	13.4	79.7	11.8	8.5
	보수주의 평균	45.57	40.67	13.77	65.63	21.55	12.80
자유주의	영국	51.9	29.9	18.3	63.4	15.1	21.5
	아일랜드	41.6	44.5	13.9	66.1	15.8	18.2
	자유주의 평균	46.75	37.20	16.10	64.75	15.45	19.85
남유럽	이탈리아	27.2	49.7	23.1	47.2	30.3	22.5
	스페인	29.1	52.4	18.5	46.0	37.5	16.5
	포르투갈	24.6	64.5	10.8	55.0	31.3	13.7
	그리스	28.3	49.1	22.6	36.0	47.8	16.2
	남유럽 평균	27.30	53.93	18.75	46.05	36.73	17.23
동아시아	일본	17.5	72.1	10.4	24.9	59.7	15.4
	한국	**11.1**	**69.4**	**19.5**	**22.4**	**50.9**	**26.7**

자료　OECD, Strengthening Social Cohesion in Korea(2013), p. 125의 표를 복지체제별로 재구성.

그림 7-2　한국의 중소기업 종사자의 3년 후 직장 이동

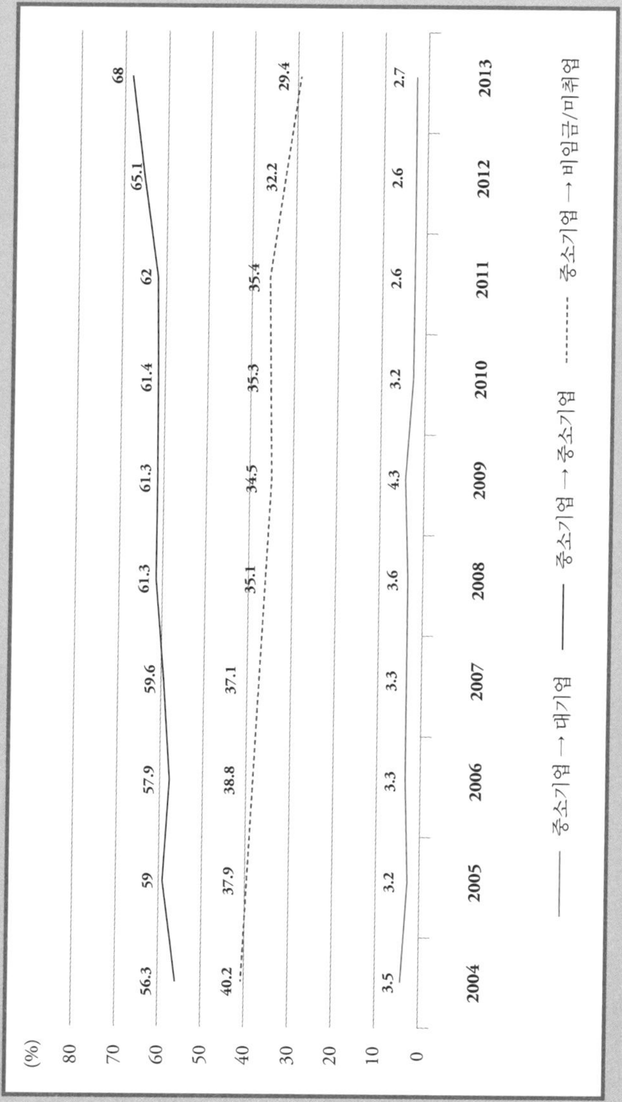
(%)
80
70
60
50
40
30
20
10
0
2004
2005
2006
2007
2008
2009
2010
2011
2012
2013
56.3
59
57.9
59.6
61.3
61.3
61.4
62
65.1
68
40.2
37.9
38.8
37.1
35.1
34.5
35.3
35.4
32.2
29.4
3.5
3.2
3.3
3.3
3.6
4.3
3.2
2.6
2.6
2.7
중소기업 → 대기업
중소기업 → 중소기업
중소기업 → 비임금/미취업

자료　전병유, "우리나라 노동시장 분절화의 구조와 시사점" 노동연구원 개원 30주년 기념 세미나 발표문(2018).

장은 그러한 조짐을 보이고 있다.

〈표 7-1〉은 시간제, 파견제, 기간제 등의 비정규직이 1년 후 그리고 3년 후 정규직으로 이동할 확률을 보여준다. 많은 나라에서 비정규직의 40% 정도가 1년쯤 후에는 정규직으로, 3년이 지나면 60% 정도가 정규직으로 이동하는 것을 볼 수 있다. 그러나 한국은 3년이 경과해도 22.4%만 정규직이 된다. 한 번 비정규직이면 영원한 비정규직이라는 말이 틀린 말은 아닌 것이다.

종사상 지위뿐만 아니라 사업체 규모별 이동성의 단절도 확인된다. 〈그림 7-2〉는 중소규모 사업체 종사자가 3년 후 어디에서 일하고 있는가를 나타낸다. 중소규모에서 대규모 사업체로 이동한 경우는 극히 드물다. 그나마 2009년 4.3%를 정점으로 2%대로 내려앉았다. 국민들은 안다. 첫 직장의 중요성을. 두 번째 기회란 없다는 것을. 첫 관문은 좋은 대학을 가는 것이다. 다음은 대기업 공채에, 공무원시험에, 공기업시험에 붙기 위해 젊음을 탕진하는 것이다.

우리 노동시장이
가야 할 길

노동력의 가치대로 보상받기

한국 노동시장의 문제를 어떻게 풀어야 할까? 먼저 노동시장 내 차별로 인한 분절과 이동성의 장벽부터 허물어가야 할 것이다. 노동의 가치에 따라, 또 노력한 만큼 보상받게 해야 한다. 자동차 오른쪽 바퀴는 정규직이 달고, 왼쪽 바퀴는 비정규직이 단다고 해서 임금이 크게 차이가 나서는 안 된다. 오른쪽 바퀴는 25년차 정규직이 달고, 왼쪽 바퀴는 1년차 정규직이 단다고 임금차이가 크게 벌어져서도 안 된다. 바퀴 다는 대기업 비정규직이 엔진 가공하는 중소기업 정규직보다 임금을 더 받는 것도 정상은 아니다. 노동의 가치, 직무의 가치가 제대로 보상받아야 한다. 그래야 노동시장이 정상화된다. 스웨덴 LO가 동일(가치)노동-동일임금의 원칙을 천명한 것은 인간의 노동력이 차별적 보상을 받아서는 안 되기 때문이다. 그런데 우리나라는 동일(가치)노동-동일임금이 작동하지 않고, 유난히 호봉급(연공급) 체계가 강한 나라다. 어떤 노동을 했느냐가 아니라 어느 기업에서 얼마나 오래 재직했느냐가 보상 수준을 결정한다.

〈표 7-2〉에서 확인되듯이, 한국은 연공급성이 가장 높은 나라다. 신입직원(재직기간 1년 미만)의 임금을 100으로 했을 때, 30년 재직자는 328.8, 즉 3.28배의 보상을 받게 된다. 그러나 유럽 15개 국가의 평균은 1.69배에 그친다. 직무가치보다 연공급성이 높으면 근로자 스스로 훈련과 학습을 통해 직무역량을 높일 유인이 없다. 생산성은 40대에 정점에 달한 후 하향곡선을 그리는데 임금은 높아진다. 세금으로 월급 주며 망할 염려가 없는 공공기관의 장은 개의치 않겠지만, 민간의 고용주는 임금만 비싼 중고령자를 어떻게든 내보내고 싶어 한다. 노조가 있는 대기업은 노조가 해고를 막아내거나 두둑한 명퇴금을 받아낸다. 노조가 없는 나머지 대다수 기업에서는 50대면 밀려난다. 퇴직금 받아 자영업에 뛰어드나, 이 또한 막막하다.

지금부터라도 호봉급에서 직무급이나 성과급으로 노동

표 7-2   근속연수별 임금격차 국제비교 (비농민 전 산업, 2010년)

(단위: 1년 미만 재직자 임금=100)

근속연수 국가	1년 미만	1~ 5년	6~ 9년	10~ 14년	15~ 19년	20~ 29년	30년 이상
유럽연합(15)	100.0	115.8	134.3	145.4	152.3	160.8	169.9
벨기에	100.0	113.5	126.3	134.9	140.9	151.5	148.8
덴마크	100.0	134.2	158.7	167.0	127.2	168.6	168.6
독일	100.0	127.6	159.2	172.8	180.5	197.7	210.2
아일랜드	100.0	87.7	96.8	110.1	124.4	138.6	143.1
그리스	100.0	112.6	125.9	142.8	160.0	181.3	212.2
스페인	100.0	114.3	127.9	141.8	156.2	175.9	190.6
프랑스	100.0	112.6	126.3	136.8	141.6	152.0	158.7
이탈리아	100.0	123.5	132.5	143.2	155.0	168.4	176.6
룩셈부르크	100.0	138.1	153.0	175.9	180.1	201.7	219.6
오스트리아	100.0	116.9	135.7	147.7	158.8	178.9	200.2
포르투갈	100.0	104.6	125.1	132.9	145.6	170.5	174.2
핀란드	100.0	113.8	122.3	128.5	129.3	126.3	123.3
스웨덴	100.0	114.8	120.0	122.1	118.4	114.9	-
영국	100.0	116.3	130.4	143.7	147.7	156.0	160.1
일본	100.0	125.9	145.9	165.9	195.5	234.1	246.4
한국	**100.0**	**137.7**	**178.8**	**212.3**	**250.0**	**288.1**	**328.8**

주   10인 이상 사업체 기준. 초과급여 제외, 월 임금총액 기준.
자료   한국노동연구원, 〈임금 및 생산성 국제비교 연구〉(2015), 24쪽.

력에 대한 보상체계를 바꿔나가야 한다. 그래야 노동자가 직무역량을 높일 유인을 갖고 상향이동을 도모하는 선순환이 시작된다. 고용주는 숙련된 노동력을 보다 오래 고용할 여유를 갖게 된다. 직무가치에 따라 보상이 이루어지면 정규직과 비정규직의 구분도 사실상 무의미해진다. 시간제라고 해서 임금단가가 터무니없이 떨어질 이유도 없다. 시간제가 오히려 개인의 자유를 증진시켜준다. 탄력적인 근무시간은 일-가정 양립을 돕고, 일-훈련/교육을 병행할 수 있게 해준다. 한국에서는 시간제가 기피 대상이지만, 노동운동의 역사가 깊고 힘이 강한 유럽에서는 시간제가 일반적인 노동형태 중 하나가 되고 있다. 2018년, 네덜란드의 경우 시간제 비중이 일반 정규직에 버금가는 37.3%에 달한다. 독일은 22%, 덴마크도 20%이다. 한국은 최근에 많이 늘고 있으나 아직 12.2%에 불과하다. 그나마 공공근로와 초단기 알바 같은 질이 좋지 않은 시간제 일자리만 늘었다.

우리나라에서 공무원, 공기업 그리고 대기업은 선망의 대상이다. 천국이다. 한번 들어가기만 하면 고용이 보장되고, 눌러앉아 있기만 하면 호봉급으로 임금이 자동으로 오른다. 헬조선은 이 천국에 들어가지 못한 대다수 사람들이 붙인 이름이다. 연공급성을 낮추고 어디에서나 노동력이 가치대로 보상받는다면 천국과 헬조선의 구분은 희미해질 것이다. 한 걸음 더 나아가서, 능력을 갖추지 못한 사람은 천국에서 나오게 하고, 직무능력을 갖춘 사람이 입성할 수 있게 해야 한다. 노동력의 순환이 이루어져야 한다. 아래는 인기 작가 장강명이 르포 소설 《당선, 합격, 계급》을 통해 날카롭게 지적한 한국 노동시장의 단면이다.

2017학년도 중등교사 임용시험 경쟁률은 10.73 대 1이었다. 영어 과목의 경우, 대부분의 시도에서 20 대 1이 넘었다. 부산에서는 경쟁률이 무려 54.5 대 1이었다. 울산과 경북에서는 아예 영어 교사를 뽑지 않았다. 부조리하지 않나… 뛰어난 실력과 열정을 갖춘 젊은이들이 그 문턱을 넘지 못해 좌절한다. 그런데 막상 학교에 있는 영어 교사들의 수준은 대단히 높다고 장담할 수가 없는 것이다. 채용 과정만 쪼일 뿐이지, 이미 현직에 있는 사람들의 실력에 대해서는 평가하지도 않는다. 내가 보기에는 이런 현상이 한국의 노동시장 전반에서 벌어지는 듯하다. 상당수 인기 있는 직군은 마치 성城과 같다. 벽은 높고 주변에는 해자가 둘러쳐져 있다. 그 성에 들어가려면 좁디좁은 성문을 통과해야 한다. 그런데 한번 성 안에 들어가면 밖으로 쫓겨날 우려 없이 편히 지낼 수 있다. 심지어는 '철밥통'이라는 소리까지 나온다. 성 밖에서 그 모습을 보는 사람들은 분통을 터뜨린다.[5]

한국 노동시장은 조선시대 과거제를 통한 계급사회의 모습과 유사해지고 있다. 성 안과 성 밖 사이에 보다 공평한 기회가 돌아갈 수 있게 순환이 이루어져야 한다. 이중화된 노동시장은 계급사회와 다름없다.

노동시장의 이동 촉진

노동시장 내 차별로 인한 분절과 이중화의 장벽을 낮추면서, 노동자가 맞이하게 되는 노동시장 내 이행과정에서 소득상실을 방지하고 되도록 상향이동할 수 있게 하려면, 기존의 노동시장정책을 재정비하고 필요하면 새로운 제도도 도입해야 한다.

첫째, 노동시장 내의 이동이 하향이동이 되지 않게 해야 한다. 대부분의 사람들은 여러 형태의 고용을 겪는다. 정규직에서 자영업으로, 기간제에서 정규직으로, 혹은 시간제에서 기간제를 거쳐 정규직이 되었다가 자영업으로 막을 내리기도 한다(〈그림 7-3〉의 I, 고용-고용 간 이동). 이때 정규직에서 다른 형태로의 고용이 끊임없는 추락이 되지 않게 해야 한다. 민간 대기업과 공공부문 정규직의 고용보호는 완화하고, 동일(가치)노동-동일임금의 원칙하에 연공급보다는 성과급이나 직무급 체계로 개편해나가면 성곽이 허물어지기 시작할 것이다.

그림 7-3   노동시장의 5대 이행 유형

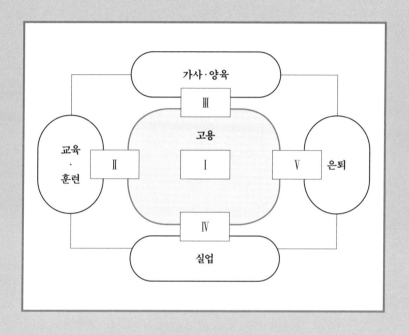

자료   Günther Schmid, "Transitional Labor Markets: A New European Employment
Strategy"(1998). Figure 1을 수정함.

성 밖으로 떨어지는 일 자체가 없어지는 첫걸음이 될 것이다.

둘째, 직무능력 향상을 위해 학교에서 직업세계로의 이동뿐만 아니라, 재직 중 교육과 훈련의 병행을 도와야 한다(〈그림 7-3〉의 II, 고용-교육·훈련-고용 간 이동). 4차산업혁명 시기, 기술변화에 맞춰 직무능력을 지속적으로 향상시켜 개인의 낙오를 예방하고, 나아가 상향이동 가능성을 높여야 한다. 재직자 훈련을 강화하고, 교육훈련을 사유로 한 자발적 실업에는 실업급여를 지급해야 한다. 교육훈련 때문에 근로시간이 단축될 경우, 소득상실분을 보상하도록 부분 실업급여제도의 도입도 필요하다.

셋째, 양육과 가사활동을 위해 근로를 잠시 줄이거나 중단할 때 페널티가 없게 하고, 반대로 근로 복귀는 원활하게 해야 한다(〈그림 7-3〉의 III, 고용-가사·양육-고용 간 이동). 그래야 여성의 경력단절을 막고 일-가정 양립을 도모할 수 있다. 육아휴직과 공보육 제공뿐만 아니라 근로시간을 신축적으로 줄일 수 있는 정규직 시간제의 활성화가 필요하다.

넷째, 고용상태에서 실업에 빠질 때 소득상실이 크지 않게 하고, 재취업할 수 있도록 도와야 한다(〈그림 7-3〉의 IV, 고용-실업-고용 간 이동). 정규직 노동시장의 연공급성을 완화해, 이직자(실업자)의 소득상실을 줄이고 실업급여도 소득비례로 주어야 한다. 재취업을 돕기 위해서 실업기간 중 교육훈련을 통해 직업역량을 높이고 상향이동할 수 있게 고용서비스가 제공되어야 할 것이다.

다섯째, 근로능력이 남아 있는 경우 점진적 은퇴가 가능하도록 고용–은퇴로의 이동을 관리해야 한다(〈그림 7-3〉의 V, 고용–은퇴 간 이동). 강한 연공급제하에서 고령자의 고용연장을 위해서는 임금피크제를 확대 적용하는 수밖에 없다. 또 점진적 근무시간 단축, 고령자 활용 보조직무 개발과 보조금 지급을 고려해볼 수 있겠다. 고령자를 고용하는 사회적 기업에 대한 지원 확대 및 최저임금의 연령별 차등 적용도 필요하다.

이렇듯 노동시장 내 이행과정에서 소득상실을 방지하고 상향이동할 수 있게 시스템을 정비하더라도, 사각지대에 빠진 노동자가 많다면 큰 문제다. 건강보험 방식대로, 사각지대에 놓인 노동자를 인별 관리하고 일반재정의 확대 투입을 통해 사각지대의 규모를 축소하는 노력이 병행되어야 할 것이다.

성공적인 자본주의 산업화로 우리나라에서도 임금노동은 가장 일반적인 생활수단이 되었고, 그 자체가 우리의 삶을 규정한다. 성공적인 민주화와 노동권의 신장으로 노동시장 내 폭력성은 사라져가고 있다. 선진국의 다양한 노동시장정책이 거의 다 도입되어 실시되고 있다. 그러나 우리만의 문제를 안고 있다. 노동시장 내 분절, 양극화, 이중화가 다른 나라에 비해 심하다. 먼저 노동시장의 이중성 문제를 극복해야 한다. 동시에 4차산업혁명, 초고령사회, 가족구조 및 인생설계의 변화라는 거대한 흐름에 적응할 수 있게 노동시장정책을 펼쳐야 한다.

2018년 2월에 독일의 대표적 산별노조인 금속노조IG Metall가 사용자단체와 맺은 단체협약의 정책 방향은 시사적이다./6 핵심은 노동자의 시간에 대한 통제권을 높여 일-가정 그리고 일-학습의 양립을 가능하게 한 것이다. 재직기간이 2년 이상인 노동자는 자녀양육과 교육훈련을 사유로 6~24개월의 기간 동안 주당 노동시간을 35시간에서 28시간까지 단축하여 근무하다가 전일제 업무로 복귀할 권리를 부여받았다. 근무시간이 줄어드는 데 비례해 임금은 깎인다. 그러나 사용자의 필요가 아니라 노동자의 욕구에 따라 근무시간을 조정할 수 있게 된 것은 의미가 크다.

독일 노동운동이 추구하는 목표는 무조건적인 노동보호가 아니다. 생활패턴과 기술변화가 야기하는 노동시장의 수요변화에 노동자들이 주체적으로 적응할 수 있는 제도적 기반 조성이 근본적인 목표다. 독일 산업의 경쟁력이 유지되고 국가경쟁력이 제고되어야 중장기적으로 일자리가 유지되고 노동자의 삶이 나아질 수 있음을 인정하기 때문이다. 한국이 처한 상황도 독일과 크게 다르지 않다. 정부와 노동자대표가 성 밖과 성 안의 문제를 해결하면서 미래도 대비하는 노동시장정책 마련에 나서기를 기대해본다.

출산 파업을
막을 수 있을까‥

돌봄 노동의 사회화

8

출산 파업! 별의별 파업도 다 있다 싶지만, 한국의 초저
출산 상황을 출산 파업보다 더 생생하게 표현하는 말이 있을
까? 2021년 출생아 수는 26만 명이다. '58년 개띠'부터 1971
년생까지 한 해 100만 명씩 태어났던 것에 비하면, 지금은
1/4 토막이 되었다. 여성 1명이 가임기간(15~49세)에 낳을 것
으로 기대되는 평균 출생아 수를 출산율이라고 한다. 남성은
아이를 못 가지니, 여성이 최소 2명을 낳아야 인구가 유지된
다. 그런데 출산율은 2021년이 0.81명, 2022년 3분기는 0.79
명이다. 대한민국에서는 이제 남녀 둘이 만나 1명을 낳거나
말거나 하는 상황이 되었음을 의미한다. 120년 후에 5,000만

인구는 1,000만 명으로 줄어든다. 2503년에는 단 1만 명만 남는다.

저출산은 사실 우리나라만의 문제는 아니다. 출산 파업은 정도만 다를 뿐, 지금의 선진 복지국가가 이미 경험했던 일들이다. 출산 파업의 원인과 이를 사회정책 차원에서 어떻게 극복할 수 있는지 살펴보자.

여성의 사회 진출이 낳은
새로운 사회적 위험

산업사회의 표준은 남성일인 생계부양자 모델Male Breadwinner Mode이었다. 쉽게 말해 남성 외벌이 모델이었다. 남성은 밖에 나가 돈을 벌어와 가족의 생계를 책임진다. 여성은 집 안에서 가사와 보살핌을 담당한다. 이 성별 분업에 있어 동서양의 차이가 생각보다 크지 않았다. 예를 들어, 1900년에 발효된 독일 민법을 보자. 기혼여성이 취업을 하려면 남편의 동의를 받아서 이를 고용주에게 제출해야 했다. 기혼여성이 법적으로 모든 가사 의무를 책임짐은 물론이었다. 가족을 "국가와 사회의 유지적 기초"이고 "도덕성과 교육의 근본"이 되는 "자연적 관계의 질서"로 보았기 때문이다. '엄마'의 취업은 자녀의 도덕성과 건강에 해로울 것으로 보았다. 옆 나라 네덜 란드 상황도 크게 다르지 않았다. 1957년까지 여성 공무원은 결혼하면 자동으로 해고될 정도였다. 가톨릭 문화가 강한 남부유럽은 더 말할 나위가 없었다.[1] 개인주의와 자유주의 성향이 강한 영미 앵글로색슨 국가나 북유럽에서도 1960년대까지는 남성 중심 외벌이 모델이 표준이었다.

이처럼 산업사회에서는 남녀의 역할 분업이 뚜렷했다. 남성은 여성에 우선해 교육받고 취직하여 돈을 벌어 가족을 부양한다. 외벌이 남성 가장이 실업이나 은퇴 등으로 소득활동을 못 하면 온 가족이 곤경에 처한다. 그러하기에 사회보장 또한 남성 가장에 대한 소득보장이 중심이 되었다. 실업급여와 연금을 남성 가장의 실업 전 소득에 비례해 두둑이 지급해야 했다. 그래야 아내를 비롯한 부양가족도 함께 살아갈 수 있다. 남편이 사망하면 유족연금이 나와서 아내가 생계를 유지한다. 과거 산업화 시대의 표준적인 삶, 표준적인 사회보장의 모습이다.

그런데, 시대가 바뀌었다. 여성도 남성 못지않게 교육을 받기 시작했다. 후기산업사회로 접어들면서, 지식기반경제Knowledge-based Economy가 도래했다. 과거처럼 제조업 공장에서 망치를 든 모습으로 상징되는, 남성의 완력이 필요한 시대는 지나갔다. 컴퓨터로 사무를 보거나 작업하는 시대가 되었다. 지식노동에는 성별에 따른 직업능력의 차이가 없다. 게다가 서비스산업의 발달로 여성 노동력에 대한 수요가 커졌다. 여성 고용이 급증했다. 개인주의와 페미니즘이 강한 미국도, 1960년대까지 여성 고용률은 남성의 반도 안 되었다. 1970년대와 1980년대를 거치면서 남성과 여성의 고용률 격차가 크게 줄어들었다(〈그림 8-1〉).

여성의 사회 진출로 여성은 경제적으로 독립된 자율적 성원이 되었다. 사회적으로는 이인 생계부양자 모델 Dual Breadwinner Model, 즉 맞벌이 모델이 종전의 남성일인 생계부양자모델을 밀어내고 표준이 되었다. 여성의 삶이 '남성화'masculinization되었다며 이를 비판적으로 보는 시각도 있다. 하지만 남성처럼 경제활동을 하는 여성의 증가는 여성해방과 남녀평등의 실질적인 기반이 되었다. 그런데 이러한 사회발전은 전에 보지 못한 새로운 사회적 위험New Social Risks을 낳았다. 다름 아닌 돌봄 노동의 공백이다. 과거에 여성은 엄마로서, 아내로서, 그리고 며느리로서 아이를 키우고, 노부모를 봉양하고, 장애가 있는 가족이 있으면 이 또한 돌보았다. 그러나 여성이 사회활동을 하게 되자, 당장 아이 돌봄에 비상이 걸렸다. 외부의 도움 없이 여성이 아이를 낳고 키우면서 직장생활을 병행하기는 사실 불가능에 가깝다. 결국 여성은 일과 양육 중에 하나를 선택해야 했다. 점점 많은 여성들이 아이 대신 일을 선택했다. 아이를 선택한 경우에도 1명만 낳았다. 개인의 선택은 출산 파업이요, 집합적 결과는 출산율의 하락이었다.

그림 8-1   미국 성별 고용률 변화 추이

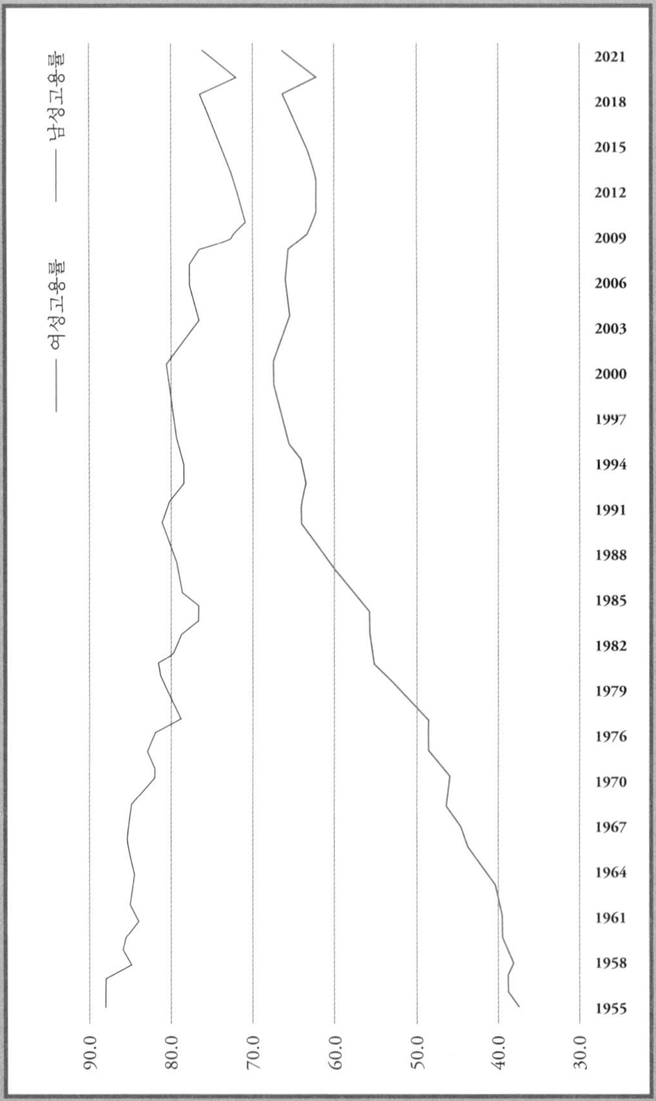

자료   OECD Labour Market Statistics.

출산 파업에 대한
새로운 사회정책적 대응

　　노동자들이 파업 자체를 좋아해서 파업을 하는 건 아니다. 여성들의 출산 파업 또한 그러하다. 많은 경우, 여성은 일을 하더라도 사랑하는 사람과 가정을 이루고 싶어 한다. 그것이 법률혼이든 아니면 파트너와 동거든. 남성 또한 마찬가지다. 그리고 부부의 희망 자녀수는 아들딸 하나씩 평균 2명 정도다. 그런데 개인의 희망사항을 이루기 힘든 사회가 되었다. 국가 입장에서도 저출산으로 인한 생산인구의 감소는 경제적으로나 공동체의 존립 차원에서나 방치할 수 없는 문제였다.

　　이 새로운 사회적 문제에 대해 크게 두 가지 방향에서 정책적 대응이 펼쳐졌다. 보수주의자들은 가정 내 자녀양육에 대한 지원을 통해 가족을 보호하고 출산을 장려하려 하였다. 육아수당 지급이 대표적인 정책이었다. 1983년 독일 기독교 민주당 정부의 청소년·가족 및 보건부 장관 하이너 가이슬러 Heiner Geissler는 "우리에게 가족노동과 자녀양육은 임금노동만큼 중요하다. 자녀양육은 임금노동과 유사한 방식으로 국가에 의해서 인정되어야 한다"라고 강조하며 육아수당과 자녀세액공제를 도입했다.[2]

가정 내 아이 돌봄에 대한 금전적 보상인 육아수당은 논쟁을 불러왔다. 사회민주주의자들은 육아수당이 여성들의 가정 내 육아를 유인하고 기존의 가족 내 노동분업을 강화시킬 것이라고 우려했다. 따라서 사회민주주의자들은 공보육을 중시했다. 여성이 일하러 나가고, 아이는 보육시설에서 돌봐주는 방식이다. 여성의 가정 내 양육을 지원하는 것이 아니라, 여성의 직장 생활이 가능하게 사회적 돌봄을 제공하는 것이다.[3]

사민주의 방식의 원조는 스웨덴이다. 스웨덴은 다른 나라보다 일찍 일하는 여성을 전제로 한 정책들, 즉 공보육과 유급육아휴직제도를 발달시켰다. 스웨덴은 초기 산업화가 한창이던 20세기 초 유럽에서 출산율 하락이 가장 가파른 나라였다. 인구 1,000명당 신생아 수를 의미하는 조출산율이 1880년 30.32였지만, 1935년 14.1로 떨어졌다. 출산율 하락은 '종족 자살'로 불리며 큰 사회적 이슈가 되었다. 스웨덴의 보수주의자들은 피임기구 판매 금지, 가족주의의 부활, 독신세 부과 등을 해법으로 제시했다. 그러나 사민당 정부는 시대를 앞서 일·가정 양립을 목표로 한 가족정책과 노동시장정책을 펼쳤다.[4]

사민당 정부의 사회정책적 대응에는 뮈르달 부부Alva and Gunnar Myrdal의 역할이 컸다. 특히 이들이 1934년에 출간한 저서 《인구문제에서의 위기Kris i befolkningsfrågan》가 사회적으로 큰 반향을 불러일으켰다. 뮈르달 부부는 종족 자살에서 벗어나기 위해서는 보수주의자들과는 달리 양육을 사회적으로 책임져야 한다고 역설했다. 아이 출산은 사회적으로 바람직한 외부경제external economies를 낳는다. 예쁜 아기를 낳아 키우는 일은 공동체가 필요로 하는 생산인력을 공급하는 일이기도 하기에 아이를 갖지 않는 사람도 혜택을 입는다. 자기 돈 벌려고 양봉을 하지만, 꿀벌들이 날아다니며 열매를 맺게 해주면 과수원부터 농사짓는 모든 사람들이 혜택을 받는 것과 같은 이치다. 따라서 뮈르달 부부는 출산과 양육 비용을 개별 가정의 책임에만 맡겨서는 안 된다고 주장했다. 그리고 기혼여성이 출산으로 일을 그만두게 해서도 안 된다고 보았다. 여성도 경제적으로 독립할 수 있어야 여성의 지위가 향상될 것이라고 믿었기 때문이다. 그리고 보다 많은 사람이 나가서 일을 할 수 있어야 생산인구 감소로 인한 노동력 부족 문제도 해소할 수 있다고 보았다. 공동체의 생산력을 유지·발전시키기 위해서 더

많은 여성 노동력의 노동시장 참여가 필요하다고 본 것이다./5

1932년 집권해 이후 내리 44년간 스웨덴을 이끈 사민당 정부는 뮈르달 부부가 제시한 해법을 시행에 옮겼다. 공보육, 노인요양 등 사회서비스를 선도적으로 도입했다. 전통적인 사회에서 여성이 도맡았던 돌봄 노동을 사회화한 것이다. 소득 대체율이 77%에 달하는 육아휴직급여를 제공하고, 교육비와 아동 의료비는 무상화하였다. 일하는 여성을 보호하고, 양육 비용을 대폭 낮춘 것이다. 스웨덴 방식은 표준이 되었다.

보수주의적 성별분업을 원칙으로 했던 독일도 2005년 기민당CDU, 기사련CSU 그리고 사민당SPD의 대연정 내각이 들어서며 가족정책에 대수술을 단행했다. 스웨덴 모델에 기반한 변화를 시도한 것이다. 2007년 양육수당을 폐지하고 근로소득 대체 개념의 육아휴직급여인 부모수당Elterngeld을 도입했다. 보육시설의 인프라 확장을 통해 만 3세 미만 아동에 대한 공보육도 크게 확대하였다. 정책 효과는 즉각적이었다. 여성 고용률 증가와 출산율 반등이라는 두 마리 토끼를 잡았다. 여성 고용률은 2005년 59.6%에서 2020년 73.2%까지 뛰어올랐다. 2005년 1.34였던 출산율은 일하는 여성이 늘어났음에도 떨어지지 않고 오히려 반등하여 2016년에는 1.6까지 올랐다.

가족정책의
최상 믹스

독일의 출산율 증가를 사회정책의 효과로만 해석하기에는 무리일지 모른다. 그러나 사회정책적 변화가 없었다면 반등의 기회를 갖기 어려웠을 것이다. 이제 많은 나라에서 남자와 여자의 교육 수준에 차이가 없다. 오히려 여성들의 교육 성취도가 더 높은 경우도 많고, 사회진출도 활발하다. 그렇다고 출산율이 더 떨어지지도 않는다. 일하는 여성에 대한 사회문화적 수용성이 높아졌고, 일과 아이 돌봄을 지원하는 사회정책이 발달하였기 때문이다. 적어도 선진국에서는 여성의 교육, 사회진출, 그리고 출산율의 관계가 전과 달리 부정적이지 않다. 일·가정 양립의 "새 시대New Era"가 열린 것이다.[6]

     8 출산 파업을 막을 수 있을까: 돌봄 노동의 사회화

새 시대를 연 사회정책의 효과는 탈가족화Defamilialization
로 나타났다. 탈가족화란 육아와 노인부양 등을 사회화하여
전통사회에서 당연시되었던 가정 내 여성의 돌봄 노동을 줄이
는 경향을 말한다. 보살핌을 받는 자(아동이나 노인)의 입장에
서 보면, 탈가족화는 가족에 의존하지 않고 살아갈 수 있는 것
을 뜻한다. 여기서 가족은 실상 여성(엄마, 며느리 등)을 의미하
는 것으로 이해해도 된다. 유아기에 엄마에게 의존하지 않아
도 커갈 수 있다면 탈가족화 혹은 탈가족의존화 정도가 높다
할 수 있다. 거동이 불편하거나 치매에 걸린 노인은 이제 요양
원에서 보살핌을 받는다. 아이는 어린이집에서 보살펴 준다.
그러나 아이 양육은 공보육만으로 해결되지 않는다. 나양한
정책적 개입이 필요하다. 다시 스웨덴 모델을 예로 들어보자.

스웨덴은 탈가족화 정책뿐만 아니라 탈상품화와 성평
등 정책, 나아가 재가족화Refamilialization 정책을 적절히 배합해
일·가정 양립을 돕고 출산율 제고를 꾀하고 있다. 먼저 0세아
는 엄마와 아빠가 돌아가면서 집에서 돌보게 한다. 부모보험
제도를 통해서다. 정부는 부모보험에서 육아휴직자에게 390
일 동안 기존 소득의 77.6%를 부모수당으로 지급해준다. 월
급여 상한액은 한화로 370만 원가량 된다. 실업자나 학생 등
부모보험에 가입되지 못한 부모도 월 90만 원가량을 정액으
로 받는다. 사회보험 형식이지만 사각지대가 없는 것이다.

한편 부모 중 한쪽 성sex, 즉 여성만 육아휴직을 쓰게 되

면, 390일이 아니라 300일만 쓸 수 있다. 아빠가 육아휴직을 받아 육아에 나서야 90일이 연장되어 총 390일이 된다.[7] 남자도 육아에 나서라는 뜻이다. 육아휴직 기간에 어린이집 이용은 원칙적으로 금지이다.

한마디로 부모보험의 취지는 돈 걱정 말고 육아휴직을 받아서 갓난아이는 집에서 키우다가 다시 직장으로 돌아오라는 것이다. 그리고 되도록 여성 혼자 키우지 말고, 남성도 함께 키우라는 말이다. 2018년 스웨덴의 육아휴직 사용률은 92%에 달한다. 육아휴직자 중 남성은 45.9%를 차지한다. 여성은 54.1%로, 별반 차이가 없다. 물론 전체 사용일 기준으로 하면, 여성이 70%를 사용한다.[8] 여전히 아이 돌봄이 여성 편중적이라고 할 수 있다. 하지만 모유 수유 등을 감안할 때, 여성과 남성의 육아휴직 사용일이 동등해지기는 쉽지 않다. 어찌 되었든 우리와 비교해 볼 때, 육아에 있어 스웨덴의 성평등 정도는 매우 높다고 평할 수 있겠다.

0세아는 부모가 집에서 직접 키우도록 제도 설계가 되어 있는 반면, 만 1세부터는 어린이집에서 키운다. 우리와 달리 어린이집 이용에 본인부담금이 부과되나, 아동수당을 받는 것으로 충분히 비용 충당이 가능하다. 사실상 무상보육이다. 단, 부모가 직장에 다니거나 학생인 경우에만 그러하다. 부모 중 한 명이라도 전업주부인 경우, 주당 15시간, 즉 평일 하루 3시간만 무상보육이다. 공보육은 일하는 부모를 위해,

　　　　　　　8 출산 파업을 막을 수 있을까: 돌봄 노동의 사회화

즉 일·가정 양립을 위해 존재함을 뜻한다.

정리하자면, 스웨덴에서는 0세아 부모에게 높은 수준의 육아휴직급여라는 탈상품화정책을 제공한다. 이는 일을 잠시 쉬고 집에서 갓난아기를 키우게끔 하는 재가족화 정책이기도 하다. 엄마 젖을 떼고 아장아장 걸을 만한 1세아부터는 공보육이라는 전형적인 탈가족화정책이 시행된다. 이 밖에도 만 15세까지 월 15만 원가량의 아동수당이 지급되고, 치과 교정까지 의료비는 전액 무료이다. 아이 키우는 데 경제적 부담은 최소화하고, 여성의 경제활동을 도우며, 남성의 육아 참여를 유인하도록 정책 설계가 되어 있는 것이다.

미국식
자유주의 경로

    육아휴직급여와 공보육이란 두 기둥으로만 일·가정 양립이 이루어지는 것은 아니다. 다른 경로도 존재한다. 〈그림 8-2〉를 보자. 미국은 2009년까지 합계출산율이 2.0을 넘으며 유럽의 어떤 나라보다도 높은 출산율을 자랑했던 나라다. 지금도 스웨덴이나 프랑스 수준의 출산율을 보인다. 그런데 미국은 가족정책이 발달한 나라가 아니다. 유급 육아휴직급여뿐만 아니라 법정 육아휴직제도 자체가 없다. 공보육 제도 또한 없다. 아동수당도 없다. 물론 일부 주정부 혹은 기업 차원에서 가족정책이 시행되고 있다. 그리고 연방정부가 아동이 있는 저소득 가구에 한시적으로 공적부조를 제공한다든지, 근로장려세제를 통해 자녀가 있으면 더 많은 근로장려금을 지급하긴 한다. 그러나 유럽 복지국가에서 일반적으로 시행되는 일·가정 양립을 돕는 사회정책이 부재하다. 그런데도 출산율이 높다. 왜일까?

남미 출신 이민자, 즉 히스패닉의 높은 출산율이 전체 출산율을 끌어올리고 있다. 2020년 백인 여성의 출산율은 1.55인 반면, 히스패닉의 출산율은 1.88이다. 남미 출신 이민자의 비중이 커질수록 출산율은 오르는 구조다. 그러나 이것만으로는 설명이 안 된다. 백인 여성의 출산율만 해도 1.5가 넘는데, 법정 육아휴직 제도도 없고, 일·가정 양립정책도 전무하다. 우리보다 두 배나 높은 출산율은 어떻게 가능한가? 여성 고용률이 낮지도 않은데 말이다.

비밀의 열쇠는 개별 고용관계에 근거한 유연한 노동시장에 있다. 일·가정 양립이 가능하게 근로 일자와 시간 결정이 가능하다. 미국에서는 일반적으로 개인의 성과와 보상에 기반한 개별협상을 통해 임금과 근로조건이 결정된다. 임신, 출산, 양육을 고려해 근무시간과 임금이 개별적으로 협상되고 결정된다. 재택 등 근무형태도 비교적 자유롭다. 노동시장이 유연한 만큼, 휴직이 아닌 퇴직을 하더라도 재취업에 오랜 시간이 걸리지 않는다. 이중화된 노동시장이 아니어서, 경력단절 여성이라고 비정규직만 맴돌지 않는다. 노동시장에서 경쟁력을 갖춘 대졸 전문직 여성은 대체로 커리어냐 아이냐 하는

그림 8-2   OECD 국가의 출산율 추이

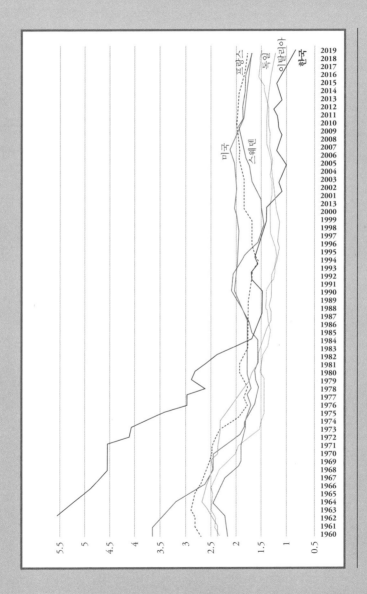

자료   OECD Family Indicators.

양자택일의 상황에 심각하게 내몰리지 않는다. 게다가 지불능력을 갖춘 중산층 가정은 가사노동과 아이 돌봄 문제를 '값싼' 이민노동을 구매해 해결할 수 있다.[19]

미국식 자유주의 경로는 네덜란드에서도 일부 발견된다. 네덜란드는 육아휴직제도도 있고 공보육도 존재하나, 스웨덴이나 프랑스만큼 높은 수준은 못 된다. 둘 다 유럽 평균 이하이다. 그러나 2000년대 내내 1.5~1.8 수준의 준수한 출산율을 보이고 있다. 네덜란드의 일·가정 양립과 출산율 유지는 사회정책보다는 노동시간의 자유로움에서 비롯되는 것으로 분석된다.

2021년 네덜란드의 여성 고용률은 76.6%로 OECD 평균 60.4%를 크게 웃돈다. 매년 OECD 1, 2위를 다툴 정도로 높다. 그런데 여성 고용의 54.7%가 파트타임이다. 여성 고용이 시간제인 비율이 OECD에서 압도적으로 1위이다(남성 고용이 시간제인 비율도 1위다). 흥미로운 점은 파트타임 근로자 중 비자발적 파트타임 근로자가 2.9%에 불과하다는 사실이다.

네덜란드에서 시간제는 대부분 우리식으로 말하면 정규직 파트타임이다. 네덜란드에서는 근로자에게 시간통제권이 있다. 교육훈련과 육아의 사유가 발생하면, 근로자는 전일제 근무에서 시간제 근무로의 변경을 고용주에게 요구할 수 있다. 이는 법으로 보장된 근로자의 권리이다. 시간제 근무로 바뀌어도 직장에서의 자리와 사회보장 권리는 그대로 유지된다.

단, 시간비례의 원칙이 적용되어 임금과 사회보장 급여가 근로시간이 단축되는 만큼 줄어들 뿐이다. 따라서 육아기 내내 신축적으로 근로 날짜와 시간을 조정할 수 있다. 일·가정 양립을 유연한 근로시간 조절을 통해 달성하고, 공보육 등 사회정책이 이를 돕는 형태이다.

다시 〈그림 8-2〉를 보자. 독일은 보수주의적 가족정책에서 스웨덴형으로 뒤늦게나마 사회정책을 발전시켰다. 여성 고용률이 오르고, 출산율도 올랐다. 반면 출산율이 낮은 수준에서 정체 내지 하락하고 있는 이탈리아는 공보육 등 사회서비스가 아직 충분히 발달하지 못했다. 아동수당이나 육아휴직 급여 같은 출산 가정에 대한 소득보장정책도 부실하다. 게다가 노동시장이 경직적이고 또 이중화되어 있다. 파트타임은 나쁜 일자리이고, 대부분 비자발적으로 선택된다. 출산율이 낮은 이유가 다 있다.

남 걱정할 처지가 못 되는
한국, 탈출구는?

앞의 〈그림 8-2〉를 보면, 출산율 하락 문제가 가장 심각한 나라는 단연 한국이다. OECD 선진국의 출산율이 모두 1960년대에 크게 하락한다. 그러나 1970년대에 들어 프랑스, 스웨덴, 미국은 출산율이 1.7에서 2.0 사이를 횡보하며 선방하고 있다. 독일, 이탈리아, 한국이 2000년대 초반 1.3 수준에서 서로 누가 더 낮은지 도토리 키재기를 하다가, 독일의 출산율은 반등해서 1.6 수준으로 올라가고, 이탈리아는 그대로, 한국은 2016년을 기점으로 뚝 떨어져 1.0 이하를 기록하고 있다. 급기야 2022년에는 0.78이 되었다.

전쟁이나 대기근이 닥치지 않은 상황에서 1.0 이하의

출산율은 인류 역사상 유례가 없다고 한다. 저출산의 심화에 따라, 먼 미래가 아닌 2040년이 되면 대한민국의 생산인구는 2021년 3,703만 명에서 851만 명이 감소한 2,852만 명이 되고, 반대로 노인인구는 전체인구의 16.6%(1,004만 명)에서 34.4%(2,268만 명)로 급속히 늘어난다. 초중고 학령인구는 현재의 50% 수준으로 떨어지고, 병력자원도 2021년 현재 32만 명에서 2040년 16만 명으로 반토막이 난다. 2040년 이후 상황은 더 극적으로 나빠진다. 2060년대가 되면, 현재 생산인구 5명에 노인 1명이던 것이, 1:1이 된다.

생산인구의 급격한 감소 문제에는 이민자를 대폭 받아들이며 대응하면 될 것이다. 이민 사회가 낳을 새로운 사회적 문제는 차지하고, 희망 자녀 수만큼 아이를 갖지 못하는 상태를 계속 방치할 것인지 심각하게 고민해야 한다. 그런데 우리 사회는 일반 시민부터 국가 정치 지도자까지 모두 자포자기한 것처럼 보인다. 한 신문 기사 제목을 보자. "269조 쏟아부었는데… 저출산 대책 '백약이 무효.'"[10] 과연 그런가? 일·가정 양립을 위한 정책적 노력을 열심히 펼쳤는데, 결과가 빵점인가? 필자의 대답은 '아니올시다'이다. 우리는 제대로 예산 투입을 해본 적도, 제도 개혁에 나선 적도 없다.

먼저 매년 저출산 대책에 수십조 원씩 쏟아붓는다는 말은 사실이 아니다. 2021년 한해 '저출산·고령사회 기본계획' 기준 저출산 대응 사업예산은 43조 원이다. 그러나 향후 원금을 회수하는 신혼부부나 청년층을 대상으로 한 부동산 관련 임대·융자 사업예산이 그중 24조 935억 원으로 56.1%를 차지한다. 저출산과 직접 관련이 없는 일반 고용지원이나 취업 훈련 사업예산도 3조 9,183억 원이다. 게임산업 육성(78억 원), 만화산업 육성(40억 원), 관광 활성화 기반 구축(126억 원)이나 인공지능 융합형 기술인력 역량 강화(50억 원) 같은 저출산 대책과 거리가 먼 사업도 포함되어 있다. 43조 원 중에 출산·난임 지원과 양육과 보육 및 가족정책 지출 등 저출산에 직접 관련된 예산은 13조 9,614원으로 32.5%만을 차지한다.[11]

13조 원도 큰돈인 것은 분명하다. 그러나 선거 때마다 인상되는 기초연금 인상액에 비하면 큰돈도 아니다. 당장 2022년 여·야 대선 공약대로 기초연금이 월 30만 원에서 40만 원으로 10만 원 인상되면 한해 8조 5천억 원이 추가로 든다. 노인인구가 기하급수적으로 늘어나니, 그 추가 비용 또한 크게 늘 것이다. 대한민국의 미래를 살피는 양 저출산 예산은 뻥튀기 해놓고, 정작 자원 배분은 단기 선거용이 우선한다. 2020년 21대 총선을 보름 앞둔 3월 30일에 가구당 100만원 씩 지급하겠다고 약속한 긴급재난지원금도 그러하다. 문재인 대통령이 "재난지원금으로 소고기 사셨다니 가슴 뭉클"했다는 이 일회성 지출에 정부는 14조 3천억 원을 썼다.[12]

국제 비교를 해보아도, 한국의 가족정책 지출은 매우 낮다. 한국은 2018년 현재 가족정책에 대한 공공사회지출이

GDP 대비 1.2%로, 스웨덴 3.39%, 프랑스 2.85%, 영국 3.23% 등에 비해 1/3 정도 수준이다. OECD 평균 2.12%에 비해서도 1/2 수준에 불과하다. 우리는 저출산 대책에 천문학적인 예산을 투입해본 적이 전혀 없다.

한국은 그간 저출산 대책으로 공보육에만 의존했다고 하여도 과언이 아니다. 실제로 0세아와 1세아 영아의 취원율은 OECD 국가 중 최고이고, 3세아 취원율도 94.1%로 공보육이 발달한 북유럽 수준이다. 그런데 앞서 스웨덴이나 독일의 예에서 보듯, 사회정책 차원에서 출산율을 끌어올리려면 공보육만으로는 안 된다. 공보육과 소득보장의 쌍두마차를 가동해야 한다. 아이를 낳게 되면 일을 그만둬야 해 실업자와 별반 다르지 않게 되고, 아이를 키우느라 전에 없던 가계지출이 추가로 발생한다. 금전적으로 이중고다. 그런데 우리는 소득보장에 매우 인색하다.

한국에도 출산·육아기 소득보장제도로 고용보험에서 모성보호사업이 실시되고 있다. 출산전후휴가급여와 육아휴직급여가 지급된다. 그러나 고용보험의 사각지대가 넓어, 수급권을 가진 사람이 매우 제한적이다. 게다가 수급권이 있어도 육아휴직을 실제로 사용하는 사람이 많지 않다. 사용한다고 해도 직장 복귀를 서두른다. 회사 눈치가 보여 그러기도 하지만, 소득 상실에 대한 염려 때문이기도 하다. 육아휴직급여로 받을 수 있는 최대 급여액이 월 150만 원에 불과하다. 육아휴직을

8 출산 파업을 막을 수 있을까: 돌봄 노동의 사회화

하면 실업자와 동일한 상황이 되는데도, 실업급여 하한액 189만 원보다 40만 원가량이나 낮다. 이런 상황에서 월급이 상대적으로 높은 배우자(보통 남성)가 육아휴직을 사용하는 것은 비합리적이다. 그래서 일반적으로 소득이 낮은 배우자(보통 여성)가 쓴다. 여성은 물론 남성의 육아휴직 사용률도 100%에 육박하는 스웨덴과 너무나 대조적인 상황이다.

사회정책 외에도 노동시장정책 측면에서도 아이를 갖고 싶은 만큼 가질 수 있게 해주어야 한다. 박근혜 정부에서 시도하다 중단된, 소위 정규직 시간제의 확대 등 노동시간의 유연성 제고를 위한 노력이 병행되어야 한다. 아동에 대해서는 무상의료를 제공하거나 적어도 암 환자 수준의 낮은 본인부담금만 받아야 할 것이다. 보다 질 높은 공보육과 공교육을 실시해, 사교육비도 흡수할 수 있어야 한다. 아이 낳고 돈 걱정, 직장 걱정하지 않게 해야 한다.

현대 복지국가는 사회서비스를 포함해 가족정책을 크게 발전시켰다. 과거 복지국가는 노동자가 실업, 은퇴, 산업재해 등으로 노동능력을 상실했을 경우 소득보장만 잘해주면 되었다. 이때의 소득보장은 다름 아닌 남성 가장에 대한 소득보장이었다. 그러나 이제 맞벌이 시대다. 출산과 육아기 소득상실에도 소득을 보전해준다. 이때의 주 정책대상자는 여성이다. 돌봄도 엄마와 가족에게만 맡기지 않는다. 공보육을 통해 책임을 나눠 가진다. 양육비도 사회적으로 공동부담한다. 노동시간이나 노동시장의 진출입도 유연하게 가져간다.

아동에 대한 투자, 여성의 경제활동을 돕는 정책 비용은 중장기적으로 볼 때 투자한 만큼 회수가 가능하다. 이 비용을 아끼면, 당장 경제활동인구가 줄어들고, 생산인구 감소도 막을 수 없다. 경제와 복지의 선순환 구조의 핵심 고리는 여성과 아동에 대한 사회적 투자이다. 북유럽 복지국가가 강점을 보이는 부분이다.

2023년 윤석열 정부에서 부모급여제도가 도입되었다. 고용보험에 가입되어 있지 않아도 아이가 태어나면 누구나 지급 받는다. 2023년에는 월 70만 원, 2024년부터 월 100만 원씩 1년간 지급된다. 육아기에 부족했던 소득보장 수준이 크게 개선될 것으로 기대된다. 공보육에만 치중했던 우리나라 가족정책이 균형을 이루며 발전할 수 있게 되었다.

그러나 부모급여 제도 하나 도입되었다고 해서 우리나라의 초저출산 문제가 단박에 풀리지는 않을 것이다. 남녀가 함께 돌봄을 책임지는 문화가 아직 서구에 비해 약하기 때문이다. 가족정책의 강화와 함께, 직장 내 육아에 대한 포용적인 분위기, 남성의 가사분담이 당연시되는 문화, 남녀 간의 법정혼이 아니더라도 다양한 결합 형태를 인정하는 법제도, 그리고 주거비와 교육비의 안정 등이 함께 어우러져야 한다.

법과 제도를 개혁하고 문화를 바꾸는 것은 쉽지 않은 일이다. 그러나 현재 0.7대인 출산율이 1.19로 반등한다고 가정해도 727년 뒤에 한국인은 '멸종'한다.[13] 1930년대 뮈르달이 우려했던 스웨덴의 '종족 자살'이 한국에서 현실화되게 생겼다. 출산율을 최소 OECD 평균인 1.6까지는 반등시키는 것을 목표로 삼고, 가족정책을 둘러싼 법·제도와 문화 개혁에도 범국가적인 노력을 펼쳐야 한다.

　한 가지 더. 앞으로 출산율이 1.6으로 올라도, 현재 유아·청소년인구에 난 거대한 구멍은 메워지지 않는다. 개방적 이민사회로 변신하지 않을 수 없다. 다문화 사회의 국민통합에도 힘을 쏟아야 할 때이다.

미래 사회보장의

대안?··

기본소득

9

기본소득basic income이 부쩍 많이 회자된다. 2016년에 스위스에서 1인당 월 2,500프랑(약 300만 원)짜리 기본소득의 도입 여부를 놓고 국민투표를 실시한 것이 화제가 된 바 있다. 이후 2017년에 핀란드에서 중앙정부 차원에서는 처음으로 2,000명의 장기실업자에게 기본소득을 지급하는 정책실험을 실시해 또다시 화제가 되었다. 2019년에는 미국에서 대선 후보 앤드루 양Andrew Yang이 모든 국민에게 월 1,000달러씩 기본소득을 제공하겠다는 공약을 내세워 언론의 주목을 끌었다. 결과적으로 스위스 국민투표에서는 기본소득 도입이 부결되었고, 핀란드에서도 기본소득 정책실험이 중단되었다. 앤드루

9 미래 사회보장의 대안?: 기본소득

양도 군소 후보 중 한 명으로 민주당 대선 라운드 중 중도하차했다. 그러나 기본소득이 하나의 정책 아젠다로 부상한 것만은 분명한 것 같다.

한국도 예외가 아니다. 기본소득에 대한 관심이 높다. 실제로 2022년 20대 대통령선거 당시 민주당 대통령 후보였던 이재명이 경기도지사 시절 청년배당 같은 일종의 기본소득 정책을 실시하였고, 대선공약으로 전국민기본소득을 약속하기도 하였다. 기본소득을 향한 청년 활동가들의 기대도 무척 크다. 기본소득이란 무엇일까? 왜 뜨거운 화두가 되었을까? 기본소득이 미래 사회보장의 대안이라는데, 과연 합당한 얘기인지 알아보자.

기본소득이란

기본소득에 대한 정의는 다양하다. 그러나 전 세계적으로 기본소득 도입 운동을 전개하고 있는 '기본소득 지구네트워크Basic Income Earth Network(BIEN)'의 정의가 일반적으로 받아들여진다. 이들에 따르면 기본소득은 "모든 국민을 대상으로 소득 및 자산, 노동시장 참여 여부와 관계없이 일정한 금액이 정기적으로 현금 형태로 개인에게 지급되는 것"으로 정의된다.[1] BIEN은 기본소득의 다섯 가지 요소를 제시하고 있다. 첫째, 모든 국민을 대상으로 가구가 아닌 개인individual에게 지급. 둘째, 노동시장 참여를 전제조건으로 하지 않는 무조건적unconditional 지급. 셋째, 정기적으로 일정 금액을 지급하는 주

9 미래 사회보장의 대안?: 기본소득

기적periodic 지급. 넷째, 서비스나 물품 같은 현물이 아니고 특정 상품과 서비스 구매만 가능한 바우처도 아닌, 현금급여cash payment로 지급. 다섯째, 자산조사 없이 모든 사람에게 보편적universal 지급이 그것이다. 기본소득은 다시 급여 수준에 따라, 모든 개인이 생계 유지를 넘어 사회·문화 활동에 참여할 수 있는 충분한 금액이 지급되는 '완전기본소득full basic income'과 이에 미달되는 '부분기본소득partial basic income'으로 구분된다.[2]

현재 지구상에서 이 다섯 가지 요소를 모두 갖춘 기본소득제도는 찾아보기 어렵다. 게다가 완전기본소득은 존재하지 않는다. 경기도에서 만 24세 청년에게 총 100만 원어치 지역화폐로 지급하는 청년기본소득도 BIEN의 기본소득 정의에 부합하지 못한다. 모든 사람에게 보편적으로 지급하는 것도 아니고 현금도 아니기 때문이다. 아마도 미국 앤드루 양의 공약이 실현되거나 스위스에서 기본소득이 국민투표를 통과했다면 (완전)기본소득에 가장 근접했을 것이다.

그럼에도 필자는 경기도 청년기본소득을 기본소득이라고 부를 수 있다고 본다. 그 이유는 기본소득 정의의 핵심 요소라 할 수 있는 두 번째 요건, 즉 노동시장 참여를 전제조건으로 하지 않는 무조건적 지급에 해당하기 때문이다. 사실 나머지 네 개는 주변적인 요건이다. 기존 사회보장의 원리와 크게 충돌하지도 않는다. 노령연금이나 아동수당처럼 소득조사나 자산조사 없이 현금으로 개인에게 보편적으로 지급되는 경우를 어렵지 않게 찾아볼 수 있다. 그러나 어린이, 노인, 장애인이 아닌 '근로가능'인구의 사회적 위험 발생 여부나 소득 수준을 따지지 않고 또 노동시장 참여를 전제조건으로 하지 않으면서 지급되는 현금성 급여는 그전까지는 없었다. 경기도의 청년기본소득은 이런 점에서 기존 복지국가의 사회보장 원리와 정면으로 충돌한다.

2장에서 논했듯이, 현대 복지국가의 소득보장제도는 근로·소득활동을 전제로 만들어져 있다. 근로연령대 인구에 대한 현금성 복지급여는 근로활동을 못하는 상황에 빠졌을 때, 그리고 소득활동을 해도 소득이 너무 낮을 때만 제공된다. 실업을 당했을 때, 출산이나 양육 때문에 회사를 못 나갈 때, 은퇴해서 더 이상 소득이 없을 때, 산업재해를 당해 노동력이 상실되거나 제한될 때가 이에 해당한다. 각각 실업급여, 육아휴직급여, 노령연금, 산재급여가 지급된다. 일은 하는데 소득이 매우 낮은 경우에는 자산조사나 소득조사를 통해 공적부조(우리의 경우는 기초생활보장제도의 자활급여)나 실업부조 혹은 근로장려세제 등이 제공된다.

근로연령대 인구를 대상으로 한 현금성 복지급여는 무한정 제공되지도 않는다. 기간이 정해져 있다. 기한 내라도 일을 시작해 소득이 일정 정도 이상이 되면 복지급여 지급이 중단된다. 노동시장에서 은퇴한 노인에게 죽을 때까지 지급되는 연금이나, 성인이 되기 전까지 지급되는 아동수당과는 다르다.

청년기본소득이 논란이 되는 이유는 바로 이 지점, 근로
연령대 인구에게 근로 여부나 (가구)소득수준과 무관하게 무
조건 현금을 지급한다는 데 있다. 기존 사회보장제도의 틀 안
에서 청년들이 현금성 급여를 받을 수 있는 길은 구직활동을
하거나 교육 및 훈련을 받을 때뿐이다. 우리나라 미취업 청년
들을 대상으로 고용노동부가 운영하는 '취업성공패키지' 프로
그램이나 서유럽의 학생수당이 대표적이다. 경기도의 청년기
본소득은 근로 관련 아무 조건 없이 청년들에게 지역화폐를
지급하기에 기존의 소득보장 원리와 정면으로 충돌하고, 그래
서 논란이 되는 것이다.

이 논란은 기존 사회보장제도를 기본소득으로 대체하자
는 주장에 이르면 더욱 증폭된다. 구체적으로 살펴보면 저소
득층 대상 공적부조, 연금, 실업급여, 육아휴직수당, 아동수당,
장애인연금 같은 현금성 복지급여를 기본소득으로 대체하고,
관료제 유지비용을 줄이자고 한다. 장기적으로는 의료보장은
제외하고 보육 같은 사회서비스까지 다 기본소득으로 대체하
자는 급진적 주장도 나오고 있다. 기존 사회보장을 대체하지
말고, 기본소득을 그냥 얹자는 주장도 논란이기는 마찬가지
다. 한정된 재원을 기본소득에 쓰게 되면 결국 어떻게든 공공
지출은 위축될 것이기 때문이다.

기본소득,
우파 vs. 좌파

최근에 논란이 되긴 했지만 기본소득 아이디어는 꽤 오랜 역사적 연원을 갖고 있다. 기본소득의 지적 연원은 서로 상반된 두 가지 사상에 뿌리를 두고 있다. 하나는 자유주의이고 다른 하나는 사회주의이다. 자유주의에 기반한 기본소득을 보통 우파 버전의 기본소득이라 부른다. 핀란드에서 장기실업자를 상대로 실험한 기본소득이 여기에 가깝다. 반면 사회주의에 연원을 둔 기본소득을 보통 좌파 버전의 기본소득이라 부른다. BIEN에서 제시한 완전기본소득에 가까운 주장이라 할 수 있다. 현실세계에서는 스위스에서 국민투표에 부쳐진 기본소득이 대표적인 예가 될 것이다. 먼저 우파 버전을 살펴보자.

우파 버전 기본소득

우파 버전의 기본소득은 노벨경제학상 수상자인 밀턴 프리드먼Milton Friedman이 1962년 저작《자본주의와 자유Capitalism and Freedom》에서 역소득세negative income tax를 제안한 것에서 기원한다. 소득이 있는 곳에 세금이 따라오는데, 소득이 일정 수준 이하면 세금을 떼기보다는 역으로 정부에서 기초소득보장급여guaranteed income(GI)를 주자는 제안이다. 연말정산 때 환급받듯이 국세청 시스템을 통해 지급하는 것이다. 대신 요부양아동가족부조aid to families with dependent children(AFDC)로 대표되는 현금급여와 식료품 교환권food stamp 같은 모든 공적부조와 최저임금제를 폐지하자고 한다. 이유인즉 빈자를 선별하는 데 대규모 노동력이 투입되는 값비싼 관료제를 없앨 수 있고, 현금으로 통합해 지급하면 개인의 자유를 증진시킬 수 있기 때문이다. 최저임금제 폐지 또한 왜곡된 노동시장을 정상화시킬 것으로 본다. 저소득자의 임금을 법을 통해 강제로 높여놓으면 기업활동과 고용이 위축되기 때문이다.

밀턴 프리드먼은 자동차 운전 시 안전벨트 의무화를 비판할 정도로 자유주의의 신봉자였다. 남에게 피해주는 것도 아니니 안전벨트를 매고 안 매고는 개인의 선택에 맡겨둬야 한다는 논리다. 의사면허가 의료비를 상승시킨다며 온갖 종류의 면허license와 독과점을 날카롭게 비판한 것으로도 유명하다.

그의 주장을 요약하면, 자유주의에 입각해 관료 비용을 없애고 수급자의 자유도 증진시키기 위해 기초소득보장급여로 현금을 주자는 것이다. 1978년에는 보다 구체적인 안을 내놓았다. 4인가족 기준으로 모든 가정에 연 3,600달러를 국가가 보장해주자는 안이다. 1978년 당시 미국의 1인당 국민소득이 1만 587달러였던 것을 감안하면, 현재가치로 연간 약 2만 달러(한화로 2,200만 원)를 4인가정에 보장해주는 셈이 된다.[3]

3,600달러를 보장한다는 의미는 무조건 3,600달러를 준다는 의미가 아니다. 가구 소득이 전혀 없으면 3,600달러를 다 받는다. 그러나 예컨대 1,600달러의 소득이 있으면 기초보장선인 3,600달러에서 1,600달러를 차감한 2,000달러를 국가가 지급해주는 방식이다. 이를 보충급여 방식이라고 부른다. 보충급여 방식은 모자란 만큼만 딱 맞추어 주기 때문에 가장 비용합리적인 소득보장책이다. 그러나 커다란 단점이 있다. 근로의욕 감퇴다. 정부로부터 3,600달러씩 받던 저소득자가 노동을 해서 1,600달러를 벌어 왔더니, 국가에서 주는 돈이 1,600달러 줄어든다. 번 만큼 정확히 국가에서 주는 급여가 줄어든다면 누가 일을 하려 하겠는가? 근로활동 자체가 사회 네트워크 형성에 도움을 주고 건강과 행복감에 긍정적으로 작용한다지만, 가정경제적으로는 손해 막심이다. 교통비 들고 점심값 들고, 지출만 많아질 수 있다.

따라서 프리드먼이 제안한 역소득세율은 50%이다. 즉

소득의 50%까지를 눈감아준다. 1,600달러를 벌어도 800달러만 번 것처럼 간주해, 3,600달러에서 800달러만 깎은 2,800달러를 주는 것이다. 이렇게 되면 가처분소득이 1,600달러+2,800달러가 되어 4,400달러가 된다. 만약 7,200달러를 벌면 기초보장급여로부터 졸업이다. 7,200달러에 역소득세율 50%를 적용하면, 과세대상 소득이 3,600달러가 되어 기초보장선을 넘게 되기 때문이다.

프리드만의 기초소득보장급여(GI) 아이디어가 미국에서 그대로 실현된 적은 없다. 1969년 닉슨행정부에서 역소득세 방식의 공공부조라 할 수 있는 가족지원법Family Assistance Plan을 만들이 하원까지는 통과했으나, 상원에서 부결처리 되었다. 근로가능인구에게도 일정 소득 이하면 무조건적으로 현금급여가 지급됨에 따른 근로의욕 저해 우려 때문이었다. GI와 가장 유사한 형태의 프로그램이 근로장려세제다. GI처럼 일정 수준의 저소득 가구를 대상으로 하는데, GI와 달리 근로를 유인하기 위해 조금이라도 소득활동을 해 돈을 벌고 이를 국세청에 신고한 경우에 한해서만 보너스 형식으로 급여가 지급된다. 그리고 소득이 높아질수록 급여가 줄어드는 게 아니라 늘어난다(점증구간). 더 열심히 일하라는 뜻이다. 그러다 일정 소득이 되면 정액으로 지급하고(평탄구간), 이후 소득이 어느 수준을 넘게 되면 급여를 서서히 줄인다(점감구간). 최종적으로 자립할 수 있는 수준의 소득을 벌어들이면 보너스가 중단된다.

　최근 우파는 프리드먼의 아이디어를 발전시켜 저소득자나 장기실업자에게 주는 복지급여를 없애고 대신 기본소득을 제공하자고 주장한다. 서울시에서 시범사업에 나선 오세훈표 '안심소득'이나 핀란드의 기본소득 실험이 이에 해당한다. 안심소득은 2022년 7월 1단계 시범사업이 실시되었는데 중위소득의 85% 이하 가구(4인가구의 경우, 월소득 435만 원 이하)에게 최대 연 2,612만 원을 지급한다. 서울시는 2027년 효과분석 결과를 발표할 계획인데, 근로의욕 관련한 효과는 핀란드 기본소득 실험 결과로 대신해 볼 수 있겠다. 핀란드의 기본소득은 장기실업자를 대상으로 1인당 월 560유로(약 67만 원)를 2년간 무조건 보장하는 것을 골자로 한다. 25~58세의 장기실업자 중 무작위 표본추출에 의해 선정된 2,000명에게 2년 동안 조건 없이 기본소득을 지급하기로 했다. 전에는 구직활동을 전제로 실업급여를 지급했고 취업을 하면 급여가 중지되었다. 따라서 한 번 실업자가 되면 급여를 받기 위해 구직활동은 보여주기식으로만 하고 재취업을 기피하는 경향이 컸다. 과연 이들이 재취업을 해도 조건 없이 기본소득을 보장받으면 취업에 나서고 더 열심히 소득활동을 할까?

　2019년 2월 1차 실험결과가 발표되었다. 호손 효과Hawthorne Effect(피실험자가 자신의 행동이 관찰되고 있음을 인지하기에 행동을 조정 및 순화시키는 현상) 때문에라도 기본소득 수급자들이 재취업에 나설 것이라고 예상했지만, 결과는 달랐다. 2,000명의 피실험자들은 정부가 자신의 행태를 지켜보고 있다는 것을 알고 있었고, 정부의 기대에 부응하려 기회가 되면 취업에 나섰을 가능성이 높다. 그런데 기대와 달리, 기본소득과 재취업 여부는 통계학적으로 관련이 없는 것으로 나타났다. 핀란드 정부는 실험을 더 이상 연장하지 않고 그대로 중단했다. 그러나 실패로 단정 짓기는 아직 이르다. 재취업에 실업급여나 기본소득 같은 사회정책만이 영향을 주는 게 아니기 때문이다. 핀란드 경제가 활황이었다면, 그래서 시장임금이 크게 올랐다면 다른 결과가 나왔을지도 모른다.[4]

좌파 버전의 기본소득

좌파 버전 기본소득의 역사는 훨씬 길고 주창자도 많다. 16세기 토머스 모어Thomas More는 《유토피아Utopia》에서 모든 시민이 사회적으로 생산된 재화를 "무상으로, 아무런 반대급부도 없이, 요구하는 모든 것을 받는" 체제를 서술했다. 18세기 말 미국의 토머스 페인Thomas Paine이나 프랑스의 초기 사회주의자 샤를 푸리에Charles Fourier도 모든 사람이 생계에 필수적인 기본 물자를 현물 형태로 지급받을 권리가 있다고 주장했다.[5] 그러나 푸리에와 추종자들은 협동조합 형태로 누구나 일할 수 있게 해야 한다고 주장했다. 노동조건과 무관한 현대판 기본소득 정의와는 다소 거리가 있다. 앞에서 소개한 BIEN의 완전기본소득 아이디어와 가장 가까운 주장은 19세기에 벨기에의 조제프 샤를리에Joseph Charlier가 펼쳤다. 그는 충분한 금액의 현금을 노동이라는 조건 없이 무조건 지급받을 권리가 모든 사람에게 천부인권처럼 주어져 있다고 주장했다./6

카를 마르크스 또한 현대 기본소득에 아이디어를 제공했다. 그러나 그는 자본주의 체제하에서, 천부인권이나 사회권 차원에서 공동체가 급여를 제공할 거라고 믿는 것은 몽상이라고 비판했다. 현실세계에 존재할 수 없는 공상적 사회주의utopian socialism에서나 가능한 일이라는 것이다. 공상적 사회주의자들과 달리, 그는 자본주의의 모순을 정치경제학적으로 밝히고 공산주의 혁명이 불가피함을 설파했다. 그는 이를 과학적 사회주의scientific socialism라 불렀다.

마르크스는 프롤레타리아 혁명 후 공산주의 사회에 대해서 언급한 바가 많지 않지만, 몇몇 묘사는 현대 기본소득론자에게 깊은 영감을 주었다. 1875년 〈고타강령 비판Kritik des Gothaer Programms〉에서 자본주의 사회보다 생산력이 극대화되고 사적소유가 철폐된 공산사회에서는 "능력껏 일하고, [아무런 조건 없이] 필요에 따라 분배받는" 삶이 이루어질 것이라고 주장한 게 대표적이다. 1840년대 엥겔스와 공저한 《독일 이데올로기Die deutsche Ideologie》에도 공산사회의 이상이 드러나 있다.

공산주의 사회에서는 그 누구도 배타적으로 자신만의
영역을 구축하지 않고… 사회적으로 생산이 조율될 것
이기에, 누구나 자신이 하고 싶은 대로 오늘은 이 일을,
내일은 저 일을, 즉 아침에는 사냥하고, 오후에는 낚시
하며, 저녁에는 소를 키우고, 저녁식사 후에는 비평을
하는 삶을 살면서도, 사냥꾼이 될 필요도, 어부나 목동
이 될 필요도 없다.[7]

생산력이 극대화된 공산사회에서는 모든 시민이 원하는
일자리를 갖고 생활에 필요한 만큼 분배받을 것이라는 주장이다.

현대 기본소득론사들은 공산화를 기본소득의 전제조건
으로 이야기하지 않는다. 마르크스가 비판한 공상적 사회주의
자들처럼, 프롤레타리아 혁명 없이 자본주의 체제 내에서 공
산주의의 이상을 실현하는 도구로 기본소득을 제창한다. 이들
은 생산수단의 사적소유를 폐지하고 공적소유로 전환해야만
공산주의에 이를 수 있다고 보지 않는다. 소련을 비롯한 동구
공산주의 국가들이 몰락한 이후, 현대 공산주의자들에게 공산
주의 혁명은 이룰 수 없는 요원한 꿈이다. 대신에 현대 복지국
가가 사적소유제를 그대로 둔 채 실업수당 같은 다양한 사회
적 임금social wage을 지급하듯이, 기본소득도 현 자본주의 체제
하에서 얼마든지 가능하다는 점을 강조한다. BIEN의 창립 멤
버인 로베르트 판 데르 베인Robert Van Der Veen과 필리페 판 파레

이스Philippe Van Parijs가 공저한 1986년 논문의 제목은 상징적이다. '공산주의로 가는 자본주의의 길Capitalist Road to Communism'. 이 길을 기본소득이 깔아준다고 본다.[8]

핵심은 기본소득을 통해 근로와 급여의 연계성을 단절시키는 데 있다. 생산활동을 외부적 보상에 좌우되지 않게 만들어, 인간의 소외 문제를 극복하고 진정한 자유를 누리자는 것이다. 한마디로 '임금노예'로부터 시민을 해방시켜, 마르크스가 정식화한 "능력껏 일하고 필요에 따라 배분받는" 공산주의의 이상을 실현하겠다는 주장이다. 내면의 요구대로 노동하며 사회·문화 활동에도 더 전념할 수 있는 자유롭고 평등한 사회가 기본소득을 지급받게 되면 가능하다고 본다. 아침에 사냥하고 오후에 낚시하면서도, 사냥꾼이나 어부가 될 필요는 없는 자유로운 사회 말이다.

이 좌파 버전의 기본소득론자들은 4차산업혁명으로 가속화된 기술적 실업technological unemployment과 고용 없는 성장 때문에 기본소득이 불가피해질 것이라고 주장한다. 기술적 실업은 케인스John Maynard Keynes가 만든 용어다. 기술발전으로 노동 절약형 생산이 이루어져 발생하는 실업을 뜻한다. 비슷한 맥락에서 마르크스도 이미 기술적 실업을 내다보았다. 마르크스는 자본주의 체제에서 자본가들은 사람을 쓰기보다는 기계설비 등 고정자본에 대한 투자를 늘려 생산성을 높이는 데 매진할 것으로 보았다. 그 결과 고용은 줄고 '산업예비군'이라 불리는 거대한 실업자층이 생겨날 것으로 예언했다. 이들을 위해 기본소득이 필요하다는 것이다.

그런데 역사적으로 산업혁명 이후 엄청난 기계화와 자동화가 실현되었지만 실업자가 크게 늘어난 적은 없다. 오히려 기계화와 자동화에 뒤처지고 다량의 노동력에 의존하는 후진국형 경제에서 실업문제가 크다. 2019년 산업용 로봇이 전 세계에서 가장 많다는 한국의 실업률은 3.7%인 반면, 산업화 이전인 1960년에 가난한 나라 한국의 실업률은 34.2%였다. 2019년 아프리카 나미비아의 실업률은 23.2%이다. 석유화학산업은 대표적인 장치산업이다. 모든 공정이 자동화되어 공장에 사람이라고는 찾아보기 힘들다. 그럼에도 석유화학단지가 있는 여수와 서산에 날로 인구가 늘어간다.

왜 그런가? 기계화와 자동화는 기업 및 산업 경쟁력을 강화시킨다. 원·하청 기업은 물론 연관 산업이 성장한다. 금융, 컨설팅 등 기업 관련 서비스업도 발달한다. 임금이 오르면서 요식업, 레저스포츠 등 생활서비스업도 커진다. 세입이 는다. 지방정부는 각종 사회서비스와 공공서비스를 확대한다. 자동화와 기계화로 사라지는 고용보다 더 많은 일자리가 생겨난다.

기본소득론자들은 비정형 노동의 확산이라는 노동시장의 변화에서도 기본소득 도입의 이유를 찾고 있다. 정형화된 고용이 감소하고 있다. 우버 기사, 배달앱 배달원, 크라우드워커crowd worker(인터넷 플랫폼에서 전문 영역별로 다양한 업무를 외

주로 처리하는 익명의 고용 없는 개인사업자) 같은 다양한 형태의
플랫폼 노동의 비중이 늘고 있다. 이들은 노동자이면서 동시
에 자영업자 성격을 갖고 있다. 불안정한precarious 노동력 이외
에 생산수단이 없는 노동자proletariat라는 의미에서 '프레카리아
트Precariat'라고 불리기도 한다.[9] 프레카리아트들은 사회보험의
사각지대에 빠질 확률이 크다. 다른 일반 노동자와 달리 사회
보험료를 따박따박 원천징수하기 어렵기 때문이다. 기본소득
론자들은 안정된 고용을 전제로 하는 사회보험은 수명을 다했
다고 보고, 그 대안으로 기본소득을 제시한다. 과연 기본소득
은 적절한 대안이 될 수 있을까?

기본소득은
가능할까 /10

재정은 충분한가

우파 버전의 기본소득은 저소득자에 대한 공공부조나 실업부조를 대체하는 선에서 논의되고 있다. 기초생활보장제도의 합리화 차원에서 논의가 가능할 것으로 보인다. 그러나 소득활동을 하는 인구를 모두 포괄하는 좌파 버전의 기본소득은 재정문제 때문에 현 단계에서 도입되기는 어려울 것으로 보인다.

'모든 개인이 생계유지를 넘어 사회·문화 활동에 참여할 수 있는 충분한 금액'인 완전기본소득을 모든 시민들에게

282

제공하려면 과연 얼마가 필요할까? 좌파 기본소득론자들은 현대 자본주의 사회가 차별적인 보상을 통해 근로를 유인하지 않아도 될 만큼 풍부한 부abundance를 만들어내는 생산력에 도달했다고 본다. 따라서 필리페 판 파레이스는 GDP의 25% 정도는 어떠한 형태로든 기본소득에 사용할 것을 제안하고 있다./11 이 기준에 따르면 미국인은 2018년 기준으로 태어나서 죽을 때까지 매달 1인당 기본소득으로 1,317달러를 받고, 한국인은 676달러(75만 8,000원)를 받게 된다.

현재 미국과 한국은 공히 조세부담률, 즉 국민의 소득에서 세금이 차지하는 비율이 약 20%이다. 여기에 사회보험료를 더하면 27% 정도 된다. GDP의 25%를 기본소득으로 나눠 주자면, 현재 걷고 있는 세금과 사회보험료를 전부 기본소득에 써야 한다. 그렇게 된다면 기존 사회보장은 차치하고, 국방, 치안, 교육 등 기초적인 공공서비스마저 유지되기 어렵다. 우리나라 기본소득론자들도 기본소득이 막대한 재정소요를 야기함을 자인한다.

2017년 4월 기준 전 국민(약 5,097만 명)을 대상으로 월 50만 원의 기본소득을 지급하려면 연간 총 305조 원의 예산이 필요하다. 이미 지급하고 있는 사회부조 방식의 현금형 급여액(약 17조 원)을 차감하면 실제 필요한 예산은 약 288조 원으로, 전체 복지예산(113조)의 2.54배에 달하는 막대한 규모다. 좀 더 낮은 수준(월 30만 원)의 부분기본소득을 지급해

도 약 166조 원의 추가예산이 필요하며, 이 역시 복지예산의 1.46배에 달하는 금액이다.[12]

월 50만 원이나 30만 원이면 1인 최저생계비에 미달하는 수준이다. 완전기본소득이라기보다는 부분기본소득으로 분류하는 게 맞을 것이다. 예산 제약이 엄연한 현실에서 막대한 증세가 실현되지 않으면 부분기본소득도 도입하기 어렵다. 돌파구는 획기적 수준의 증세다. 그런데 기본소득이 인기가 높다고 해서 증세가 가능할까? 엄청난 증세가 경제에 미칠 부정적 충격은 차치하고, 정치적으로도 쉽지 않을 것이다.

참고로, 2017년 8월 영국 바스 대학의 정책문제연구소에서 실시한 기본소득 관련 설문조사 결과를 보자. 〈표 9-1〉에서 보듯 기본소득에 대한 국민 지지(49%)는 반대(26%)를 앞선다. 인기 있는 정책이다. 돈 준다는 데 마다할 이유는 없을 게다. 그러나 비용(즉 세금인상)에 대한 부담과 연계해 질문을 던지면 기본소득에 대한 지지는 30%, 반대는 40%로 크게 역전된다. 여기에 더해, 예산 제약 때문에 기존 복지급여 삭감이 더해질 것을 상정하면 기본소득에 대한 지지는 22%, 반대는 47%로 더 크게 벌어진다.

기본소득은 필요 재원을 생각하면 너무나도 비싼 프로그램이다. 효과성도 의문이다. 플랫폼 노동의 확산 등 사회적 위험의 구조가 바뀌고 있다는 점을 인정한다 할지라도, 위험에 빠지지 않고 욕구도 발생하지 않은 대다수 국민을 포함해

표 9-1　　비용부담에 따른 기본소득 지지와 반대의 변화

(단위: %)

	기본 소득	세금인상 동반 시	복지급여 삭감 동반 시	세금인상과 복지급여 삭감 동반 시
강한 지지	15	6	11	5
지지하는 편	33	23	26	17
중립	19	25	26	23
반대하는 편	16	25	18	25
강한 반대	9	16	13	21
모르겠음	6	5	7	8
총 지지율	49	30	37	22
총 반대율	26	40	30	47

주　　만 18~75세 성인 1,111명 응답 결과.
자료　IPSO MORI, Poll Conducted for University of Bath-Institute for Policy Research:
　　　Universal Basic Income Research(2017).

모두에게 기본소득을 지급해야 하는지는 의문이다.

가성비는 높은가

기존의 사회보장은 예산 제약이라는 현실을 감안하고 있다. 사회적으로 인정되는 기본적인 욕구needs가 확인될 때 급여를 지급한다. 비용효과적이다. 복지국가는 기본적으로 시민들의 소득활동이라는 터전 위에 세워져 있다. 그리고 시민들이 실업, 출산·육아, 은퇴 등 수입이 중단되는 사회적 위험에 빠졌을 때만 개입해 소득을 보장해준다. 아플 때 의료서비스를 받고, 아이가 생겨야 보육서비스를 받는다. 욕구가 발생할 때만 사회서비스 혜택을 준다. 그렇다고 해서 선별주의 복지국가라고 부르지 않는다. 누구나 어려움에 빠지면 보호받을 권리가 보편적으로 보장되기 때문이다. 보편주의적 복지국가는 위험에 대해 보편적인 보장을 하는 국가이지, 아무 때나 아무 이유 없이 무차별적으로 동일한 급여를 나눠 주는 국가가 아니다. 보편복지의 대명사 스웨덴도 그러하다.

기본소득은 위험 발생이나 복지의 필요 여부를 따지지 않는다. 동일한 액수를 모든 사람에게 무조건적으로 정기적으로 준다. 대신 위험에 빠졌다고 해서, 사고가 크게 났다고 해서 더 주지 않는다. 이보다 더 평등한 재분배는 있을 수 없다.

그런데 이유 불문하고 모든 사람에게 주다보니 돈이 많이 든다. 재정문제에서 자유로울 수 없다.

자동차보험료를 열심히 냈어도 자동차 사고가 나지 않았다면 보험금을 받지 못하는 게 맞다. 대신 사고가 나면 충분한 보상을 받는 게 합리적이다. 적어도 사회보장적 관점에서는 그러하다. 사고가 나든 말든 무차별적으로 모든 자동차 운전자에게 보상금을 매월 정기적으로 나눠 줘버린다면, 실제 사고가 났을 때 필요한 보상금은 어디서 어떻게 마련하나? 만약 그 사고가 사람을 친 것이거나 벤츠 같은 고가 차량과 충돌한 경우라면, 매월 나눠 받는 보상금으로 충분할 리가 없다. 기본소득은 사회보장을 대신할 수 없다.

사고가 나도 의지할 데가 없는 프레카리아트를 고려해 기본소득을 전 국민에게 매월 나눠 주자는 주장은 논리적 비약이다. 프레카리아트 자체가 소수이기도 하지만, 비정형 노동자라고 해서 모두 당장 실업급여, 연금, 육아휴직수당이 필요한 상황에 빠져 있는 것이 아니기 때문이다. 프레카리아트가 위험에 빠졌을 때 사회보험이 작동되지 못한다면 일반조세로 도움을 주면 된다. 실업보험의 혜택을 못 받는 국민을 위해 조세로 운영되는 실업부조제도를 도입하자는 이유다. 국민연금을 못 받는 노인들에게 기초연금이나 공적부조를 제공하는 게 해법이듯 말이다.

고용보험이나 국민연금에 가입하지 못한 프레카리아트

를 위해 5,000만 명 전체 국민에게 기본소득을 제공해야 할 이유는 없다. 자원이 무한정이고, 하늘에서 돈이 떨어지고, 한국은행에서 윤전기 돌려 돈을 찍어내도 인플레이션 없이 경제가 잘 돌아간다면 기본소득을 나눠 줘도 좋겠다. 하지만 우리네 살림과 마찬가지로 국가의 재원은 제한되어 있다. 위험 불문하고 기본소득에 막대한 국가재정이 투입되면, 진짜 필요한 곳에 돈을 쓰기가 어려워진다. 진정 프레카리아트를 위해서라면 기본소득제도를 운용할 돈으로 실업부조와 기초연금을 기초생계보장선까지 충분히 올려주는 게 합리적이다.

실제로 OECD도 최근 기본소득과 사회보장의 관계를 검토한 바 있다. 해당 보고서는 예산 제약하에서 소득이 있는 대다수의 시민들에게까지 기본소득을 지급하게 되면, 기존 복지수혜자들이 가장 큰 수급액 감소 피해를 볼 것이라고 경고한다. 이를 막기 위해 기존 수혜자들의 급여를 그대로 보장하면서 기본소득을 실시하는 경우, 엄청난 증세가 필요하다고 지적한다.[13] 사회보장 효과도 발휘하지 못하는데 증세를 하면, 기본소득을 받아들이는 국민들의 인식 문제는 차치하더라도 경제에 미치는 악영향이 커서 중장기적으로 복지국가의 물적 토대를 약화시킬 수 있다.[14]

재정에 한계가 있는 상황에서 기본소득을 도입하자면, 핀란드의 기본소득 실험처럼 대상자를 제한하고 '재정중립 상태', 즉 기존의 실업급여 지급 비용을 가지고 기본소득을 주어

추가적인 재정부담이 발생하지 않는 상태에서 기본소득을 구상하는 게 현실적이다. 위험 여부를 따지지 않고 전체 국민을 대상으로 하는 '무차별적' 보편주의를 고집한다면, 재정문제 때문에 매우 낮은 수준의 기본소득이 도입되어야 할 것이다. 이렇게 되면 기본소득이 추구하는 목적을 달성하지 못하고 사회보장 효과도 발휘하지 못한다. 계륵이 따로 없다. 사회보장을 이유로 기본소득 도입을 주장할 수는 있겠으나, 매우 효과성이 떨어지는 가성비 낮은 대안임은 알고 있어야 한다. 한국의 경우에는, 현재 자동차 책임보험 수준에 불과한 사회보장제도를 종합보험 수준으로 확충하는 게 급선무다. 이유 불문하고 돈을 전 국민에게 흩뿌릴 여유가 없다.

아홉번째 이야기를 마치며

최근 기본소득이 국민적 관심을 받는 이유는 뭘까? 4차 산업혁명이 우리 곁에 성큼 다가왔기 때문일 것이다. 2016년에 전 국민의 관심을 끌었던 이세돌과 인공지능 알파고 간 세기의 대결에서 이세돌이 패했다. 자율주행차가 주목받은 것도 이때다. 인간의 육체노동뿐 아니라 인지노동도 기계로 대체되면 일자리 대부분이 진짜 사라지게 될 거라는 '기대 반 공포 반'의 감정이 확산되었다. 일자리가 없다면 뭐 먹고 어떻게 사나? 국가가 기본소득을 제공할 수밖에 없으리라는 것이다.

그런데 기술진보에 따른 고용감소 효과를 너무 단선적으로 봐서는 안 된다. 기술진보가 고용에 미치는 영향은 대체

효과, 보완효과, 생산효과라는 세 가지 효과의 조합에 달려 있다. 예컨대 컴퓨터와 워드프로세서는 식자공의 일자리를 없앴지만(대체효과), 워드프로세서와 보완적으로 일하는 업무가 대폭 늘어가고(보완효과), 그만큼 생산량이 증가하면서 거시경제 차원에서는 고용량이 증가했다(생산효과). 단기적으로는 대체효과가 먼저 나타나 일자리가 감소하나, 중장기적으로는 보완효과와 생산효과가 나타나 전체적으로 생산성 증가와 함께 고용이 증가해왔다. 기술진보와 새로운 기술의 도입으로 고용이 파괴되는지 여부는 자동화기술 그 자체에 달려 있지 않다. 기술변화에 경제주체들이 얼마나 잘 적응하고 이를 활용해 새로운 부를 창출할 기회를 만들어내느냐에 달려 있다.[15]

다시 역사를 보자. 기술진보가 인간의 일자리를 위협할 것이라는 우려는 1차산업혁명 이후 지속적으로 제기되었다. 19세기 말 영국에서 일어났던 기계파괴운동(러다이트Luddites)을 비롯해, 1980년대에도 컴퓨터의 등장으로 사무직 일자리의 상실을 크게 우려했던 바 있다. 그러나 케인스와 마르크스의 예언과는 달리 단선적인 일자리 감소는 없었다. 늘 일자리가 줄어드는 직업과 사양산업이 있고, 반대로 새로 생기는 직업과 성장산업이 존재한다. 한국의 판교밸리와 GM이 떠난 군산의 명암이 교차하듯이, 미국 IT산업의 본산 실리콘밸리와 쇠락한 전통제조업이 집중된 러스트 벨트Rust Belt의 명암에서 볼 수 있듯이, 지역적 차이도 발생한다.

혁신과 기술진보를 통해 경제구조가 고도화되어 경쟁력을 갖춘 나라들은 오히려 실업문제가 크지 않다. 자동화와 기계화가 뒤처져 산업경쟁력을 잃은 나라들일수록 실업문제로 골머리를 앓는다. 2018년, 인더스트리얼 4.0과 스마트 공장화를 선도하는 독일의 실업률이 3.4%이고, 이탈리아가 10.6%, 그리스가 19.3%인 이유다. 로봇이 차를 생산하는 한국에 일자리가 많은가, 사람이 몸으로 때우는 아프리카에 일자리가 많은가?

기술혁신으로 인한 일자리 변화가 예상되는 시점에서 국가가 할 일은 일자리감소를 전제로 기본소득을 도입하는 것이 아니다. 기술혁신에 따른 일자리 변화에 적응할 수 있게 국민들의 직업능력을 배양해주고, 사회보장이라는 안전망을 보다 촘촘하고 후하게 까는 것이다. 사회보험이 작동하기 어려운 유연 노동자층에게는 기초연금이나 실업부조처럼 일반조세로 운영되는 소득보장제도를 부가하면 된다. 우리가 해야 할 일은 기본소득국가 건설이 아니라, 혁신경제와 복지국가를 튼튼하게 만드는 것이다.

복지에 필요한 돈은 어디서?..

복지증세

10

돈 없이 복지를 강화할 수 있을까? 복지에는 돈이 많이 든다. 물론 25조 원이 투입되었다는 4대강 사업 같은 토목사업에도 돈이 많이 든다. 그런데 토목사업은 완공이라는 끝이 있다. 그러나 복지사업은 끝이 없다. 새로운 복지정책이 도입되면 사실상 나라가 망할 때까지 이어진다. 유권자인 시민들에게 이미 주던 것을 빼앗는 것은 정치적 자살행위이기 때문이다. 그래서 재정당국은 항상 신규 복지사업에 대해 조심스러운 입장을 취한다.

그러나 복지가 제대로만 설계된다면 시민들이 소득상실의 위험에서 벗어나고 상향이동의 꿈을 이룰 수 있다. 사회 전체적으로는 경제에 필요한 인력이 공급되고 노동시장이 원활해진다. 복지와 경제가 선순환할 수 있게 복지정책을 잘 만든다면, 비용이 아무리 많이 들지라도 낭비가 아니다. 우리가 그리스나 아르헨티나 같은 나라를 모델로 삼는 게 아니라, 스웨덴같이 국가경쟁력이 뛰어난 복지국가를 지향한다면 말이다.

실제로 현대 복지국가는 얼마나 많은 돈을 복지에 쓰고 있을까? 평균적으로 OECD 34개국은 공공사회지출에 GDP의 20%가량을 쓴다. 사회보험료를 포함한 전체 조세수입이 GDP의 34% 정도 되니, 단순하게 계산하면 국가세입의 60% 정도를 복지에 쓰는 것이다. 물론 나라마다 차이는 있다. 일본같이 세금을 걷지 못하고 빚을 내서 사회지출을 하는 나라도 있고(정부부채가 GDP의 240%), 스웨덴처럼 빚내지 않고 거의 세금만으로 복지를 하는 나라도 있다(2021년 정부부채가 GDP의 58.7%). 빚을 지지 않으려고 스웨덴은 OECD 평균보다 크게 높지 않은 25% 정도를 공공사회지출에 쓰지만, 조세를 GDP의 42.6%나 거두어 들인다.

한국도 스웨덴처럼 빚을 많이 지지 않는 나라인데, 우리의 경우는 2019년 기준 GDP 대비 27.2%를 조세수입으로 거두어들이고, 이중 47.8%를 복지에 쓴다. 국가부채가 빠르게 늘고 있다. 앞으로 세계 최고 수준의 고령화 요인을 감안하면, 서구 복지국가보다 사회지출이 늘어날 것으로 예상된다. 현재 다른 분야에 지출하는 예산을 확 줄이지 않는다면 증세가 불가피하다. 박근혜 전 대통령이 약속했던 '증세 없는 복지'는 물론, 문재인 정부의 '부자증세' 가지고 막대한 복지비를 충당할 수 없기 때문이다. 서구 복지국가 재정확충의 역사를 되돌아보고, 우리나라에서 복지증세를 어떻게 이룰 수 있을지 살펴보자.

오늘날의 조세체제는
어떻게 만들어졌을까

서구 복지국가가 처음부터 풍부한 조세수입을 바탕으로 복지국가를 건설한 것은 아니다. 비스마르크가 사회보험을 도입한 19세기 후반까지만 해도 조세수입은 GDP의 5~8% 수준이었다. 우리가 당연시하는 세금들, 즉 소득세나 법인세 그리고 부가가치세 같은 것은 존재하지도 않았다. 사회보험이 아직 일반화되지 않아서 사회보험료(혹은 사회보장세)도 낯설었다. 서구 복지국가가 태동하고 성장하면서 지금과 같은 근대적인 조세체제가 형성되었다.[1]

현대 복지국가는 (개인)소득세, 법인세, 소비세(부가가치세 포함), 재산세, 그리고 사회보험료의 5대 세목을 통해 대다수의 세금을 거두어들인다. 이 5대 세목은 대략 80%의 세수를 차지한다. 그런데 재산세를 제외하면 이런 세목들이 등장한 지는 그리 오래되지 않았다. 〈그림 10-1〉의 국민부담률은 사회보험료를 포함한 전체 조세수입을 GDP 대비 비중으로 표현한 것으로, 20세기 이후 주요 선진국의 장기적인 추이를 보여준다. 20세기 이전에는 전매수입, 관세와 특정 품목에 대한 소비세 그리고 각종 부과금이 주종을 이루었다. 정률의 사회보험료, 누진율의 소득세와 법인세가 등장한 것은 20세기 전후였다. 소비세의 전형인 부가가치세는 1953년이 되어서야 프랑스에서 처음으로 도입되었다. 조세체제의 형성은 대략 네 시기로 구분해볼 수 있다.

첫째 시기는 20세기를 전후로 하여 1차대전이 끝난 1918년까지다. 산업화의 여파로 노동운동이 일어나고, 1917년 러시아혁명의 영향으로 사회주의 운동이 크게 성장한 시기다. 성인 남자에게 보통선거권이 부여되면서 노동자 정당이 속속 의회에 진출하던 때이기도 하다. 20세기 초까지만 하더라도 국가의 재정 규모는 매우 작았다. 대부분은 군사비에 투입되었다. 식민지 경영과 격화된 국가 간 경쟁 때문에 군사비 소요가 급증했지만 증세는 쉽지 않았다. 다행히 산업화와 민주화가 공고해지면서 국가의 조세수입이 크게 늘어나기 시작했다. 산업화로 부가 급증하면서 세원의 규모도 크게 늘어났다. 그리고 선거권 확대와 함께 평민들의 대표가 의회에 진출하면서

그림 10-1   주요 선진국의 국민부담률 장기 추이

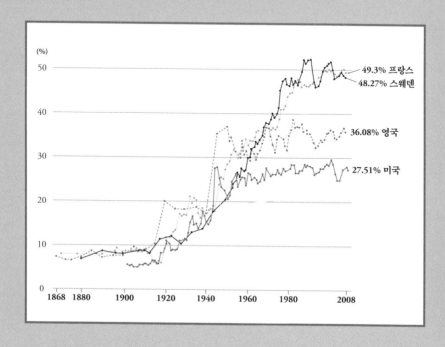

주   국민부담률은 국민이 낸 세금과 사회보험료가 GDP에서 차지하는 비율.

자료   Our World in Data(https://ourworldindata.org/taxation).

부자들에 대한 개인소득세와 법인세가 도입되기 시작했다. 소득에 비례해서 개인과 법인 소득자가 직접 세금을 내는 직접세의 시대가 열린 것이다. 여기에 1880년대 독일에서 시작된 사회보험제도가 20세기에 접어들면서 유럽의 대다수 국가로 확대되었다. 사회보험료가 중요한 세목으로 등장하기 시작했다.

둘째 시기는 1920년대에서 1945년까지의 기간이다. 경제대공황과 2차대전이라는 인류 최대 위기를 맞이한 시기이다. 케인스주의에 입각한 국가의 시장 개입과 사회보장제도의 확대가 좌우와 여야를 막론하고 받아들여졌다. 산업재해, 의료, 연금, 실업의 4대 사회보험은 서구의 모든 민주화된 산업국가에 빠짐없이 도입되었다. 사회보험료로 복지에 소요되는 비용의 대부분이 조달되었다. 전대미문의 총력전을 불러일으킨 2차대전은 엄청난 조세 추출을 필요로 했고 또 가능케 했다. 소비세 같은 간접세도 확대되었지만, 직접세인 법인세와 개인소득세의 증가가 두드러졌다. 미국의 소득세를 예로 들면 1930년에 최고세율이 25%였던 것이 전쟁이 끝난 1945년에는 94%에 달했다. 개인소득세 납부자도 전체 국민의 5% 이하였던 것이, 대다수 국민이 납세자가 되는 국민개세國民皆稅, mass tax의 시대가 되었다. 조세행정의 개혁도 국민개세를 앞당겼다. 1년에 한 번 소득세를 한꺼번에 정산하고 납부하던 방식에서, 소득이 발생할 때마다 세금을 내는 즉시납으로 전환했다. 조금씩 여러 번 내도록 만들어 조세저항 심리를 최소화했다.

셋째 시기는 케인스주의적 복지국가의 융성기로 1945년부터 오일쇼크로 서구 경제가 침체하기 시작한 1970년대 중반까지다. 4대 사회보험과 아동수당이 전 국민에게 보편적으로 주어졌다. 기초연금에 머무르던 스칸디나비아 국가와 영국을 위시한 영연방 국가에서도 중산층을 만족시킬 수 있는 소득비례연금이 도입되었다. 스웨덴을 필두로 북유럽 국가와 프랑스에서 공보육 등 사회서비스가 팽창했다. 국가의 개입영역이 크게 확대되고 복지지출이 증가했다. 그러나 경제가 지속적으로 성장했기에 복지에 필요한 재원은 큰 어려움 없이 조달되었다. 2차대전을 통해 도입된 직접세에 대한 높은 세율이 거의 그대로 유지된 상태에서, 1953년 프랑스를 시발로 부가가치세가 도입되어 조세수입 기반이 대폭 확대된 것도 이 시기다. 복지지출이 늘어도 조세수입의 확대로 재정건정성이 유지되었다. 2차대전 때 전쟁하느라 쌓은 국가부채마저 줄여나갈 정도였다. 한마디로 복지 자본주의의 황금기였다.

넷째 시기는 1980년대 이후 신자유주의 시기다. 1970년대 중반부터 서구 경제는 인플레이션이 동반된 경기침체, 즉 스태그플레이션stagflation 때문에 몸살을 앓았다. 케인스주의에 입각한 재정확장 정책은 전과 달리 경기진작 효과는 없이 물가상승만 유발했다. 1%대였던 실업률도 급증해 10%를 넘나들었다. 경기침체로 재정수입은 감소하는데 실업급여 등 복지지출은 늘어만 갔다. 재정적자가 확대되고 정부부채는 다시 늘어만 갔다(〈그림 10-2〉 참조).

　국민들은 복지국가의 높은 세금 때문에 경제가 망가졌다는 정치적 보수주의자들의 손을 들어주었다. 영국에는 보수당의 대처Margaret Thatcher 행정부(1979~1997)가, 미국에는 공화당의 레이건 행정부(1981~1993)가 들어섰다. 스웨덴에서도 1932년 이래 줄곧 집권해왔던 사회민주당이 선거에서 처음으로 패배하고 보수 폴딩Thorbjörn Fälldin 내각(1976~1982)이 등장했다. 다른 사민주의 국가도 예외가 아니었다. 덴마크(1982~1993)와 노르웨이(1981~1986)에도 보수연립정부가 들어섰다. 이들은 정도의 차이는 있으나, 통화주의monetarism와 공급중시경제학supply-side economics을 이론적 무기로 삼아, 복지국가의 재정정책을 뒤바꾸어놓았다.

　통화주의자들은 정치가들이 정치적 유혹 때문에 불경기가 아닌 때도 재정확장 정책을 쓴다고 비판했다. 이 때문에 인플레이션이 만연하다고 보고, 재정건전성 확보와 중앙은행의 독립 등을 처방으로 내놓았다. 공급중시경제학은 세율이 너무 높아 투자와 근로를 위축시킨다고 진단하고 감세를 통해 경제의 활력을 되찾으라고 주문했다. 자본의 국제화도 기존 조세체제의 변화를 야기했다. 1980년에는 1955년에 비해 국제무역이 15배 성장했고, 해외직접투자foreign direct investment(FDI)가 8배이상 증가했다. 국가는 더 이상 국제무역과 해외투자에 미칠영향을 고려하지 않고 자국의 조세정책을 펼칠 수가 없었다.

그림 10-2   주요국의 정부부채 추이(단위: GDP 대비 %)

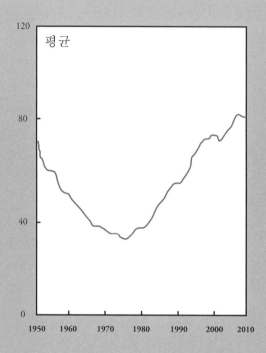

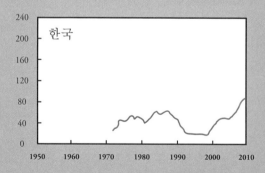

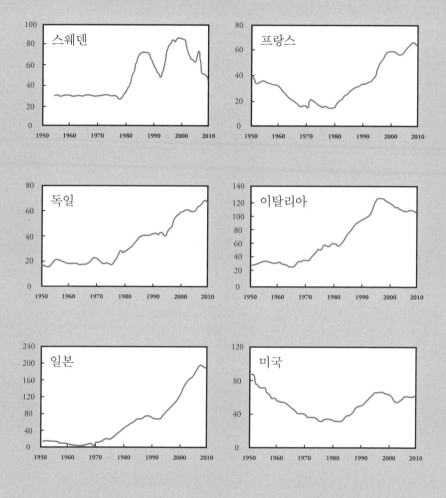

주   평균은 G7 국가(미국, 일본, 독일, 프랑스, 영국, 이탈리아, 캐나다)의 평균.

자료   Carlo Cottarelli, "Challenges of Budegetary and Financial Crisis in Europe", 런던정경대
        세미나 발표문(2011년 11월 8일).

대처의 영국과 레이건의 미국이 감세에 앞장섰고 유럽 복지국가도 그 뒤를 따랐다. 미국은 1980년 70%였던 최고소득세율을 1988년 28%까지 떨어뜨렸다. 고부담 복지국가의 상징인 스웨덴도 '세기의 조세개혁'을 단행했다. 소득세 최고세율을 73%에서 51%로, 법인세율은 57%에서 30%로 낮추었다. 누진단계도 3단계로 대폭 축소했다. 그리고 이원적 소득과세dual income taxation 원칙을 도입해, 자본소득(금융소득, 사업소득)을 근로소득과 합산해 종합과세하지 않고, 30% 정률로 분리과세했다. 자본소득은 누진세에서 벗어나게 해 투자를 촉진하기 위함이었다. 더불어 사회보험료가 기업경쟁력을 약화시키고 해외투자에 장애로 작용하지 않도록, 가장 큰 비중을 차지하는 연금보험료에 법적인 상한선(18.5%)을 설정해 더 이상 보험료가 오르지 않게도 만들었다. 또한 전체 조세수입의 1~2% 비중밖에 안 되면서 개인의 경제활동에는 엄청난 영향을 미치는 상속세를 폐지하고, 대신 상속된 자산이 현금화될 때 양도세 개념의 자본이득세를 신설했다. 부족해진 조세수입은 각종 조세감면의 폐지와 부가가치세율 인상, 그리고 이산화탄소세, 주세酒稅 등 죄악세sin tax의 인상 등으로 보충했다. 국가의 전체적인 조세추출 능력은 유지하되 투자와 근로에 보다 중립적인 세제가 되도록 '낮은 세율과 넓은 세원'을 목표로 한 개혁이었다.

2008년 글로벌 경제위기 이후, 많은 복지국가에서 최고

소득세율이 인상되는 경향을 보이고는 있다. 그러나 '낮은 세율과 넓은 세원'이라는 1980년대 이후 조세체제의 근본 틀은 현재도 그대로 유지되고 있다.

오르락내리락,
세금의 비밀

    우리나라 조세수입 구조를 OECD의 주요 복지국가들과 비교해보자. 〈표 10-1〉의 국민부담률을 보면 한국은 미국과 함께 국민부담률이 가장 낮은 그룹에 속한다. GDP 대비 조세수입 20.14%(조세부담률), 여기에 사회보험료 수입 7.84%가 더해져 국민부담률은 27.98%가 된다. OECD 평균 33.5%에 비해 많이 낮은 편이다. 그런데 세목별로 보면, 우리 상식과는 다소 동떨어진 결과를 접하게 된다. 우리나라는 소득세 부담이 상대적으로 가장 적다. OECD 평균을 보면, 국가가 소득세로 GDP의 8.28%를 거두어들인다. 그런데 한국은 5.26%에 불과하다. 3장에서 언급했듯이, 복지 대신에 소득세를 낮

표 10-1   복지국가별 조세수입 구조의 비교(2020년)

	소득세	법인세	재산세	소비세	기타	사회보험료					조세부담률	국민부담률
						고용주	피고용자	자영자	기타	계		
스웨덴	12.18 (28.78)	2.95 (6.97)	0.95 (2.24)	12.07 (28.52)	5.14 (12.15)	6.38	2.60	0.08	-0.03	9.03 (21.34)	33.29	42.32 (100)
덴마크	25.53 (54.19)	2.86 (6.07)	1.96 (4.16)	14.43 (30.63)	2.27 (4.82)	0.03	0.03	0.00	0.00	0.06 (0.13)	47.05	47.11 (100)
독일	10.25 (27.04)	1.63 (4.30)	1.25 (3.30)	9.74 (25.69)	0.00 (0.00)	7.19	6.38	1.47	0.00	15.04 (39.67)	22.87	37.91 (100)
프랑스	9.54 (21.04)	2.32 (5.12)	3.97 (8.76)	12.28 (27.08)	2.40 (5.29)	10.08	3.59	1.16	0.00	14.83 (32.71)	30.51	45.34 (100)
이탈리아	11.42 (26.78)	2.06 (4.83)	2.44 (5.72)	11.48 (26.92)	1.68 (3.94)	9.04	2.50	2.03	0.00	13.57 (31.82)	29.08	42.65 (100)
영국	9.46 (29.46)	2.33 (7.26)	3.73 (11.62)	10.01 (31.17)	-0.16 (-0.50)	3.91	2.64	0.19	0.00	6.74 (20.99)	25.37	32.11 (100)
미국	10.45 (40.58)	1.26 (4.89)	3.20 (12.43)	4.44 (17.24)	0.01 (0.04)	3.14	2.91	0.34	0.00	6.39 (24.82)	19.36	25.75 (100)
일본	6.21 (18.70)	3.88 (11.69)	2.68 (8.07)	6.93 (20.87)	0.12 (0.36)	6.22	5.95	1.21	0.00	13.38 (40.30)	19.82	33.20 (100)
한국	5.22 (18.81)	3.36 (12.11)	3.94 (14.20)	6.77 (24.40)	0.68 (2.45)	3.49	3.37	0.92	0.00	7.78 (28.04)	19.97	27.75 (100)
OECD 평균	8.31 (24.76)	2.75 (8.19)	1.86 (5.54)	10.59 (31.56)	-0.05 (-0.15)	5.14	3.61	0.97	0.38	10.10 (30.10)	23.46	33.56 (100)

주   괄호 안은 국민부담율을 100으로 했을 때 비중
자료   OECD Revenue Statistics의 원자료를 가공하여 작성.

추어 가처분소득을 올려주었던 산업화 시기의 유산이 아직 남아 있는 것이다. 사회보험료와 소비세도 낮은 편이다. 반면 재산세와 법인세 수입은 OECD 평균을 크게 웃돈다. 특히 OECD 평균의 두 배를 넘는 재산세가 그러하다. 단 이 세목들은 세원 자체가 크지 않기에, 전체적으로 볼 때 한국의 국민부담률은 낮다.

이제 국민부담률과 세목별 조세수입 비율의 추이를 살펴보자. 〈그림 10-3〉을 보면, 산업화 시기라고 볼 수 있는 1970년 대와 1980년대에는 국민부담률과 5대 세목이 GDP에서 차지하는 비율이 크게 늘지 않았다. 그러나 GDP 증가율이 매년 10%에 달하던 고도성장기였기에 조세수입의 절대량은 빠르게 증가했다. 1972년 5,287억 원이었던 조세수입은 17년 만인 1989년 26조 7,054억 원으로 50.1배가 늘어났다.

민주화 이후 1990년대 들어 국민부담률이 증가하기 시작했다. 사회보험료의 증가가 눈에 띈다. 1988년에 국민연금이 도입되고, 1989년에 전국민의료보험이 실시되면서 사회보험료 납부 대상자가 대폭 확대된 데 힘입었다. 이후 국민연금이 농어촌과 도시지역까지 확장되었다. 1995년에 고용보험도 새로 도입되었다. 각종 사회보험의 보험료율이 지속적으로 인상되면서 국민부담률의 상승폭이 커졌다. 2019년 현재, 한국의 공공사회지출은 총 233조 5,407억 원이다. 그런데 사회보험료 수입은 140조 710억 원으로, 사회지출 대비 약 60%에

그림 10-3　　한국의 국민부담률과 5대 세목의 GDP 대비 세수 비율 추이

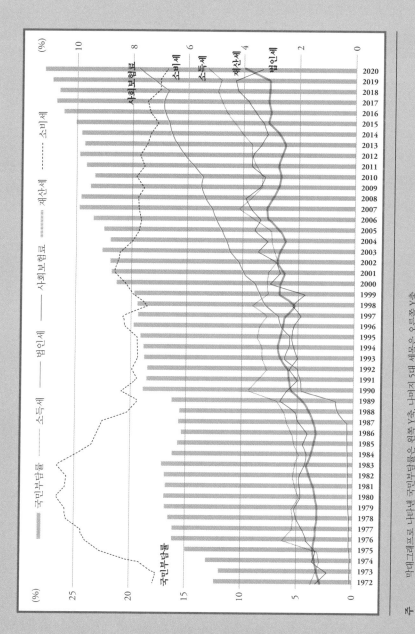

주　　막대그래프로 나타낸 국민부담률은 왼쪽 Y축, 나머지 5대 세목은 오른쪽 Y축.
자료　OECD 세수 통계를 바탕으로 필자가 작성.

이른다. 사회보험료는 사회보장비용을 충당하기 위한 목적세다. 사회보험료 수입은 모두 실업, 산재, 의료, 연금 지급에 쓴다. 한국 복지의 재정적 기반이라 해도 과언이 아니다.

그럼 기초연금, 국민기초생활보장제도, 공보육, 출산장려금, 장애인연금 등 사회보험 외 복지사업에 필요한 돈은 어디서 나오는가? 바로 소득세 등 일반세금이다. 여기에는 사회보험료와 달리 꼬리표가 달려 있지 않다. 일단 먼저 거둬들이고 이후 재정지출의 시급성, 효과성 등을 감안하여 배분하는데, 현재 복지사업의 재원으로 많이 활용되고 있다.

일반세금 중 직접세인 소득세, 법인세, 재산세부터 보자. 먼저 소득세 수입의 비중은 최근 수년간을 제외하고는 그리 크게 늘지 않았다. 사실 소득세는 가장 강한 누진구조를 갖고 있기에, 소득이 오르면 그보다 빠른 속도로 납부액이 늘어나야 한다. 소득세율이 그대로라도, 소득이 증가하면 기존의 면세자도 면세점을 넘게 되고, 최저세율로 내던 사람도 자연스레 한 단계 높은 세율을 적용받기 때문이다. 그런데 고도성장기에 어떻게 소득세수 비중이 늘지 않았는가? 마법은 과세표준(과표) 조정에 있다. 정부는 소득세 부담이 소득의 증가를 넘어서지 않게 하려고 주기적으로 면세점을 올리고 과표구간을 조정해왔다. 연소득이 1,000만 원을 넘으면 15% 세율이 적용되던 것을 1,200만 원이 넘어야 15% 세율을 적용받게 하는 식이다.

하지만 노무현 정부에서는 과표구간 조정을 하지 않았다. 세율을 올린 것도 아닌데, 정권 말년인 2007년까지 소득세수 비중이 눈에 띄게 늘어났다. 이후 2008년 감세 공약으로 정권을 잡은 이명박 정부가 소득세율 자체를 낮추어 소득세 부담을 떨어뜨렸다. 그러나 박근혜 정부가 2014년 소득공제를 세액공제로 바꾸어 중상위 소득자의 실효세율이 높아졌다. 여기에 문재인 정부가 최고세율을 신설하는 등 부자증세를 단행해 소득세수가 꾸준히 늘고 있다.

법인세와 재산세 수입도 오르고 있다. 특히 우리나라 수출대기업들이 글로벌 기업으로 크게 성장한 2000년대 들어 법인세 납부액이 늘어났다. 이명박 정부의 감세 조치 이후 다소 줄어들다가 반도체 호황과 문재인 정부의 대기업 과세 강화 등에 힘입어 다시 증가하는 추세다. 재산세수는 문재인 정부에서 종부세를 포함해 재산세를 크게 올린 결과, 2021년에 한국은 OECD국가 중 GDP 대비 재산세수 규모가 가장 큰 나라가 되었다.

반면 간접세인 소비세는 GDP에서 차지하는 비중이 줄어들고 있는 유일한 세목이다. 1977년 아시아에서 최초로 부가가치세가 도입된 이후, 소비세 수입은 급격히 증가해 타 세수를 압도한 바 있다. 1983년에는 일반소비세인 부가가치세와 개별소비세로 거둬들인 돈이 GDP의 10.6%로 전체 세수의 62%에 달했다. 1988년까지도 전체 세수의 50% 이상을 담당하는 아주 큰 세목이었다. 산업화 시기 내내 투자와 근로를 진작시키기 위해 직접세는 낮게 유지했기에, 부가가치세 수입으로 부족한 세수를 다 충당했다고 해도 과언이 아니었다.

게다가 부가가치세는 수출지향 산업화에 부응하는 세제였다. 당시 우리나라는 도로, 항만 등 사회간접시설과 공장을 건설할 돈을 해외에서 빌린데다, 원유와 중간재인 기계 등을 수입하느라 항상 경상수지 적자에 허덕였다. 1980년에는 세계 4대 채무국으로 외채망국론이 횡행했다. 수출로 번 외화를 아끼기 위해 식료품, 의류, 자동차 등의 소비재 수입은 줄여야 했다. 중간재를 수입·가공해 해외에 수출하면 부가가치세를 낼 이유가 없다. 그러나 해외에서 소비재를 수입해 국내에서 판매하면 부가가치세를 내야 한다. 부가가치세는 소비재의 가격인상을 불러와 국내 소비를 억제했다. 부가세는 수출에는 중립적이지만, 소비재 수입에는 벌금으로 작용한다.

이제 부가가치세의 산업정책적 효과가 필요 없을 정도로 한국은 세계적인 경제강국이 되었다. 전체 세수에서 부가가치세가 차지하는 비중도 많이 줄었다. 하지만 아직도 매년 89조 원가량 거둬들이는 효자 세목이다.

증세에 대한
저항과 유혹

한국 복지국가는 뒤늦게 성장기에 진입했고, 이제 사회 보험료를 위시해 거의 모든 세금이 늘고 있다. 저출생, 고령화, 근로빈곤, 양극화 등에 대처하려다보니, 복지지출은 매년 평균 예산증가율을 훨씬 웃돌며 증가일로다. 그러나 늘어나는 복지비용을 충당하지는 못한다. 2008년 11.7조 원의 재정적자를 기록한 이후 내내 적자 상태다. 2021년에는 GDP의 5.6%에 달하는 112.5조 원으로 크게 늘어났다. 누구나 복지확대에는 대체로 동의한다. 하지만 비용부담에 대해서는 찬반이 엇갈린다.

서울대 행정대학원과 한국갤럽이 전국 만 19세 이상

5,940명에게 1:1 면접 방식으로 조사한 '2014 정부역할과 삶의 질에 대한 국민인식조사' 결과는 시사적이다.[2] 그냥 복지확대에 대한 지지 여부를 물어보면, 지지가 49.7%, 반대가 14.8%로 복지확대에 크게 찬성한다. 그런데 '증세가 수반된' 복지확대에 대한 지지는 27.1%로 반 가까이 줄어들고, 반대는 39.5%로 2.7배 늘어나면서 반대가 크게 우세하게 된다. 복지는 받고 싶고 비용은 회피하고 싶은 인간의 본성이 설문 결과에 그대로 드러난다.

한 가지 흥미로운 점은, 돈이 많은 고소득층은 복지확대에 대한 지지도가 증세 여부에 크게 좌우되지 않는다는 점이다. 그런데 저소득층과 중산층은 증세 여부에 따라 지지도가 크게 출렁인다. 저소득층이나 중산층이 고소득층에 비해 복지를 더 바라고 지지한다. 그런데 이들은 생활이 별로 여유롭지 못한 상황에서 복지를 위해 세금을 더 내라고 하면, 복지확대 지지를 철회할 확률이 커진다. 이들이 유권자의 대다수를 차지하기에, 선거 때 수많은 복지확대 공약에도 불구하고 증세 얘기는 잘 나오지 않는다. 포용국가론을 앞세워 누구보다 복지확대에 매진하던 문재인 대통령도 증세에 대해서는 매우 조심했다. 문 대통령은 2017년 재정전략회의에서 "다만 증세를 하더라도, 대상은 초고소득층과 초대기업에 한정될 것⋯ 일반 중산층과 서민들, 중소기업들에는 증세가 전혀 없다. 이는 5년 내내 계속될 기조"라고 강조하며 "중산층, 서민, 중소기업들이 불안해하지 않도록 해달라"고 당부한 바 있다.[3] 그러나 초고소득층과 초대기업에 대한 '핀셋' 증세만으로 필요한 재원이 마련될 수는 없다.

증세 없이 복지확대가 가능하다면 그보다 좋은 일은 없을 것이다. 일본처럼 공채를 발행하거나 묵시적 연금 부채를 쌓아두는 방식으로 증세 없이 복지를 확대할 수도 있겠다. 국제통화기금International Monetary Fund(IMF)에 따르면, 2017년 일본의 정부부채는 GDP의 236%다. 잃어버린 20년 동안 경제는 제자리인데, 세계 최고의 고령화국으로 연금과 의료비 지출이 막대하다. 그런데도 조세부담률은 OECD 평균 이하다. 2000년 이후 쌓아 올린 일본 정부부채의 대부분은 늘어난 사회보장비용 때문이다.[4]

우리도 일본처럼 빚을 늘려 복지지출을 충당할 수 있을까? 우리는 불가능하다. 일본은 미국, 유럽연합European Union(EU)과 함께 기축통화국이다. 세계 금융시장이 위기에 빠질 때마다 안전자산이라며 일본 엔화의 가치가 오른다. 우리나라에서 자본이 빠져나가 일본과 미국으로 이동하고, 환율이 오르고, 원화가치는 떨어진다. 우리나라 정부부채가 높다면, 우리 금융시장에서 자본이탈은 가속화될 것이다. 제2의 IMF 외환위기가 올 수도 있다. 따라서 우리는 일본이 아닌 스웨덴의 방식을 따라야 한다.

스웨덴은 EU국가이면서 유로를 쓰지 않고 자국화폐인

크로나를 사용한다. 일본보다 훨씬 큰 복지국가인 스웨덴의 2021년 정부부채는 GDP 대비 58.7%로 양호하다. 스웨덴은 1990년에 전후 최악의 외환위기를 경험한 이후에, 재정건전성 유지를 국가재정 운영의 기본으로 삼고 있다. 공공부문에서 재정적자예산 편성은 원칙적으로 금지이고, 재정흑자목표제도를 도입해, 7년 동안 GDP 대비 평균 1%는 흑자를 내도록 세입/세출을 맞춘다. 만약 경제위기 등으로 적자 예산 편성이 불가피한 경우라도 GDP 대비 3% 이상은 금지이고, 4년 이내에 재정균형을 맞출 수 있는 대책이 전제되어야 한다. 1996년 취임한 요란 페르손Goran Persson의 사민당 정부에서 마련된 이러한 재정원칙은 2006년 집권한 우파 정부로 이어졌고, 현 사민당 정부에서도 그대로 유효하다./5 재정건전성에 여야가 따로 없다.

2021년 한국의 정부부채는 GDP 대비 47.3%, 2022년 50.2%로 아직은 양호한 상태나 빠른 속도로 늘고 있다. 하지만 우리가 복지지출을 늘릴 때, 과연 일본처럼 부채로 충당하지 않고, 스웨덴처럼 세금을 많이 거두어들일 수 있을까?/6

증세의 전략

복지증세가 어려운 경제적·정치적 구조

선거판에는 사회적 위험의 유무를 가리지 않고, '복지'라는 이름으로 돈을 뿌리겠다는 정치가들이 차고 넘친다. 게다가 우리는 초고령사회를 앞두고 있다. 일본처럼 복지지출이 늘어날 수밖에 없는 구조다. 문제는 복지에 필요한 재원의 조달이다. 빚내지 않고 늘어날 복지비용을 감당하려면 증세가 불가피하다. 이게 스웨덴처럼 가능할까? 결론부터 얘기하자면 구조적으로 쉽지 않다.

첫째, 경제적인 측면에서 저성장 때문이다. 경제가 성장해 국민소득이 증가하면 자연히 세수가 늘어난다. 경제가 발달하지 않은 후진국의 국민들은 거의 모든 수입을 먹고사는 데 써도 빠듯하기에 낮은 세율의 세금이라도 내기 어렵다. 하지만 고소득국가의 국민들은 여유가 있기에 높은 세율의 세금이라도 내라면 낼 수 있다. 또 소득이 증가하는 상황에서는 세금을 제해도 가처분소득이 커진다. 증세를 수용한다.

그러나 저성장 국면에서는 이 모든 게 힘들어진다. 스웨덴을 위시한 서구 복지국가들은 전후 자본주의의 황금기에 고부담 조세체계를 완성했다. 그러나 복지증세가 필요한 우리나라가 지금 처한 상황은 1~2%대 저성장 국면이다. OECD는 한국의 GDP 성장률이 지속적으로 하락해 2030년 이후에는 1.0% 수준에 머물 것으로 전망한다. 소득은 오르지 않고 세금만 오르는 상황이 될 수 있다. 조세저항이 일어날 가능성이 크다.

둘째, 정치적인 측면에서 선거제도 때문이다. 우리나라는 대통령과 국회의원 선거가 다수대표제이다. 즉 한 표라도 더 얻은 사람이 승자가 되는 승자독식 구조다. 박빙의 선거전에서 중간층의 일부만이라도 '우향우' 하면, 비인기 정책인 증세를 주장하는 좌파 정치세력은 전멸할 수도 있다. 그리고 대통령과 집권당은 증세의 책임을 홀로 짊어진다.

유럽 복지국가의 상황은 다르다. 많은 유럽 국가들이 의원내각제하에서 책임을 나눠 지는 연립정부를 운영한다. 또한 비례대표제여서 증세 때문에 10%의 지지율이 빠져도 국회 의석이 10% 줄어드는 데 그친다. 한국에서는 10%의 지지율이 상대편으로 넘어가면 승리 가능성은 사라진다고 봐야 한다. 2022년 대통령 선거와 지방선거에서 주택 보유세 급증이 선거 이슈가 된 서울에서 민주당이 패배한 이유이다.

어느 나라에서나 정치인들은 비인기 정책인 증세를 회피하려 한다. 비례대표제하 의원내각제 국가에서 증세가 정치적 자해라면, 다수대표제하 대통령제 국가에서는 정치적 자살이 된다. 페널티가 훨씬 크다. 우리나라가 증세에 소극적일 수밖에 없는 이유다. 그러나 국가적으로 증세가 필요하다면 해야 한다.

복지증세는 얼마나, 어떻게 가능할까

그렇다면 복지지출이 늘어날 수밖에 없는 우리나라 상황에서 증세는 어떻게 해야 할까? 앞에서 언급한 경제적·정치적 조건을 감안할 때, 복지증세는 경제에 미치는 영향과 정치적 현시성visibility을 최대한 낮추는 방향으로 이루어져야 한다.[7]

첫째, 저성장으로 인해 조세수입의 자연증가분이 크지 않으므로 세율을 높여 증세를 도모할 수밖에 없다. 스웨덴, 덴마크, 독일 등 유럽 복지국가들이 취한 해법은 부가가치세의 활용이다. 부가가치세는 정률의 일반소비세로서 투자 등

경제활동에 대한 저해 효과가 작아 성장잠재력을 해치지 않는 세목이기 때문이다. 유럽 복지국가들의 부가가치세율은 20~25%에 이른다. 우리보다 2배 이상 높다.

물론 소비세는 역진적이며 소득재분배의 원칙에 어긋난다는 비판을 받는다. 소득이 높아질수록 세율이 높아지는 누진구조의 소득세와는 달리 소비세는 부자나 가난한 자나 동일한 세율을 적용받다. 저소득자들은 항상 돈이 부족해 저축은 꿈도 못 꾼다. 버는 대로 다 쓸 수밖에 없다. 반면 부자들은 소비의 절대량은 많을지라도 번 만큼 다 쓰지 못하고 저축한다. 부자의 소득 대비 소비지출 비율은 저소득자에 비해 낮을 수밖에 없다. 따라서 소득이 높아질수록 실질적인 소비세율은 떨어지는 것이다. 소비세가 역진적이라고 비판받는 이유다.

이러한 비판에도 불구하고 스웨덴의 사민당 정부는 1959년에 급속히 증가하는 복지지출의 수요를 충당하기 위해 4.2%짜리 물품세를 도입했다. 1969년에는 부가가치세를 대체 도입했고 이후 세율을 지속적으로 올려 현재 부가가치세율은 25%이다. 복지국가의 대명사 스웨덴은 왜 이러한 소비세에 의존하는가? 소비세가 역진적이라 해도 복지지출의 소득재분배 효과가 훨씬 크기 때문이다. 증세가 어려워 복지확대를 주저하기보다는, 소비세를 활용해 필요한 복지를 확대하면 전체적으로는 재분배 효과가 커진다. 또 소비세는 고령화시대에 국민개세를 실현할 수 있는 유일한 수단이기도 하다. 생산인구가 줄고 은퇴 인구가 크게 늘어난 상황에서, 근로소득세 부담자는 줄어든다. 그러나 소비는 나이를 가리지 않는다.

우리도 2021년 일반소비세인 부가가치세로 약 89조 원을 거두어들였다. 개별소비세를 포함하면 전체 소비세수는 143.1조 원에 이른다. 부가가치세율 1%p 인상으로 약 9조 원 가까운 추가 세수를 확보할 수 있다. 소비세율 전체를 1%p만 올려도 약 14.3조 원의 추가 세수가 예상된다.

소비세는 이론적으로는 역진적이지만, 우리나라 현실에서는 꼭 그렇지도 않다. 일반소비세 중 식료품, 주택, 수도, 의약품, 교육비 등 필수적인 소비에 매기는 부가가치세가 면제되고(즉 부가가치세율 0%), 사치품이나 유흥 등 특정 소비에 매기는 개별소비세는 고가일수록 세율이 높게 책정되어 있기 때문이다. 실제로 실증연구에 따르면, 한국에서 부가가치세율을 인상하더라도 세입 단계에서 역진적 소득재분배는 거의 발생하지 않는 것으로 나온다. 반면 부가가치세를 활용해 복지지출을 늘리면, 소득재분배 효과는 크게 양(+)의 효과를 나타낸다.[8] 복지급여 혜택은 소득상실자나 저소득자가 보기 때문이다.

세계화로 인한 경쟁의 격화로 각국이 법인세를 낮추고 소득세는 높이지 못하고 있다. 그러나 부가가치세나 담배세, 유류세 등 소비세의 확대로 복지국가의 조세추출 능력은 종전 수준을 유지하고 있다. 한국도 산업화 시기 소비세를 활용해 필요한 재정을 충족하면서 성공적으로 경제성장을 이루어낸

10 복지에 필요한 돈은 어디서?: 복지증세

경험을 가지고 있다. 급속한 인구고령화 등으로 인해 복지수요가 폭발하는 한국 상황에서 복지증세를 위해 소비세를 보다 전향적으로 활용할 필요가 있다. 단, 소비에 충격을 주어 경제를 위축시키는 급격한 세율 인상은 피해야 할 것이다.

둘째, 사회보험료를 일부 인상하고, 퇴직연금보험료를 활용해야 한다. 사회보험료도 세금이다. 하지만 반대급부로 사회적 위험에 빠졌을 때 급여가 제공되기에 세금이라는 인식이 상대적으로 덜하다. 게다가 고용주와 반반씩 나눠 부담한다. 고용보험료를 내면 실업급여와 육아휴직급여를 받을 수 있다. 실업급여를 아무리 많이 받아야 한 달에 200만 원이다. 최저임금 수준과 큰 차이가 없다. 실업급여의 최고한도를 인상하고 이에 걸맞게 보험료율을 올릴 필요가 있다. 그래야 중산층이 실직해도 재취업할 때까지 죽음의 계곡을 넘어갈 수 있다. 육아휴직급여도 마찬가지로 올려야 한다. 최대로 받을 수 있는 금액이 150만 원이다. 그런데 육아휴직급여를 받으려면 하루에 한 시간 파트타임이라도 소득활동을 해선 안 된다. 생활비 때문에라도 아이 낳기가 겁난다. 실업급여 보험료율은 현재 1.8%로 낮은 편이다(노사 반씩 부담). 인상 여력이 있다.

국민연금도 저부담-중급여 체계인 만큼 재정안정화를 위해 일부 보험료율 인상이 불가피하다. 그리고 수명이 늘어나 연금 받는 기간이 늘어나는 만큼, 매달 받는 연금액을 일부 하향 조정해야 한다. 부족한 연금은 퇴직(연)금의 연금화를 통해 보완해야 한다. 앞서 6장에서 살펴보았듯이, 2021년 기준 고용주가 전액 부담해주는 퇴직연금보험료가 연 49.9조 원이다. 막대한 돈이 퇴직연금시장으로 흘러들어간다. 그런데 재직 중에 중간정산해 미리 받고, 퇴직 시에도 보통 일시금으로 받고 만다. 노후에 받을 연금은 없다. 퇴직연금도 국민연금처럼 연금으로 지급해야 한다. 한 해 퇴직연금시장에 들어가는 50조 원에 달하는 가용자원을 노후소득보장에 잘 활용해야겠다.[9]

셋째, 앞서 지적했다시피, 우리나라 국민은 소득세를 OECD 평균에 비해 3분의 2 정도만 부담한다. 인상 여력이 있다. 하지만 소비를 미루면 회피되는 간접세와 달리, 소득세는 내 소득에서 바로 떼어간다. 현시성이 높다. 신용카드 소득공제 없애는 방안에 대한 즉각적인 반발에서 보듯, 소득세를 건드리기는 정치적으로 쉽지 않다. 경제적으로도 바람직하지 않다. 근로의욕과 투자를 저해할 수 있기 때문이다. 그러나 방법이 없는 것은 아니다. 소득세는 누진구조이니만큼, 과표구간을 조정하지 말고 그냥 내버려두면 세금이 자동으로 늘어난다. 소득이 늘어나면 많은 납세자들이 면세점에서 벗어나 점차 세율이 높은 과표구간으로 상향이동하기 때문이다. 소득이 늘면서 세금을 더 내는 것이기에 서로 윈윈이다. 바람직한 현상은 아니지만, 인플레이션 때문에 실질소득이 제자리이면서 명목소득만 늘어도 소득세수는 늘게 되어 있다. 과표가 올라가기 때문이다. 명시적으로 세율을 인상하거나, 사회복지세 같이 새로운 직접세를 신설해서 조세저항을 촉발할 이유가 없다. 과표구간 조정만 하지 않으면, 경제활동에 큰 충격을 주지 않고 정치적으로도 큰 문제 없이 세수를 증대시킬 수 있다.

열 번째 이야기를
마치며

사회보장제도는 엉터리 설계만 아니라면 시민 개개인의 삶에 큰 도움이 되고, 경제와 노동시장이 원활하게 작동하는데 윤활유 역할을 한다. 우리보다 잘사는 선진국들이 모두 우리보다 높은 수준의 복지제도를 갖고 있는 이유일 것이다. 그러나 복지국가는 공짜로 만들어지지 않는다. 빚을 내서 만들 수는 있겠지만 지속가능하지 않다. 결국은 증세와 함께 가야 하는데, 정치적으로 또 경제적으로도 녹록한 일이 아니다. 문재인 정부의 고육지책처럼 초대기업과 초고소득자에 대한 핀셋 증세만 가지고 될 일도 아니다.

진보진영은 복지증세가 필요함을 누구보다도 강하게 역

설하고 있다. 직접세 위주로, 대기업 과세와 부자증세 차원에서 접근한다. 사회복지세 같은 새로운 세목의 신설도 주장한다. 복지의 맛을 알아야 세금도 낼 거라며, 먼저 부채를 통해서라도 복지를 확대하자고 주장하기도 한다. 그러나 경제와 정치 현실을 무시한 채 조세정의나 이념을 앞세워 증세를 이루어낼 수 있을지는 의문이다. 무엇보다 복지국가의 물적 토대인 경제를 위축시키지 않으면서 말이다. 우리나라의 경제·정치적 조건은 증세에 매우 불리한 구조다. 조세정의만 앞세우다가는 경제가 어려워지고 재정이 뒷받침되지 않아 더 이상 복지를 확충하지 못하는 상황이 올 수도 있다. 조세정의를 앞세우기보다는 실질적인 증세에 목적을 두고, 경제를 살피며 조세저항을 우회할 전략을 마련해야 할 것이다.

복지국가
대한민국으로‥

미래 설계

11

한국 복지국가의 미래는 어떻게 만들어가야 할까? 한국 복지국가에 사는 시민들의 삶을 어떻게 바꿔야 할까? 한 사람이 혼자서 하얀 종이 위에 자기 집을 설계한다면 원하는 대로 멋진 집을 그릴 수도 있을지 모른다. 하지만 집터가 산자락인지, 평지인지, 암반 위인지 등의 조건을 감안해야 할 테고, 더 중요하게는 건축역학적으로 무너지지 않는 튼튼한 집을 지어야 한다. 게다가 혼자만의 집이 아니라 수십 명, 수백 명 심지어 5,000만 명이 함께 살아야 하는 집이라면 그림은 더 어려워진다.

이 책의 마지막 장에서 필자는 한국 복지국가의 멋진

미래를 설계하고 싶다. 하지만 5,000만 국민이 모두 동의하는 설계와 외관은 불가능하다. 소수의 전문가들만 설계에 참여한다고 해도 모두가 합의하는 집을 짓기는 쉽지 않다. 각자의 가치지향은 물론이거니와 이해관계도 다 다르기 때문이다. 따라서 2장에서 논한 롤스의 정의론을 다시 소환할 필요가 있다. 자신의 이해관계를 가리는 무지의 장막을 다시 드리우자. 그리고 정의의 제1원칙과 제2원칙에 다시 합의한 후, 이 원칙 아래 집을 짓도록 하자. 첫째, 누구나 타고난 재능을 자유롭게 발휘하고 성과를 향유할 수 있어야 한다. 둘째, 쌓아 올린 부를 선천적 재능이 부족한 시민은 물론 예기치 않게 사회적 위험에 빠진 불운한 시민과도 나눌 수 있어야 한다. 또 이 불운한 동료 시민들에게 물질적 생활을 보장할 뿐만 아니라 다시 뛸 수 있는 동등한 기회도 최대한 보장해주어야 한다.

대한민국은 부족하나마 제1원칙과 제2원칙의 큰 틀 안에서 복지국가를 만들어왔다. 우리가 처한 조건 위에서 만들 수 있는 최대한 안전한 집, 그리고 우리만 누릴 게 아니라 후세대에게도 떳떳하게 물려줄 수 있는 한국 복지국가의 미래를 그려보자.

변화하는 복지 환경

저성장

집을 지으려면 먼저 집터를 살펴보아야 한다. 우리는 예전에 비해 복지국가를 건설하기 힘든 조건에 처해 있다. 먼저 경제상황이 좋지 않다. 복지국가는 말로 만드는 게 아니다. 먼저 함께 나눌 부가 생산되어야 한다. 롤스의 정의론 제2원칙인 차등의 원칙에 따라, 여러 이유로 불운에 빠진 동료 시민들에게 사회적으로 생산된 부의 상당부분을 이전해야 한다. 연금, 실업급여, 공적부조, 의료비 등 수많은 비용이 든다.

과거 한국경제는 지금의 중국처럼 빠른 성장을 이루었

다. 고도성장기가 지난 1990년대만 해도 평균 7%, 2000년대에는 평균 4.4%의 성장률을 달성했다. 글로벌 금융위기 직후인 2010년과 2011년에도 각각 6.5%와 3.7% 성장해 세계경제위기의 여파도 극복해냈다. 그러나 그도 잠시, 2012년 이후 경제성장률은 연평균 3% 밑으로 떨어졌고, 이후 지속적으로 하락하고 있다. 2019년에는 2%대로 떨어졌다. 이런 추세는 계속 이어질 것으로 예상된다. 한국개발연구원Korea Development Institute(KDI)은 2030년대 한국경제의 잠재성장률이 1%대로 하락하고, 2050년대는 1.1%에 불과할 것이라고 예상한다. IMF도 한국의 잠재성장률이 2050년대에는 1.2% 정도가 될 것으로 추정한다(⟨표 11-1⟩).

사실 이런 전망마저도 낙관적인 수치다. 코로나 감염병 사태 이후 세계 경제는 저성장-고물가를 뜻하는 스테그플레이션의 파고에 휘청이고 있다. 무지의 장막에 가려 재분배에 합의한 사람들일지라도, 자기 소득이 증가하지 않는 상황을 목도할 때는 남과 나누는 것을 주저하게 된다. 연구에 의하면, 사람들은 경제성장기에 재분배에 보다 관용적인 태도를 보인다.[1] 남에게 나눠주더라도 자기 것이 줄지 않기 때문이다. 경제규모가 커지면 동일한 세율에서도 국가가 운용할 수 있는 세수가 커진다. 여기에 재분배에 대한 국민들의 관용적인 태도까지 더해지면 복지확대에 어려움이 덜하다. 그런데 아쉽게도 이런 우호적인 조건은 한국에서 막을 내렸다. 저성장은

표 11-1   한국의 잠재성장률 장기 전망

(단위: %)

	2016~2020	2020~2030	2030~2040	2040~2050	2050~2060
KDI(2015)	3.6	2.6	1.9	1.4	1.1
IMF(2018)	-	2.2	1.9	1.5	1.2

자료   IMF, "IMF Country Report: Republic of Korea" no. 18/41(2018). 기획재정부, "기획재정부, 2060년 국가채무비율 40% 이내로 관리. 지속적인 세출구조조정 없을 경우 60%까지 상승 가능" 보도자료(2015년 12월 4일자).

우리가 미래 복지국가를 건설할 때 감안해야 할 첫 번째 조건 이다.

고령화

한국의 인구구조 변화도 복지국가 건설에 큰 어려움을 줄 것으로 예상된다. 통계청에 의하면, 2017년과 2067년 사이에 생산연령인구(15~64세)의 비중은 73.2%에서 45.4%로 30%p가량 줄어든다(〈그림 11-1〉). 반면 65세 이상 고령자 비

그림 11-1   한국의 인구구조 변화

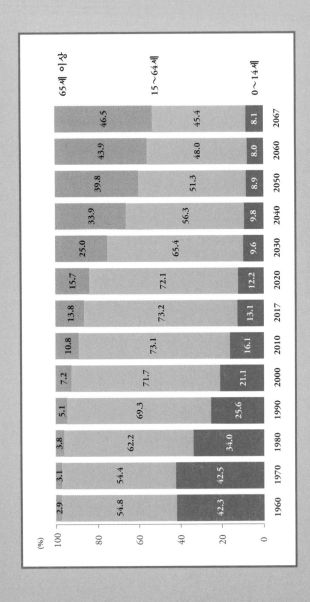

	1960	1970	1980	1990	2000	2010	2017	2020	2030	2040	2050	2060	2067
65세 이상	2.9	3.1	3.8	5.1	7.2	10.8	13.8	15.7	25.0	33.9	39.8	43.9	46.5
15~64세	54.8	54.4	62.2	69.3	71.7	73.1	73.2	72.1	65.4	56.3	51.3	48.0	45.4
0~14세	42.3	42.5	34.0	25.6	21.1	16.1	13.1	12.2	9.6	9.8	8.9	8.0	8.1

자료   통계청, "장래인구특별추계: 2017~2067년" 보도자료(2019년 3월 28일자).

그림 11-2 한국의 부양비 변화

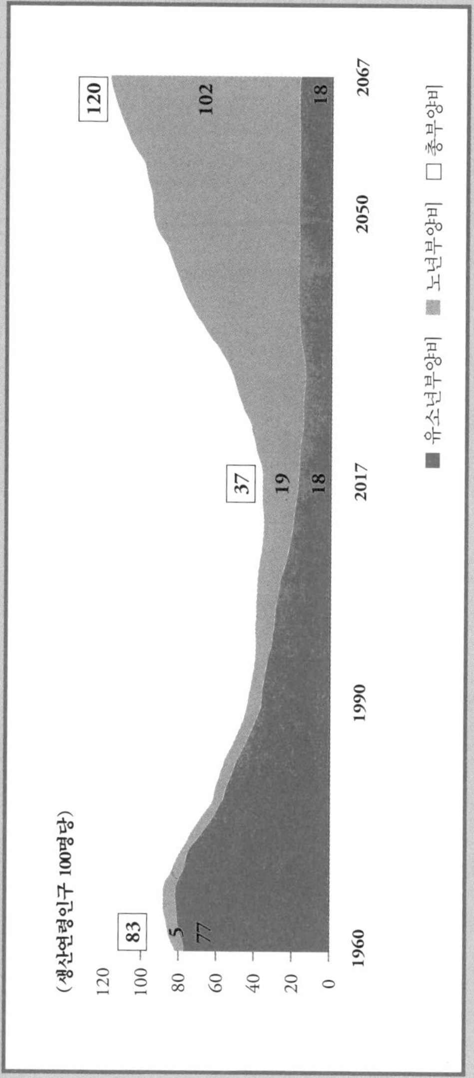

자료 통계청, "장래인구특별추계: 2017~2067년" 보도자료.

중은 13.8%에서 46.5%로 30%p 이상 증가한다. 구체적인 인구 수를 살펴보면 미래에 생산을 담당할 14세 이하 유소년인구는 672만 명에서 318만 명으로 반토막이 난다.

〈그림 11-2〉는 인구구조 변화에 따른 부양비의 변화를 보여준다. 생산연령인구 100명당 총부양인구(유소년+노년인구)는 2017년 37명에서 2067년에는 120명으로 급증한다. 노년부양비가 대폭 증가하면서 나타나는 현상이다. 1960년대에도 총부양비가 83명으로 지금보다 훨씬 높았지만 이는 대부분 유소년부양 때문이었다. 유소년은 자라서 생산인구가 되지만 노인은 그렇지 않다. 과거에는 총부양비가 높아도 희망이 있었지만 지금은 그렇지 않은 것이다. 세계에서 제일 낮은 초저출생의 여파가 우리를 기다리고 있다.

〈그림 11-2〉에서 2067년 노년부양비가 102라는 것은, 100명의 생산인구가 노인 102명의 생계를 책임져야 한다는 뜻이다. 2017년에 노년부양비가 19였으니 50년 후 노년부양비 102는 생산인구가 책임져야 할 노인인구가 5.5배 늘어남을 의미한다. 만약 경제규모도 5.5배 커지면 지금 수준에서 고령화의 충격을 흡수할 수 있다. 50년 사이에 경제규모가 5.5배 커지려면 매년 약 3.5%씩 쉬지 않고 성장해야 한다. 그러나 이미 저성장 국면에 접어들어 1%대 경제성장률을 보이는 현실을 감안하면 인구구조 변동에 따른 충격은 매우 클 것이다.

IMF에 의하면 한국은 노인인구 증가와 함께 연금과 의료 등 고령화 관련 지출이 크게 늘어난다. 2017년 현재의 사회보장제도가 그대로 유지되는데 증세 조치가 없다고 가정하는 경우, 정부 재정적자 규모는 2050년 한 해만 GDP 대비 14%에 달할 것으로 추정된다. 이후 재정적자는 급격히 늘어나 2070년이면 정부부채가 GDP 대비 500%를 훌쩍 넘게 될 것으로 IMF는 내다보고 있다.[2]

더욱이 2019년 기초연금의 인상, 문재인 케어로 인해 의료보장 지출이 확대되고 있다. 2023년 부모급여가 도입되었고, 기초연금의 인상도 예고되었다. 이에 따라 재정적자는 앞당겨지고, 그 규모는 더 커질 것이다. 그러나 의료비 지출 통제를 위한 개혁이나 연금의 재정안정화 노력이 2070년까지 전무하리라고 가정하는 것은 현실적이지 않다. 또한 IMF의 잠재성장률 추정치는 현재 미국의 60% 수준인 한국의 총요소생산성total factor productivity이 2070년에도 68% 수준까지만 상승하는 것을 가정하고 있다. 한국경제가 지금처럼 4차산업혁명에서 낙오되고, 구조조정이 지연될 수도 있겠다. 그러나 한국경제가 구조개혁에 성공하고 생산성을 높일 수 있게 된다면 미래 재정 전망은 IMF의 예측보다는 비관적이지 않을 수 있다.

그럼에도 한 가지 부인할 수 없는 사실은 급속한 인구 고령화로 인해 고령화 관련 지출이 크게 늘어날 수밖에 없고, 저성장으로 인해 이를 감당할 능력은 반대로 약화되고 있다는 점이다. 이렇게 되면 경제와 복지의 선순환에 기여하는 근로 연령대 인구에 대한 사회보장(적극적 노동시장정책, 육아휴직급여, 공보육 등 사회서비스 등)이 상대적으로 위축될 가능성이 매우 커진다.

설계에 앞서
검토할 사항

과도한 지출에 대한 경계

공공사회지출의 증가가 곧 복지국가 발전일까? 반은 맞고, 반은 틀리다. 일단 사회보장제도가 잘 갖추어진 나라는 당연히 사회지출이 많고, GDP 대비 사회지출의 비율이 높아진다. 한국의 2021년 공공사회지출은 GDP 대비 14.4%이다. OECD 평균 23%의 60% 수준이다. 따라서 한국의 복지국가 발전도가 다른 선진국에 비해 60%밖에 안 되니, 빨리 사회지출을 늘려서 선진 복지국가로 가야 한다는 주장이 나온다.

이 책의 3장에서 살펴보았듯이, 우리의 사회보장 수준

341

이 다른 선진국에 비해 떨어지는 것은 사실이다. 그러나 60% 수준밖에 안 된다고 결론지어서는 곤란하다. 2021년 한국의 인구고령화율은 아직 16% 수준이다. 유럽의 다른 나라들이 20%를 넘는 데 비하면 아직은 젊다. 현재 한국의 연령구조가 상대적으로 젊은 만큼 연금과 의료비 지출이 높지 않다. 게다가 역사가 짧은 국민연금은 보험료만 거두어들이고 있을 뿐, 연금지출은 2028년이 되어야 크게 늘기 시작한다. 이런 요인을 감안하면 현재 제도적 차원에서 한국의 사회보장 수준은 GDP 대비 16~18% 정도로 추정된다. 호주, 캐나다, 스위스와 비슷한 수준이라 할 수 있다. 여전히 작은 복지국가임에 분명하다. OECD 평균 20%에 미치지 못하고, 25% 이상의 사회지출을 보이는 유럽의 큰 복지국가와는 격차가 상당하기 때문이다.

그러나 한국이 OECD 평균의 60% 수준이라고 여기고 사회지출을 늘리면 얼마 가지 않아 과도한 지출이 문제될 것이다. 따라서 현재 우리의 사회보장 수준이 OECD 평균의 60%가 아닌 80~90% 수준, 유럽의 큰 복지국가에 비교할 때도 50%가 아닌 65~70% 수준이라는 평가 위에서 사회보장의 확충을 꾀해야 한다.

복지 프로그램의 구성과
고령화 지출통제의 중요성

사회지출 증가가 곧 복지국가 발전은 아니다. 1장에서
도 언급했지만, 2020년 이탈리아의 사회지출은 GDP 대비
32.6%인데, 스웨덴은 25.9%이다. 이탈리아의 GDP 대비 사회
지출 비중이 스웨덴보다 높다고 해서 이탈리아가 더 선진 복
지국가라고 말하는 사람은 없다. 탈빈곤, 건강, 고용률 등 모
든 사회지표에서 스웨덴의 성과가 월등하다. 따라서 단순히
사회지출 총량을 늘리기보다는, 복지가 필요한 사람에게 적재
적소에 지급하는 것이 중요하다. 그리고 사회지출이 경제성장
을 저해하지 않고 중장기적으로 복지가 경제와 선순환 관계를
맺을 수 있도록 복지 프로그램을 구성하고 재원을 배분해야
한다.

〈그림 11-3〉을 보자. 스웨덴과 덴마크 등 북유럽 복지
국가의 복지 프로그램 구성에서 특이한 점은, 고령화와 연관
된 연금과 의료비 지출이 상대적으로 통제되어 있고, 적극적
노동시장정책, 보육 등 사회서비스, 그리고 아동수당·육아휴
직급여·실업급여 등 근로연령대 인구에 대한 사회보장 지출
비중이 다른 나라에 비해 높다는 것이다. 반면 프랑스, 오스트
리아, 이탈리아, 그리스, 포르투갈, 일본 같은 나라들은 연금과
의료비 지출 비중이 높고, 근로연령대 인구에 대한 사회보장

그림 11-3   OECD 국가의 사회지출 구성(2017)

(단위: GDP 대비 %)

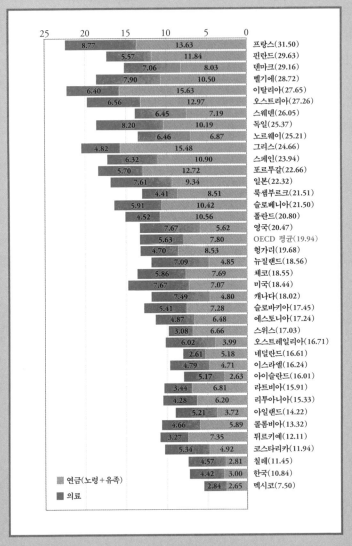

	0	5	10	15	20	25
프랑스(31.50)	2.88	5.35	0.87			
핀란드(29.63)	5.55	5.68	0.98			
덴마크(29.16)	6.90	5.21	1.97			
벨기에(28.72)	3.03	6.43	0.87			
이탈리아(27.65)	1.06	4.00	0.55			
오스트리아(27.26)	2.07	4.88	0.78			
스웨덴(26.05)	7.54	3.63	1.24			
독일(25.37)	2.92	3.40	0.66			
노르웨이(25.21)	5.53	5.89	0.47			
그리스(24.66)	0.39	3.79	0.18			
스페인(23.94)	1.60	4.45	0.68			
포르투갈(22.66)	0.54	3.29	0.40			
일본(22.32)	3.51	1.71	0.15			
룩셈부르크(21.51)	2.49	5.30	0.79			
슬로베니아(21.50)	1.22	3.71	0.25			
폴란드(20.80)	0.88	4.41	0.42			
영국(20.47)	3.11	3.92	0.16			
OECD 평균(19.94)	2.35	3.70	0.46			
헝가리(19.68)	2.22	3.38	0.85			
뉴질랜드(18.56)	2.36	4.02	0.24			
체코(18.55)	1.09	3.60	0.31			
미국(18.44)	1.97	1.63	0.11			
캐나다(18.02)	0.91	4.60	0.22			
슬로바키아(17.45)	1.17	3.37	0.22			
에스토니아(17.24)	1.29	4.36	0.25			
스위스(17.03)	2.00	4.67	0.61			
오스트레일리아(16.71)	2.49	4.05	0.16			
네덜란드(16.61)	2.82	5.36	0.64			
이스라엘(16.24)	2.52	4.08	0.14			
아이슬란드(16.01)	3.96	4.18	0.07			
라트비아(15.91)	1.72	3.75	0.19			
리투아니아(15.33)	1.51	3.04	0.30			
아일랜드(14.22)	1.02	3.89	0.40			
콜롬비아(13.32)	1.94	0.42	0.41			
튀르키예(12.11)	0.68	0.79	0.02			
코스타리카(11.94)	0.99	0.44	0.25			
칠레(11.45)	2.05	2.01	0.27			
한국(10.84)	1.82	1.29	0.30			
멕시코(7.50)	1.28	0.72	0.00			

■ 의료를 제외한 모든 사회서비스
■ 근로연령대 인구에 대한 소득지원
■ 적극적 노동시장정책

자료   OECD SOCX 데이터를 바탕으로 저자가 작성

지출 비중은 상대적으로 낮다.

앞서 2장에서 살펴보았듯이, 복지 프로그램 중에도 고용을 늘리고 인적자원 개발 효과가 큰 사업들이 많다. 스웨덴과 덴마크의 사회보장 시스템은 사회적 위험에 빠진 근로세대에게 관대한 소득보장을 하면서도 노동시장으로의 복귀를 유도하기 위해 적극적 노동시장정책을 펼친다. 양성평등과 후한 육아휴직급여를 통해 높은 출생률을 유지함과 동시에, 질 높은 공보육과 공교육을 통해 저소득 가정 아이에게도 중산층 가정 아이와 동일한 기회를 부여한다.

동시에 스웨덴과 덴마크는 고령화 관련 지출은 최대한 합리화하고 있다. 4장의 〈그림 4-1〉이 보여주듯이, 스웨덴과 덴마크는 국민 1인당 외래진료 횟수가 매우 낮다(병원 입원도 마찬가지다). 조세로 운영되는 국영의료서비스 체제에서 이른바 무상의료를 실시하고 있으나, 의료 이용이 과도하지 않도록 의료공급자와 국민 모두를 통제하고 있다. 스웨덴은 1992년 에델개혁을 단행해 고령자를 위한 재택장기요양서비스를 강화했다. 고령자의 사회적 입원을 막아 의료비를 억제하고 노인들의 삶의 질을 높였다. 우리처럼 단가가 비싼 요양병원에 입원해서 여생을 보내지 않는다.

연금의 경우도 마찬가지다. 스웨덴은 1999년 GDP 대비 30%의 연기금이 쌓여 있는데도, 미래 재정불안 요소라며 공적연금에 대해 대대적인 구조개혁을 단행했다. 평균수명이 늘어나는 만큼 연금액이 자동삭감되는 방식으로 연금제도를 전환한 것이다(5장 참조). 대신 소득활동을 계속하는 동안 연금보험료를 기간 제한 없이 납입할 수 있고, 그만큼 향후 연금액이 인상되도록 보완했다. 연금액이 적은 저소득 노인들을 위해서는 동일 금액을 모든 노인에게 주는 기초연금이 아니라, 최저생계비에서 부족한 만큼만 보충해주는 선별주의적인 기초보장연금을 실시하고 있다. 그리고 쌓여 있는 연기금을 투자해 투자수익을 얻고 이를 연금지출에 사용하는데, 그 규모가 공적연금 지출액의 28%에 달한다.[3] 덴마크는 기초연금만 국가가 책임지고, 우리나라의 퇴직연금에 해당하는 기업연금이 국민연금의 역할을 하고 있다. 사적연금을 준공적연금화하여 노후소득보장이라는 중책을 수행하게 만든 것이다.

미래 한국
복지국가를 위한
설계도

스웨덴과 덴마크의 사례는 앞으로 우리의 사회보장제도
가 가야 할 방향을 잘 보여준다. 먼저 초고령화 사회에 대비하
면서, 고용을 매개로 경제와 복지의 선순환 구조를 만들어야
한다.

초고령사회에 대비한 재정의 효율화

한국 복지국가의 발전은 연금과 의료에 대한 합리화 조
치 없이는 불가능하다. 연금과 의료는 일반적으로 전체 사회

복지지출의 60~70%를 차지한다. 예산 제약이 엄연한 현실이기에 이 양대 분야는 재정효율성을 반드시 염두에 두고 제도를 설계해야 한다. 그러지 않으면 이탈리아, 그리스, 일본처럼 가용자원을 블랙홀처럼 빨아들여, 스웨덴 같은 생산적 복지는 꿈도 못 꾼다.

한국이 직면한 문제는 중첩적이다. 급속한 초고령화에 직면해 있는데다, 현세대 노인의 빈곤이 큰 문제다. 국민연금에 가입할 기회가 없었거나, 가입했어도 가입기간이 짧을 수밖에 없었던, 국민연금 도입 당시 중년층이 노인이 됐기 때문이다. 기초연금으로 일부 소득보장을 해주고 있으나 충분할 수 없다.

미래 연금은 어찌해야 하나? 현세대 노인의 빈곤을 이유로 들며, 국민연금의 급여(소득대체율) 인상이 필요하다는 주장이 있다. 문재인 정부의 연금개혁안이나 사회적 합의기구인 경제사회노동위원회의 연금개혁안이 그러하다. 그러나 국민연금의 소득대체율 인상으로 혜택을 받는 것은 현세대 노인이 아니다. 앞으로 은퇴할 현세대 가입자다. 필자는 현재의 목표 소득대체율 40%선을 유지해야 한다고 본다. 독일도 45년 가입 기준 38.2%, 스웨덴도 40년 가입 기준 36.6%의 목표 소득대체율을 갖고 있다. 40%가 결코 낮은 수준이 아니다.

소득대체율 인상이 아니라, 독일의 22%, 스웨덴의 16%에 훨씬 못 미치는 국민연금 보험료율 9%를 인상해야 한다.

그런데 퇴직연금의 고용주 부담분(8.33%)을 감안하면, 국민연금 보험료율을 유럽 수준으로 올리기는 어렵다. 결국 지출을 통제하는 수밖에 없다. 연금 수급연령의 점진적 인상, 평균수명의 증가에 따른 급여 자동삭감 장치 등을 도입해야 한다. 스웨덴과 독일은 국민연금 보험료율이 20% 안팎으로 높을 뿐아니라, 이미 지출통제를 위해 확정급여를 확정기여 방식으로 바꾸고, 급여 자동삭감 장치를 도입했다. 평균수명 증가에 따른 지출 증가는 노동세대의 추가부담이 아닌 연금수급자 개인의 급여삭감으로 해결하게 만들어놓은 것이다. 우리도 이 방향으로 가야 한다. 낮아질 국민연금 급여는 중간계층 이상은 퇴직연금의 연금화를 통해, 그 이하는 기초보장연금의 도입을 통해 보충해야 할 것이다.

2020년 현재 우리가 가진 915조 원에 달하는 기초연금 등을 노후소득보장에 당장 털어 쓰자는 주장도 있다. 적립금이 사라지면 국민건강보험처럼 그해 보험료 걷어서 그해 써버리면 된다고 주장한다. 그러나 이 경우, 연금보험료율을 30% 이상으로 올려야 한다. 독일처럼 연금보험료로만 소득의 22%를 거두지도 못하면서, 30% 이상은 불가능하다. 게다가 우리나라는 의무화된 퇴직급여(퇴직금/퇴직연금) 보험료가 이미 소득의 8.33%이다. 그리고 10장에서 논했듯이 증세가 용이한 구조도 아니다.

국민연기금은 엄청난 노인부양비를 떠안게 된 후세대

가 유일하게 기댈 수 있는 버팀목이다. 털어 쓰더라도 후세대가 나중에 결정할 문제다. 게다가 현재는 기금운용 수익을 통해 낮은 보험료 수입 문제를 보완해주고 있다. 스웨덴이 연금지출의 28%를 기금운용 수익으로 충당하듯이, 우리도 이 수익이 큰 역할을 하고 있다. 2016~2022년 6년동안 연평균 기금운용수익은 21조 1,500억 원으로 2022년 연금급여 지출액 33조 8,200억 원의 2/3에 달하는 큰 돈이다.[4] 만약 국민연금 보험료율을 서서히라도 인상시킬 수 있다면, 연기금의 규모는 더 커진다. 그만큼 수익을 더 늘릴 수 있다.

기금운용 수익을 통해 보험수리적으로 지나치게 낮은 보험료 문제가 해결되지는 않는다. 하지만 문제를 완화하는 데 큰 기여는 할 수 있다. 거대 연기금이 금융시장을 혼란하게 할 것이라는 문제가 있으나, 스웨덴처럼 연기금을 네다섯 개로 분리하고, 해외분산 투자 등을 통해 대처할 수 있다.

국민연금의 재정안정화 조치와 더불어, 덴마크처럼 퇴직연금의 준공적연금화가 병행돼야 한다. 퇴직연금도 국민연금처럼 중도인출이나 일시금 지급을 못하게 해야 한다. 퇴직연금이 매달 받는 연금으로서 제 기능을 발휘하게 되면 국민연금과 함께 노후소득보장에 큰 역할을 할 것이다. 퇴직연금 가입도 할 수 없고, 국민연금도 얼마 되지 않을 저소득 노인들에게는 스웨덴식 선별주의적 기초연금, 즉 기초보장연금을 제공하는 게 합리적이다. 우리의 기초연금처럼 보편주의를 고집해 중간층 이상 노인에게까지 똑같은 금액을 주는 것은 재정적으로 감당하기 어렵다. 보편주의의 더 큰 문제는 저소득 노인에게 연금 급여를 몰아줄 수가 없기에, 탈빈곤 효과를 기대하기 어렵다는 점이다. 저소득자에게 더 많은 연금이 집중될 수 있도록 스웨덴의 기초보장연금으로 바꾸는 게 합리적이다.

스웨덴의 기초보장연금이 어려운 것도 아니다. 우리나라에서 실시하고 있는 국민기초생활보장제도를 그대로 활용하면 된다. 현재 국민기초생활보장제도는 65세 이상 고령자를 포함해 모든 국민의 기초생활을 보장해주고 있다. 2022년 2인 빈곤가구를 예로 들면, 생계급여로 월 최대 97만 8,000원(중위소득의 30%), 주거급여로 월 32만 7,000원(서울 기준), 교육급여로 등록금에 교재비를 더해 연 55만 4,000원(서울, 고등학생 기준) 지급된다. 그리고 건강보험료가 면제되고, 본인부담금도 면제되거나 50% 감면되는 의료급여를 받는다.[5] 2018년 기준, 전체 기초생활보장제도 수급자 중 65세 이상 고령자가 33%를 차지한다. 생계급여 대상자로만 보면 40%가 노인이다. 이미 유사 기초보장연금 역할을 하고 있는 것이다.

그럼에도 국민기초생활보장제도에서 65세 이상 고령자를 분리해내고, 이들을 기초보장연금으로 보호할 필요가 있다. 기초생활보장제도에는 근로연령대인구가 포함되다보니, 수급요건이 매우 엄격하기 때문이다. 웬만한 자산이 있으면 탈락이다. 일단 자산을 현금화해 생활하고 빨리 소득활동을 하라는 취지다. 전혀 기댈 언덕이 없게 될 때 국가의 지원을 받으라는 뜻이다. 게다가 부양의무자 기준도 적용된다. 자기 이름으로 된 재산은 없지만 부자 부모를 둔 일할 나이의 사람은 수급자에서 제외시킨다.

근로연령대인구를 대상으로 한 엄격한 기준이 원칙적으로 65세 이상 고령자에게도 그대로 적용된다. 그러다보니 사각지대가 생긴다. 따라서 노동시장에 복귀를 기대할 수 없는 고령자는 근로연령대 빈곤가구와 분리하고, 보다 느슨한 기준을 적용할 필요가 있다. 이게 바로 선별주의 방식의 보충급여형 기초보장연금이다. 우리도 스웨덴 1999년에 그랬던 것처럼 보편주의 방식의 기초연금은 없애고, 현재 기초연금에 쓰는 연 20조 원을 기초보장연금의 재원으로 돌리면 된다. 이렇게 되면 사각지대 없이 모든 노인의 기초생계를 보장할 수 있게 된다. 기초보장연금은 기초생계비에서 모자란 만큼만 지급되기에 국민연금과 퇴직연금이 성숙해서 총연금액이 증가하면, 기초보장연금의 급여는 줄어들게 된다. 초고령화 시대에 재정효율성이 좋은 기초연금제도라 할 수 있겠다.

4장에서 언급한대로, 의료보장 부분의 재정합리화도 시급한 과제다. 우리나라 국민들은 OECD 국가 중에 가장 많이 병원에 다니고, 두 번째로 오래 입원한다. 환자 맘대로 병원을 선택하고, 세계에서 가장 많이 CT와 MRI를 찍는다. 감기 같은 경증에 쓰는 돈도 막대하다. 2016년 감기 환자는 2,011만 명으로 건강보험에서 1조 7,032억 원을 진료비로 사용했다.[6] 스웨덴 같은 나라에서 감기는 따뜻한 차 마시며 푹 쉬는 병이지 병원에 가서 치료받는 병이 아니다. 그러나 한편으로 우리는 희귀병에 걸려 고통 받는 아이의 수술비와 약값 마련을 위해 모금을 독려하는 TV 방송을 자주 접한다. 장애아 재활병원도 못 짓고, 지방에는 산부인과 전문병원이 없어 산모가 차를 타고 먼 길을 다녀야 한다. 왜 한쪽에서는 의료서비스가 낭비되고, 다른 한쪽에서는 필수의료가 과소 공급되는가?

정치가들이 국민들의 도덕적 해이를 방기하고 있고, 민간에서 이윤동기에 따라 의료서비스를 제공하고 있기 때문이다. 생활비 절감시킨다며 비필수의료까지 급여를 확대하고 있는 문재인 케어도 문제를 키우고 있다. 이런 상태에서 초고령사회를 맞이하면 어떻게 될까? 보건의료지출은 이미 2017년 74조 원에서 2018년 84조 원으로 1년 만에 10조 원이 늘어났다.[7] 지금 추세대로 매년 10%씩 의료비 지출이 늘어나면 7년마다 지출액은 2배가 된다. 2025년에는 168조 원, 2032년에는 336조 원이 된다.

의료보장 시스템을 합리화하지 않으면, 우리 사회의 가용자원이 블랙홀처럼 빨려 들어갈 것이다. 근로연령대 인구에 대한 사회보장제도의 균형 있는 발전을 위해서도, 의사와 환자 양자의 도덕적 해이를 최소화할 수 있는 개혁이 필요하다. 위험도에 따른 의료보장, 진료비 지불 방식의 개편, 혼합진료

금지, 1차의료기관의 문지기 역할 강화 등이 그것이다.

근로세대 소득보장의 강화

근로연령대 인구에 대한 사회보장은 사회적 위험에 대한 보장 수준을 높이면서, 고용을 늘리고 고용된 사람들의 직업역량이 향상될 수 있도록 사회정책을 설계해야 한다.

먼저 실업급여과 육아휴직급여의 소득비례성을 높여야 한다. 2019년 10월에 실업급여의 소득대체율을 현행 50%에서 60%로 올렸으나, 정작 중요한 것은 급여 상한액을 대폭 인상하는 것이다. 2022년 현재 실업급여의 1일 상한액은 6만 6,000원이다. 월로 환산하면 200만 원이 안 된다. 최저임금 수준이다. 2009년 파산 위기에 몰린 쌍용자동차의 정리해고 방침에 노동자들이 극렬히 저항했다. 이 노동자들이 자기 소득에 상응하는 제대로 된 실업수당을 받을 수 있었다면 그렇게 격렬하게 싸웠을까? 30명에 달하는 자살자가 나왔을까? 노동자들의 반대로 제때 구조조정을 못하는 기업이 한둘이 아니다. 한진중공업 사태도 그러하다. 실업급여 상한액의 대폭 인상은 노동자를 위해서도 기업을 위해서도 필요하다.

동일한 이유로, 육아휴직급여의 월 150만 원에 불과한 상한액을 대폭 인상해야 한다(욕심 같아서는 부모급여 100만 원을 더해 상한액 월 500만 원까지). 아이를 갖게 되면 생활비가 더 드는데(10만 원 아동수당으로는 턱도 없다), 육아휴직을 하면 소득까지 훅 떨어진다. 특히 중산층은 더하다. 월 150만 원으로 생활이 될까? 일반적으로 소득이 높은 아빠가 육아휴직을 쓰면 더 손해다. 겁나서 아이를 낳을 수도 남자가 육아휴직을 쓸수도 없다.

육아휴직급여는 실업급여 및 적극적 노동시장정책 시행을 위해 도입한 고용보험에서 나간다. 눈치 보며 더부살이하는 격이다. 저출생 문제 해결이 대한민국의 운명을 가르는 일인 만큼, 스웨덴처럼 부모보험parental leave을 따로 만들어 아이 출산과 양육에 따른 사회적 위험과 부담을 대폭 완화해줄 필요가 있다. 성별 불문하고 45세까지의 모든 근로자와 고용주는 부모보험료를 납부하고, 부모보험기금에서 1년 3개월의 출산/육아휴직급여 외에도, 자녀간호급여, 결혼축하금 등을 지급하도록 하자. 단, 스웨덴처럼 육아휴직급여를 받는 자는 0세 자녀를 본인이 키워야 한다. 어린이집에 보낼 수 없다. 아이 키우라고 두둑한 육아휴직급여를 주었는데 공보육을 이용하면 이중지원이다. 그리고 0세아는 부모가 키우는 게 아이한테도 좋다.

출산/육아휴직급여를 개별 고용주의 의무로 하지 않고 기금을 통해 지급하는 것은, 고용주의 여성고용 회피 유인을 최소화하기 위해서다. 모든 근로자에게 보험료 납부를 의무화하는 것은 결혼 비용과 출산으로 인한 소득상실 위험을 최대한 사회적으로 분산시키기 위함이다. 부모보험의 도입으로 노사에게 공히 새로운 보험료 부담이 생기나, 기존 재원을 활용하면 부담은 그리 크지 않을 것으로 예상된다. 현재 고용보험에서 지원되는 육아휴직급여와 출산휴가급여의 우선지원대상 기업 지원금, 정부에서 지원되는 월 100만 원에 달하는 0세아 무상보육료, 그리고 2020년 부양가족(아동)공제의 폐지로 생기는 조세지출 절감액을 모두 부모보험에 투입하도록 해야 한다. 이것저것 반찬만 많지 먹을 게 별로 없는 상차림보다 메인 메뉴 하나 확실한 게 낫다.

부모보험 도입으로 인한 육아휴직의 확산은 일자리 나누기 효과와 청년고용 증대를 가져올 것이다. 부모보험이 도입되면, 출산전후 유급휴가의 활용률이 높아지고 실제 휴가기간도 현재보다 대폭 늘어날 것이다. 유급휴가 시 부모보험에서 급여가 지출되기에 고용주는 육아휴직자에게 지급하던 월급을 아낄 수 있다. 기업의 대체인력 고용을 의무화할 수 있다. 이때 신규취업자는 유급휴가기간만 채용되는 것이지만, 이로 인해 자연스레 형성된 경험과 기술은 재취업에 긍정적인 효과를 미치게 된다.

사회적 이동성 강화

기회의 적극적 제공을 통해 사회적 상향이동성을 높이는 정책 설계도 필요하다. 미래 인적자본인 아동에 대해서는 특별한 정책적 관심을 보여야 한다. 특히 저소득 가정과 낙후 지역의 아동에 대한 아동복지서비스가 대폭 강화되어야 한다. 이 목표를 달성하는 가장 효과적인 방안은 질 높은 공보육을 보편적으로 제공하는 것이다. 인지능력이 개발되는 3-5세에 돈 없어서 어린이집이나 유치원을 보내지 못하는 일이 생겨서는 안 된다. 이에 더해 취약계층·취약지역 아동 및 청소년복지서비스의 강화(유아교육, 방과후 프로그램, 공부방, 학자금 융자 제도 확대, 이주자와 다문화가정 정착 프로그램)가 필요하다.

학령기 공교육 강화도 매우 중요한 과제다. 정부 방침대로 고등학교까지 의무교육을 확대하고, 외국어/문화/컴퓨터언어에서 교육격차가 생기지 않도록 해야 한다. 공교육에서 영어·중국어 등 어학교육과 예체능 및 컴퓨터 프로그래밍언어 교육을 강화해 중산층 아이가 사교육을 통해 받을 수 있는 수준으로 질 높게 실시해야 한다. 그래야 저소득 가정의 아이도 중산층 가정의 아이와 동일한 자기계발 기회를 갖게 된다. 이른바 '진보' 교육감들은 영어 사교육을 부추긴다고 공교육에서 영어 교육을 줄이려고 한다. 이는 저소득층 아이들의 자기계발 기회를 박탈해 계층 간 간격을 넓힐 뿐이다. 무엇이 진보인지 다시 생각해봐야 한다.

또한 직업훈련을 중심으로 평생교육을 강화해야 한다. 먼저 공공근로에 치우친 적극적 노동시장정책을 스웨덴처럼 훈련과 고용서비스 중심으로 바꾸어야 한다. 고용을 유지하라고 영세·중소기업주에 주는 각종 보조금은 저생산성과 '좀비' 기업을 낳는 부작용이 있다. 경쟁력을 잃은 영세·중소기업은 자연스레 구조조정되게 하고, 수준 높은 교육훈련과 실업급여를 통해 근로자를 보호하는 방향으로 전환해야 한다. 이게 스웨덴 방식이다. 제대로 된 교육훈련기관도 필요하다. 전문대와 전국 각지에 있던 구舊 산업대(과학기술대)를 평생직업교육기관화해야 한다. 이런 평생교육기관에 입학하면 고용보험과 연계해 교육훈련수당을 지급하고 등록금은 100% 무상으로 해야 한다. 현재 직업교육과 무관한 국가장학금(반값등록금제)은 저소득층에게만 적용하는 것으로 축소하고, 가용자원을 평생교육훈련으로 돌려야 한다.

좋은 대학에 가거나 공무원시험과 대기업 공채에 합격하는 것 외에 인생에서 두 번째, 세 번째 기회가 보장되어야 한다. 이를 위해 7장에서 논했듯이, 근로자에게 교육과 훈련을 위한 휴직/퇴직/근무시간 단축의 권리를 부여하고, 부분실업급여 제공을 통해 교육훈련 기간 중 소득보장을 도와야 한다. 생애주기에 걸쳐 교육·훈련이 보상받도록(즉 교육 프리미엄이 늘 작동하도록) 연공급이 아닌 직무급이나 성과급 체제로 전환도 필요하다. 대기업과 공공부문의 경직된 노동시장을 보다 유연하게 만들어 출입을 보다 자유롭게 해야 한다. 보호된 상층부 노동시장에서 밑으로 떨어지는 사람도 있게 될 것이다. 그러나 전반적으로 고용 기피가 줄면서 채용이 늘어나고 상향식 이동이 보다 원활해질 것이다.

　　복지국가를 로빈 후드Robin Hood 모형과 돼지저금통piggy
bank 모형으로 나누기도 한다. 로빈 후드 모형은 의적 로빈 후
드가 부자의 재물을 빼앗아 가난한 농민들에게 나눠주듯이,
고소득층에게 높은 세금을 부과하고 저소득층에게 복지를 나
눠주자는 것이다. 돼지저금통 모형은 부자와 가난한 자를 나
누기보다는, 사회적 위험이 있는 곳에 함께 모은 저금통을 열
어 지원을 해주자는 것이다. 필자는 돼지저금통 모형에 입각
해 한국 복지를 분석하고 앞으로의 방향을 제안했다. 돼지도
크게 키우기를 바란다. 그래야 제로섬 게임에서 벗어날 수 있
다. 튼튼한 한국경제, 묵직한 돼지저금통을 기대한다.

주

| 1 |

1 _____ 허구생, 《빈곤의 역사, 복지의 역사》(한울아카데미, 2002).

2 _____ 프리드리히 엥겔스, 《영국 노동계급의 상황》, 이재만 옮김(라티오 출판사, 2014), 164~165쪽.

3 _____ US Social Security Administration, *Social Security History*(https://www.ssa.gov/history/ottob.html).

4 _____ 가스통 V. 림링거, 《사회복지의 사상과 역사: 유럽, 미국, 러시아의 사회정책을 중심으로》, 한국사회복지학연구회 옮김(한울아카데미, 2009).

5 _____ 네이버 지식백과. 이종수, 《행정학사전》(대영문화사, 2009).

6 _____ 양재진, 〈사회보험의 이론적 논의: 원리, 역사, 그리고 한국〉, 경기연구원 엮음, 《한국의 사회보험: 쟁점과 전망》(한울아카데미, 2017).

7 _____ 양재진, 〈사회보험의 이론적 논의: 원리, 역사, 그리고 한국〉.

| 2 |

1 _____ John Rawls, *A Theory of Justice*(Cambridge: The Belknap Press of Harvard University Press, 1971).

2 _____ 8만 6,856개의 지방자치단체 복지 사업 중, 국고보조 사업이 4만 1,004개이고, 나머지 4만 5,852개가 17개 광역자치단체와 226개 기초자치단체의 자체 사업이다. 중앙정부 사업은 2014년 기준, 지방정부 사업은 2017년 기준이다. 자세한 논의는 다음을 참조할 것. 강혜규 외, 《지방자치단체-중앙정부 복지 사업의 유사 중복 실태 분석 및 조정방안 연구》 한국보건사회연구원 정책보고서(2015-

22). 양재진 외,《지방자치단체 복지재정 산출》, 연세대학교 복지국
    가연구센터 IWSR 연구보고서(2018-3).

3 _____바우처가 현금과 현물 중 어디에 속하는지 택일해야 한다면, 현물
        급여가 정답이다. OECD 기준이 그러하다.

                              | 3 |

1 _____3장의 내용을 학문적으로 자세히 살펴보고 싶은 독자는 필자의 다음
        저서와 글을 참고하기 바란다. Jae-jin Yang, *The Political Economy of
        the Small Welfare State in South Korea*(New York: Cambridge University
        Press, 2017). 양재진, 〈한국 복지국가의 어제와 오늘〉, 안병영·정무
        권·신동면·양재진,《복지국가와 사회복지정책》(나남, 2018).

2 _____OECD, *Starting Strong 2017*, p. 41.

3 _____오성욱, "경쟁력 제고를 위한 공공 및 민간 고용서비스 현황 및 과
        제", 한국고용정보원 발표자료(2016), 6쪽.

4 _____OECD. 2022. OECD Reviews of Pension System: Korea. pp.67-68.

5 _____우리나라 공공부조제도(즉, 국민기초생활보장제도)에서는 수급자
        가구의 재산을 소득으로 환산한 '소득인정액'을 해당 수급자 가구
        의 소득과 합산한다. 중소도시 1인가구의 경우, 이 소득 합산액이
        월 51만원 미만이어야 생계급여를 받을 수 있다. 재산의 소득 환산
        시, 자동차는 불요불급하다고 보아 소유한 중고차 가격 전체를 월
        소득으로 간주한다. 따라서 51만 원짜리 폐차 수준의 자동차를 소
        유하고 있으면, 소득인정액이 51만원이 되어 수급자에서 탈락한다.

6 _____총 122명의 현직 국회의원을 대상으로 설문했다. 선거제도의 영향
        력을 파악하기 위해, 지역구 의원과 비례대표 의원으로 나누어 설
        문을 실시했다. 방문조사를 원칙으로 하였으며, 방문이 용이하지
        않은 경우 전화로 사전안내 후 팩스와 이메일로 설문 응답지를 받
        았다. 설문기간은 대선을 전후한 2012년 12월부터 2013년 2월
        말까지다. "산별노조 강화·비례대표 확대로 제도개혁 먼저", 〈한겨
        레〉(2013년 8월 19일자). 설문조사에 대한 자세한 분석 결과와 의
        미에 대해서는 양재진, 〈제도주의적 권력자원론과 한국의 노동, 자
        본, 정치가의 복지정책 선호에 관한 실증연구〉,《한국정치학회보》

48집 2호(2014).

7 _____ 김영순·권순미, 〈공공부조제도〉, 양재진·김영순·조영재·권순미·우명숙·정홍모,《한국의 복지정책 결정과정: 역사와 자료》(나남, 2008).

8 _____ "정부 '재정건전성' 내세워 정치권 복지 공약에 '반격'", 〈경향신문〉(2012년 2월 20일자).

9 _____ 양재진·윤성원·유란희, 〈'비전 2030'의 입안과정 분석과 재조명: 민주국가 장기경제사회발전계획에 대한 함의를 중심으로〉,《민주사회와 정책연구》통권 27호(2015).

| 4 |

1 _____ 정확히 얘기하면, 진료수가는 진료행위별로 분류된 수가항목별 점수에 요양기관 유형별 환산지수(점수당 단가)를 곱하여 금액으로 나타낸다. 즉 수가금액＝상대가치점수×유형별 환산지수이다.

2 _____ 이규식,《의료보장론: 이론과 제도 비교》(계축문화사, 2019), 4장 3절.

3 _____ 조영재, 〈건강(의료)보험제도〉, 양재진·김영순·조영재·권순미·우명숙·정홍모,《한국의 복지정책 결정과정: 역사와 자료》, 72쪽.

4 _____ 조영재, 〈건강(의료)보험제도〉.

5 _____ 1997년 말 기준 의료보험조합 수이다. 1977년에 직장조합이 총 513개였고, 적용대상이 확대되면서 603개까지 늘어났으나, 영세한 직장조합을 통폐합하여 1997년 145개까지 줄였다. 국민건강보험공단,《건강보험백서》(2001), 42쪽.

6 _____ 의료급여는 1976년에 도입된 공공부조형 의료보장제도로, 빈곤가구에 제공된다. 1종과 2종으로 나뉘는데, 건강보험료를 납부하지 않아도 건강보험 혜택을 볼 수 있다. 1종 수급자는 본인부담금이 면제되고, 2종 수급자는 일반 국민에 비해 본인부담금이 50% 감면된다.

7 _____ 보건복지부, "OECD 통계로 보는 한국의 보건의료", 보도자료(2018년 7월 12일자).

8 _____ 이용갑, "문케어와 공적의료보장 전략", 사회정책연구회 세미나 발표문(2018년 12월).

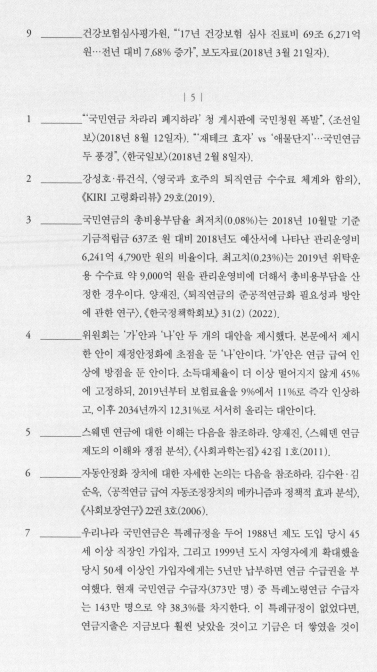

9 _____건강보험심사평가원, "'17년 건강보험 심사 진료비 69조 6,271억 원…전년 대비 7.68% 증가", 보도자료(2018년 3월 21일자).

| 5 |

1 _____"'국민연금 차라리 폐지하라' 청 게시판에 국민청원 폭발", 〈조선일보〉(2018년 8월 12일자). "'재테크 효자' vs '애물단지'…국민연금 두 풍경", 〈한국일보〉(2018년 2월 8일자).

2 _____강성호·류건식, 〈영국과 호주의 퇴직연금 수수료 체계와 함의〉, 《KIRI 고령화리뷰》 29호(2019).

3 _____국민연금의 총비용부담율 최저치(0.08%)는 2018년 10월말 기준 기금적립금 637조 원 대비 2018년도 예산서에 나타난 관리운영비 6,241억 4,790만 원의 비율이다. 최고치(0.23%)는 2019년 위탁운용 수수료 약 9,000억 원을 관리운영비에 더해서 총비용부담을 산정한 경우이다. 양재진, 〈퇴직연금의 준공적연금화 필요성과 방안에 관한 연구〉, 《한국정책학회보》 31(2) (2022).

4 _____위원회는 '가'안과 '나'안 두 개의 대안을 제시했다. 본문에서 제시한 안이 재정안정화에 초점을 둔 '나'안이다. '가'안은 연금 급여 인상에 방점을 둔 안이다. 소득대체율이 더 이상 떨어지지 않게 45%에 고정하되, 2019년부터 보험료율을 9%에서 11%로 즉각 인상하고, 이후 2034년까지 12.31%로 서서히 올리는 대안이다.

5 _____스웨덴 연금에 대한 이해는 다음을 참조하라. 양재진, 〈스웨덴 연금 제도의 이해와 쟁점 분석〉, 《사회과학논집》 42집 1호(2011).

6 _____자동안정화 장치에 대한 자세한 논의는 다음을 참조하라. 김수완·김순옥, 〈공적연금 급여 자동조정장치의 메카니즘과 정책적 효과 분석〉, 《사회보장연구》 22권 3호(2006).

7 _____우리나라 국민연금은 특례규정을 두어 1988년 제도 도입 당시 45세 이상 직장인 가입자, 그리고 1999년 도시 자영자에게 확대했을 당시 50세 이상인 가입자에게는 5년만 납부하면 연금 수급권을 부여했다. 현재 국민연금 수급자(373만 명) 중 특례노령연금 수급자는 143만 명으로 약 38.3%를 차지한다. 이 특례규정이 없었다면, 연금지출은 지금보다 훨씬 낮았을 것이고 기금은 더 쌓였을 것이

다. 국민연금연구원, 국민연금 포커스 그룹 간담회 자료(2018).

8 _____국민연금연구원, 국민연금 포커스 그룹 간담회 자료. 출산율 1.05 가정 시.

9 _____우해봉, "인구변동의 미래와 정책 과제", 사회보장 2040위원회 발표문(2018).

10 _____김상호, "리스터연금의 현황, 평가 및 시사점", 한국사회보장학회 춘계학술대회 자료집(2018).

11 _____국민연금연구원, 국민연금 포커스 그룹 간담회 자료.

| 6 |

1 _____양재진, 〈퇴직연금의 준공적연금화 필요성과 방안에 관한 연구〉, 《한국정책학회보》 31(2) (2022), 양재진 '퇴직연금 발전 방안' 퇴직연금발전방안에 관한 공청회 자료집(2023.4.19)

2 _____정홍모, 〈고용보험제도〉, 양재진·김영순·조영재·권순미·우명숙·정홍모,《한국의 복지정책 결정과정: 역사와 자료》.

3 _____World Bank, "The Korean Pension System at a Crossroads." *World Bank Report* no. 20404-KO(2000).

4 _____고용노동부, "퇴직연금제도 관련 업무보고" 국회연금개혁특별위원회 보고자료(2022년 12월 6일자).

5 _____고용노동부, "퇴직연금제도 관련 업무보고" 국회연금개혁특별위원회 보고자료(2022년 12월 6일자).

6 _____금융감독원 금융연구실, "2018년도 퇴직연금 적립 및 운용 현황" 보도자료(2019년 4월 8일자). 5장의 주 3을 참조하라.

7 _____고용노동부, "퇴직연금 1년만에 40조원 증가, 총 적립금 295.6조원 달성." (보도자료. 2022년 4월 17일자)

8 _____양재진, 〈다층체계하 퇴직연금의 준공적연금화의 필요성과 방안〉, 양재진 외,《한국 노후소득보장제도의 합리화》(한국조세재정연구원, 2020).

9 _____2018년 현재 근로복지공단의 적립금 규모는 2.1조 원으로 전체 퇴

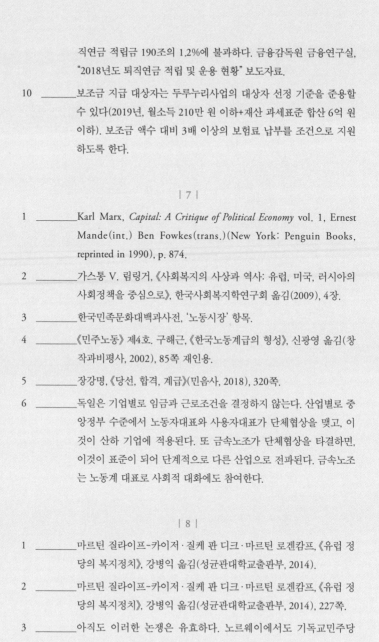

직연금 적립금 190조의 1.2%에 불과하다. 금융감독원 금융연구실, "2018년도 퇴직연금 적립 및 운용 현황" 보도자료.

10 _____보조금 지급 대상자는 두루누리사업의 대상자 선정 기준을 준용할 수 있다(2019년, 월소득 210만 원 이하+재산 과세표준 합산 6억 원 이하). 보조금 액수 대비 3배 이상의 보험료 납부를 조건으로 지원하도록 한다.

|7|

1 _____Karl Marx, *Capital: A Critique of Political Economy* vol. 1, Ernest Mande(int.) Ben Fowkes(trans.)(New York: Penguin Books, reprinted in 1990), p. 874.

2 _____가스통 V. 림링거, 《사회복지의 사상과 역사: 유럽, 미국, 러시아의 사회정책을 중심으로》, 한국사회복지학연구회 옮김(2009), 4장.

3 _____한국민족문화대백과사전, '노동시장' 항목.

4 _____《민주노동》 제4호. 구해근, 《한국노동계급의 형성》, 신광영 옮김(창작과비평사, 2002), 85쪽 재인용.

5 _____장강명, 《당선, 합격, 계급》(민음사, 2018), 320쪽.

6 _____독일은 기업별로 임금과 근로조건을 결정하지 않는다. 산업별로 중앙정부 수준에서 노동자대표와 사용자대표가 단체협상을 맺고, 이것이 산하 기업에 적용된다. 또 금속노조가 단체협상을 타결하면, 이것이 표준이 되어 단계적으로 다른 산업으로 전파된다. 금속노조는 노동계 대표로 사회적 대화에도 참여한다.

|8|

1 _____마르틴 질라이프-카이저 · 질케 판 디크 · 마르틴 로겐캄프, 《유럽 정당의 복지정치》, 강병익 옮김(성균관대학교출판부, 2014).

2 _____마르틴 질라이프-카이저 · 질케 판 디크 · 마르틴 로겐캄프, 《유럽 정당의 복지정치》, 강병익 옮김(성균관대학교출판부, 2014), 227쪽.

3 _____아직도 이러한 논쟁은 유효하다. 노르웨이에서도 기독교민주당

집권기인 2005년까지는 양육수당이 도입되어 큰 지지를 받았다. 2005년에서 2013년까지 집권한 사회민주당은 양육수당을 제한하려 했고, 2013년 보수당 집권 이후에는 가족의 선택권 확대 차원에서 양육수당이 다시 강조되기도 했다. 그러나 전반적으로 여성의 가정 내 양육을 유인하는 양육수당보다는, 여성의 경제적 독립을 지원하기 위한 보편주의적인 아동수당과 유급육아휴직급여, 그리고 공보육이 확대되는 경향을 보이고 있다. 박은정 외, 《부모급여 도입에 따른 통합적 제도 구축 연구》, 육아정책연구소 연구보고(2022년 3월).

4 _____ 신정완, 〈1930년대 스웨덴 인구문제 논쟁에서 제시된 뮈르달 부부의 가족정책 구상의 이론적, 철학적 기초〉, 《스칸디나비아연구》 제19호(2017).

5 _____ Myrdal Alva, Nation and family: the Swedish experiment in democratic family and population policy (Cambridge: MIT Press, 1968).

6 _____ Doepke Matthias & Anne Hannusch & Fabian Kindermann & and Michele Tertilt, "The Economics of Fertility: A New Era," NBER Working Paper, No. 29948(2022).

7 _____ 소득비례급여 지급기간 390일이 지나도 90일을 추가로 육아휴직을 받을 수 있어 총 480일이 된다. 그러나 추가 90일 동안은 1일 180 SEK(한화 약 2만 2,000원)의 정액 급여만 지급된다. 한편, 부모보험의 가입자가 아닌 자영업자, 실업자 그리고 학생 등은 소득비례급여는 해당되지 않고, 하루 250SEK(한화 약 3만 원)의 정액급여를 받는다.

8 _____ 박은정 외, 《부모급여 도입에 따른 통합적 제도 구축 연구》, 육아정책연구소 연구보고(2022년 3월).

9 _____ 최성은·양재진, 〈OECD 국가의 여성 일-가정양립에 대한 성과: 자유주의 경로의 검증〉, 《한국정책학회보》 제23권 3호(2014).

10 _____ "269조 쏟아부었는데…저출산 대책 '백약이 무효'", 〈한국경제〉(2019년 11월 4일자).

11 _____ "관광호텔 지원이 저출산 대책? '뻥튀기' 43조 저출산예산 실상",

〈중앙일보〉(2021년 6월 21일자).

12 _____ "문 대통령 "재난지원금으로 소고기 사셨다니 가슴 뭉클"", 〈연합뉴스〉(2020년 5월 26일자).

13 _____ "현 출산율 지속시 한국인 2750년 멸종한다", 〈경향신문〉(2014년 8월 25일자).

| 9 |

1 _____ "A basic income is a periodic cash payment unconditionally delivered to all on an individual basis, without means-test or work requirement"(www.basicincome.org/basic-income).

2 _____ 양재진, 〈기본소득은 미래 사회보장의 대안인가?〉, 《한국사회정책》 25권 1호(2018).

3 _____ Milton Friedman, *Capitalism and Freedom*(Chicago: Chicago University Press, 1962) ; Robert A. Moffitt, "The Negative Income Tax and the Evolution of U.S. Welfare Policy", *Journal of Economic Perspectives* vol.17(3)(2003), pp. 119-140.

4 _____ Heiki Hiilamo, "An Interpretation and Prospect of the First Year Result of the Finnish Basic Income Experiment", 연세대 복지국가연구센터 초청 특강 발표문(2019년 3월 7일)(http://www.welfarestate.re.kr/seminar/5511). 핀란드 실험의 내용에 대해서는 연세대 복지국가연구센터에서 주최한 '유럽의 기본소득 실험' 학술세미나 결과를 참고할 것(http://www.welfarestate.re.kr/conference/1406). 실험에 대한 방법론적 평가는 노정호, 〈핀란드와 네덜란드 기본소득 실험의 방법론적 의미와 한계, 그리고 시사점〉, 《한국사회정책》 25권 1호(2018) 참조.

5 _____ 토마스 바셰크, 《노동에 대한 새로운 철학》, 이재영 옮김(열림원, 2014).

6 _____ John Cunliffe & Guido Erreygers, "The Enigmatic Legacy of Charles Fourier: Joseph Charlier and Basic Income", *History of Political Economy* 33(3)(2001), pp. 459-484.

7 _____ Karl Marx & Frederick Engels, *The German Ideology: Part One*, C. J. Arther(edit. and int.) (New York: International Publishers, 2004). p. 53.

8 _____ Robert Van der Veen & Pilippe Van Parijs, "A Capitalist Road to Communism", *Theory and Society* 15(5)(1986), pp. 635-655.

9 _____ Guy Standing, *The Precariat: The New Dangerous Class*(London: Bloomsbury Academic, 2011).

10 _____ 이하 논의는 다음의 글을 수정보완한 것이다. 양재진, 〈기본소득은 사회보장의 대안인가?〉, 사회정책연구회 엮음, 《한국복지국가 쟁점 1: 전환기의 이슈와 대안》(한울아카데미, 2019).

11 _____ Philippe Van Parijs & Yannick Vanderborght, *Basic Income: A Radical Proposal for a Free Society and a Sane Economy*(Cambridge: Harvard University Press, 2017).

12 _____ 김교성·백승호·서정희·이승윤, 《기본소득이 온다》(사회평론아카데미, 2018), 335쪽.

13 _____ OECD, "Basic Income as a Policy Option: Can it add up?", *Policy Brief on The Future of Work*(May 2017).

14 _____ 소득세의 실효화와 1주택 양도세 부과 등 새로운 세원의 발굴, 선별적 현금복지 폐지 등을 통해 재원을 마련하고 이를 기본소득으로 모든 국민에게 지급하면 1)보다 평등한 사회를 만들 수 있고, 2)국민들의 소비여력이 높아져 경제성장도 이룰 수 있으며, 3)기초적인 생계가 보장되기에 위험을 회피하지 않고 모험과 혁신에 나서기에 경제에 도움이 될 거라는 반론도 가능하다[이원재 외, 《국민기본소득제》, LAB2050 보고서(2019)]. 그러나 기존 소득보장제도의 폐지는 차치하고, 높은 수준의 조세와 재분배가 가져올 부작용을 간과해서는 안 된다. 경제가 소비에만 좌우되는 것도 아니고, 혁신의 과실이 상당수 조세로 흡수되는 사회에서는 혁신할 유인이 떨어진다. 실업이 없고 소득격차도 크지 않으며 기본생활이 보장되었던 현실 사회주의 계획경제의 실험이 결국 어떤 결과를 낳았는지 기억할 필요가 있다. 혁신은 없고 경제는 붕괴했으며 사회주의 실험은 막을 내렸다. 기본소득을 국민의 권리로서 받는다지만, 경제적으로 자립

하지 못하는 시민이 자유로운 시민사회의 성원으로 남을 수 있을지도 의문이다.

15 _____ 허재준, "디지털 기술의 심화와 노동시장 제도개선", 국회4차산업혁명특위 공청회 발표자료(2018년 2월 5일).

| 10 |

1 _____ 서구 조세체제의 형성에 대해서는 다음 자료를 바탕으로 작성했다. 양재진, 〈복지재정〉, 안병영·신동면·양재진·정무권, 《복지국가와 사회복지정책》(다산출판사, 2018).

2 _____ 금종예·금현섭, 〈증세와 복지확대에 대한 태도: 세금부담 인식을 중심으로〉, 《한국행정학보》 51권 1호(2017).

3 _____ "문 대통령 '초고소득층·초대기업 증세안 마련' 지시", 〈한겨레〉 (2017년 7월 21일자).

4 _____ 은민수 외, 《한국의 복지재정 확충을 위한 증세 전략 연구: 복지 선진국의 사례를 기초로 '한국형' 조세개혁 방안 모색》, 민주정책연구원 정책보고서(2013), 117쪽.

5 _____ 심재승·구철회, 〈경제와 사회보장의 관점에서 본 스웨덴모델의 특징과 시사점〉, 《한국사회정책학회》 19(4)(2012), 49~78쪽.

6 _____ 스웨덴과 한국의 정부부채는 GDP대비 일반정부 총부채 비율로, 중앙·지방정부 분만 아니라 비영리공공기관까지 포함한 일반정부의 부채를 발생주의 회계기준에 따라 작성한 것임 (예수금, 미지급금 등을 포함). 자료는 국가통계포털(www.kosis.kr).

7 _____ 증세 전략에 대한 논의는 다음 책을 참조하였다. 양재진·안재홍·김상철·유범상·권혁용, 《복지국가의 조세와 정치》(집문당, 2015).

8 _____ 성명재·박명호·이성식·박종수, 《중장기 부가가치세제 개선 방안》, 지식경제부 정책연구 보고서(2012).

9 _____ 우리나라의 고용주들이 2016년 기준 부담하는 사회보험료는 GDP대비 3.12%로, OECD 평균 5.32%에 비해 상당히 낮은 수준이다. 인상 여력이 있다. 물론 사회보험료 인상이 기업경쟁력과 고용에 미치는 부정적 효과를 감안해 보험료 인상은 점진적으로 이루어져

야 할 것이다.

| 11 |

1 _____Robert S. Erickson & Michael B. Mackuen & James A. Stimson, *The Macro Polity*(New York: Cambridge University Press, 2002).

2 _____IMF, "IMF Country Report: Republic of Korea" no. 18/41(2018).

3 _____양재진 외, 《사회보장재원 구성에 관한 기초연구》, 연세대 복지국가 연구센터 IWSR 연구보고서(2019-01), 4장.

4 _____양재진 외, 《사회보장재원 구성에 관한 기초연구》, 4장.

5 _____복지로(http://www.bokjiro.go.kr/nwel/bokjiroMain.do).

6 _____국민건강보험공단 빅데이터운영실, "바이러스주의보! 봄철까지 유행하는 감기 손씻기로 예방하세요" 보도자료(2008년 4월 11일자)(https://www.nhis.or.kr/bbs7/boards/B0039/25914).

7 _____고경환, "2018년 OECD 사회지출 추계 결과", 사회보장위원회 비공개 발표자료(2019).